| 多维人文学术研究丛书 |

社会心理修辞学研究

孙汝建 | 著

中国书籍出版社
China Book Press

图书在版编目（CIP）数据

社会心理修辞学研究/孙汝建著 . —北京：中国
书籍出版社，2020.1

ISBN 978 - 7 - 5068 - 7712 - 1

Ⅰ.①社…　Ⅱ.①孙…　Ⅲ.①社会心理学—修辞学—
研究　Ⅳ.①C912.6 - 0 ②H05

中国版本图书馆 CIP 数据核字（2019）第 290915 号

社会心理修辞学研究

孙汝建　著

责任编辑	袁家乐　李田燕
责任印制	孙马飞　马　芝
封面设计	中联华文
出版发行	中国书籍出版社
地　址	北京市丰台区三路居路 97 号（邮编：100073）
电　话	（010）52257143（总编室）　　（010）52257140（发行部）
电子邮箱	eo@ chinabp. com. cn
经　销	全国新华书店
印　刷	三河市华东印刷有限公司
开　本	710 毫米 ×1000 毫米　1/16
字　数	222 千字
印　张	15.5
版　次	2020 年 1 月第 1 版　2020 年 1 月第 1 次印刷
书　号	ISBN 978 - 7 - 5068 - 7712 - 1
定　价	95.00 元

目 录
CONTENTS

第一章

社会心理修辞学

第一节 学科性质

如果说社会心理语言学是语言学与社会心理学的交叉学科,[①] 那么,社会心理修辞学就是修辞学与社会心理学的交叉学科,主要研究修辞文本的社会心理方面,它是社会心理语言学的分支学科。[②] 社会心理修辞学认

[①] 孙汝建《社会心理语言学构想》,《北京师院学报》(社会科学版) 1990 年第 2 期。中国人民大学《新兴学科》1990 年第 2 期全文复印。陕西师大等 19 所师院师大联合主办《中国语言文学资料信息》1990 年第 3 期文摘。该文提出社会心理语言学是语言学与社会心理学的交叉学科。后来作者提出社会心理语言学包括两个源头:一是语言学与社会心理学的交叉,二是社会语言学与心理语言学的交叉。两个源头的观点,在下列文献中得到比较充分的论证:王德春、孙汝建《社会心理语言学的学科性质和研究对象》,《外国语》(《上海外国语学院学报》) 1992 年第 3 期。收入《中国语言学年鉴 (1993)》,语文出版社 1994 年 11 月版第 1 版;王德春、孙汝建《社会心理语言学的理论和方法论基础》,《外国语》(《上海外国语学院学报》) 1992 年第 4 期;王德春、孙汝建、姚远《社会心理语言学》,上海外语教育出版社 1995 年 12 月第 1 版, 2000 年 10 月第 5 次印刷。孙汝建撰写一至十章的初稿,姚远撰写第十一章,全书由王德春教授统稿。

[②] 孙汝建《社会心理修辞学的研究对象》,中国修辞学会编《汉语修辞学研究和应用》,河南人民出版社 1997 年 7 月第 1 版。该文参加 1994 年 11 月 15 日至 22 日在海口和三亚移地召开的中国修辞学会第七届年会暨海南国际学术研讨会交流并作大会发言。

为：人们最先考虑酝酿的话语是言语毛坯，最后形成的、用于交际的话语是修辞文本，从言语毛坯到修辞文本的形成过程是修辞者心理活动的过程。过去的社会语言学、心理语言学、话语语言学、语义学、语用学、修辞学等都研究话语，先后采用过不同的分析方法，但很少将视角指向话语的主体——运用语言的人。

社会心理修辞学不同于社会语言学：社会语言学研究社会因素对言语和语言的影响，但不探讨话语与心理活动的关系，而社会心理修辞学从话语信息内容和话语活动的角度分析言语的心理方面；社会语言学注重社会历史在语言和言语中的反映，但不分析产生信息和获得信息的心理机制，社会心理修辞学则从社会交际中分析产生和获得信息的机制和手段；社会语言学研究语言的社会分化，但不顾及说写者个人的心理过程，社会心理修辞学注意研究"社会—个人"体系，研究话语产生和理解的社会心理过程。

社会心理修辞学也不同于心理语言学：心理语言学研究言语交际中起作用的心理过程，它涉及的言语心理是普通心理而非社会心理，而社会心理修辞学是在语言社会环境中研究语言的社会心理现象；心理语言学研究人们的言语能力和言语过程的结构，而社会心理修辞学的重点不是研究言语的形式结构，而是话语的建构过程和话语的信息结构；心理语言学研究言语生成和言语理解的心理机制，而不顾及话语交际的社会功能，社会心理修辞学把言语生成和理解的机制纳入社会的交际环境，把言语内部机制和社会外因统一起来。

社会心理修辞学是将社会心理学原理运用于修辞领域而产生的。长期以来，社会中的人被排斥于语言学（包括修辞学）大门之外，社会心理修辞学从人的社会行为和人际关系的角度研究话语，它能弥补既往语言研究囿于纯语言符号体系的不足。

索绪尔以来的语言学都程度不等地忽视社会的人。

索绪尔认为：语言学是"以语言为唯一研究对象的"，"语言是表达观念的符号体系"。① 他首次区分了语言和言语，但将言语排斥在语言学大门之外。索绪尔是符号学的始祖，他把语言研究仅仅局限于符号王国。作为现代语言学奠基者的索绪尔，对语言研究的贡献是巨大的，然而索绪尔语言学的缺陷在结构语言学中被掩盖并延续下来。后来，乔姆斯基以拟想的人作为语言学的研究对象，而不考虑社会的人。正如乔姆斯基所说："语言学理论所要关心的是一个理想的说话人兼听话人，他所处的社团是纯之又纯的，他对这一社团的语言的了解是熟之又熟的，他在把语言知识施之于实际运用时，不受记忆力限制的影响，也不受注意力分散、兴趣的转移和语言错误等情况的影响。"② 乔姆斯基所拟想的人在社会生活中是不存在的，因为现实生活中的人，他们所处的社团不会纯之又纯，他对本社团的语言不能做到熟之又熟，也不可能不受记忆力限制的影响，注意力的分散、兴趣的转移、偶然或惯常的语言错误也难以避免。换言之，他不可能生活在无任何干扰的环境中。可见，乔姆斯基所拟想的人只能是高度精密的计算机，而不是社会的人。研究拟想人的语言，这正是乔姆斯基转换—生成语言学的旨趣。

社会语言学开始研究"谁在什么地方以什么方式对谁说什么话"。我们并不否认社会语言学已将研究的触角指向了社会的人。但是，社会语言学过于强调客观环境的作用，忽视言语环境的主观因素。它从言语环境中客观因素的角度来规范作为社会的人的言语能动性，似乎人运用语言不是自主的，而是由客观环境决定的。因此，社会语言学不由自主地走进了"客观环境决定论"的胡同。

心理语言学以研究言语机制和言语习得为主要内容。它所关注的是人的器官，特别是人脑。它用心理学的基本概念机械地阐述人的先天言语能力和言语习得过程，而忽视了社会现实生活中的言语机制的研究。

综观当代语言学的发展，语言学已经开始从单一的符号体系研究向社

---

① 索绪尔《普通语言学教程》，商务印书馆 1980 年版。
② N. Chomsky. Aspects？ of？ the？ Theory？ of？ Syntax ［M］. Cambridge，M. A：the？ MIT？ Press，？ 1965.

会人的研究转向，虽然对社会人的指向还不很充分、不够彻底。

　　社会心理修辞学的建立旨在建构一个崭新的参照系。既往的研究大致有这样四个参照系：一是语言符号的参照系，如索绪尔的结构语言学；二是拟想的人之参照系，如乔姆斯基的转换—生成语言学；三是客观社会环境的参照系，如社会语言学；四是言语机制的参照系，如心理语言学。这四个参照系都不同程度地忽视了言语主体——社会的人。社会心理修辞学正是要将这一长期被忽视的而又是极为重要的参照系——社会的人引进修辞学，与既往的参照系组成一个互为补充的理论系统。语言学不应该只是给人们规定无可胜数的清规戒律，语言学不是将人们置于被动受规范约束的席位上。语言是人类的创造物，让创造者屈就于自己创造物的现象是不正常的。语言学应该从符号王国走向现实社会的人，为现实社会的人能动地运用语言指点迷津，这正是社会心理修辞学建构的目的和意义所在。

　　以上想法有其认识论基础。笔者在《社会心理语言学构想》一文中提出："社会心理语言学是将社会心理学的理论和方法运用于语言学领域而形成的一门新兴边缘学科。"（《北京师院学报》1990 年第 2 期，中国人民大学《新兴学科》1990 年第 2 期全文复印，《中国语言文学资料信息》1990 年第 3 期文摘）。20 世纪 90 年代初笔者独立承担了江苏省教委人文社会科学课题"社会心理语言学"，并在国内率先为中文本科生开设了"社会心理语言学"课程，在四轮课程讲授的基础上，发表了若干社会心理语言学论文。笔者与王德春教授合作撰写了《社会心理语言学的学科性质和研究对象》（《外国语》1992 年第 3 期，该文被收入《中国语言学年鉴》，语文出版社 1994 年 11 月版）、《社会心理语言学的理论和方法论基础》（《外国语》1992 年第 4 期）。笔者在独立承担江苏省教委人文社会科学课题"语言与性差心理"的基础上，出版了《性别与语言》（江苏教育出版社，1997 年 10 月版），并与王德春、姚远合著《社会心理语言学》（上海外语教育出版社 1995 年 12 月版）。后来又出版了《汉语的性别歧视与性别差异》（华中科技大学出版社 2010 年 4 月版）、《汉语性别语言学》（科学出版社 2012 年 6 月版）。通过多方位探讨语言客体与言语主体的关系，笔者据此提出社会心理修辞学是社会心理语言学的分支学科，尤其是笔者所提出的语言使用主体研究的思想成为建立社会心理修辞学的立论基础。

第二节　研究对象

社会心理对修辞的影响，在传统修辞学中有一些局部反映。比如，人们对委婉的认识已经涉及社会心理，但是没有完全从社会心理的角度去加以解释。社会心理修辞学认为：社会心理对修辞的影响，一方面表现在话语组织及其技巧上，另一方面也反映在同义语汇的选择上。如"生前友好"其实是"死前友好"的委婉表达，"生"可以作"活着"或"出生"讲，"活着"或"出生"之前是无"友好"可言的，而"死前友好"更具有理性意义。这就是社会心理对修辞的影响。社会心理是语言运用的主体——社会人的心理活动，人的社会心理如何影响修辞活动，这正是社会心理修辞学研究的对象。社会心理修辞学主要研究下列问题。

1. 社会化与修辞

社会化的研究旨在揭示婴儿从自然人向社会人转化的过程。人的社会化包括政治社会化、法律社会化、道德社会化、民族社会化、职业社会化、性别角色社会化等。社会化的目的，是为了让个体知道社会或群体对他有哪些期待，有哪些行为规范，实现这些期待和遵守这些行为规范的条件是什么。

社会心理修辞学认为，语言是实现社会化的工具和手段，语言在实现各种类型的社会化的过程中起着重要作用。语言习得本身是社会化的重要内容，社会心理修辞学要研究婴儿从自然人向社会人转化的过程中，不同阶段的修辞习得有何特点，不同性别的人在修辞习得上有何差异，外部言语中的口头言语和书面言语与内部言语习得的修辞习得有何不同，语言社团对个体有何修辞期待，有哪些规范，实现这些期待和规范的条件是什么，怎样才能实现这些条件等。

修辞的社会化是在特定的社会环境和现实的生活情境中实现的，对语言所代表的特定事物抱何种态度或具有何种色彩，会反映到修辞社会化过程中。如"狗"在汉语中多半具有贬义色彩，而 dog 在英语中具有褒义色彩，文化背景的差异导致了修辞的信息差。因此，修辞社会化应该研究不同时期修辞习得和修辞学习的规律和特点，还要研究不同时期口语修辞、书面语修辞，内部言语、外部言语的修辞发展速度和水平以及不同性别的习得差异。

影响修辞社会化的因素涉及社会文化、家庭熏陶、学校教育、同辈群体的影响、大众传播等，修辞社会化应该研究这些因素在修辞习得和修辞学习过程中所起的作用。以往的社会化研究不涉及语言，儿童语言的研究不涉及修辞，传统修辞学不涉及修辞的社会化，社会心理修辞学对修辞社会化的研究可以弥补这方面的不足。

2. 人际认知与修辞

人际认知又叫社会认知、社会知觉、人际知觉，它是对社会环境里的人的认知，它研究对他人表情的认知、对他人性格的认知、角色认知、自我认知等。修辞作为对言语的调适，它与人际认知的关系非常密切。在修辞活动中，口语修辞的特征如语音的高低、轻重、长短，句调、假嗓音等，都是社会认知的手段；音调、音色、音量、音速能反映说话人的性格；话题、话语风格、用词特点、表达方法也是人际认知的重要手段。

社会心理修辞学研究语言与人际认知的关系，主要探讨通过修辞文本捕捉信息形成印象以及印象整理过程中所形成的特点，研究如何通过修辞文本了解表达者的性格、角色等，剖析修辞文本对认知误差有何影响以及认知者的状态、认知对象的特征、认知情境对认知过程的影响。

3. 社会态度与修辞

社会态度是人对社会事物和他人的态度。社会心理学研究人的社会态度的结构及各构成成分之间的关系，研究态度形成、改变的条件和过程。

社会心理修辞学研究话语对社会态度的形成有何影响，话语行为与社会态度的相互关系，改变态度的修辞学方法（如说服、演说等）。

4. 人际关系与修辞

人际关系是社会心理学的一大研究领域。社会心理修辞学对语言与人际关系的研究至少涉及三个领域：一是修辞与人际吸引，它研究积极修辞的人际吸引功能，人际吸引的修辞要求，人际吸引的修辞艺术；二是修辞与人际沟通，它研究积极修辞的人际沟通功能，修辞障碍对人际沟通的消极影响；三是修辞与人际互动，它研究言语模仿、言语暗示、言语流行、言语塔布（taboo）、谣言、谎言、情话等。

5. 两性差异与修辞

两性差异是社会心理学中有关测量和解释男女两性心理和行为差异的一个研究领域，这些差异包括气质、性格、兴趣、动机、智力以及各种社会行为，它以研究男女间的心理差异为主。社会心理修辞学研究修辞表达方法的性别差异，如发音上的差异、用语上的差异、交谈上的差异等。社会心理修辞学关心的是形成这些性别差异的社会心理因素，因为修辞表达方法的性别差异受社会心理支配，如男女的修辞表达方法都存在着一个"性度"问题，在不同类型的男女身上，体现着不同的男性度和女性度，这不同程度的男女性度会影响修辞表达方法的运用，如异性交谈时的掩饰心理、羞涩心理等会左右修辞活动。

6. 文化社会心理与修辞

社会心理修辞学所研究的人并非处于单一文化范围，为了研究更广更多的人类心理和行为，往往采取文化比较策略，把文化中的相同部分作为控制群，从而比较文化中的差异部分，进而求取文化变项的关系。这种跨文化的社会心理研究也可运用于社会心理修辞学。

社会心理修辞学研究不同民族、不同地区的语言文化差异，传统语言文化和现代语言文化的反差，词语（颜色词、亲属词、数量词等）的文化社会心理，外来词语与外来文化、外来词语与民族心理的冲突，命名（人名、地名等）的文化社会心理等。①

---

① 许国璋《社会语言学译文集·序》，北京大学出版社 1985 年版。

7. 环境社会心理与修辞

社会心理学的分支——环境社会心理学，研究自然环境对人类的影响，如拥挤、噪音对人们心理功能的影响。社会心理修辞学研究语言的环境社会心理，如语言的社会变体——社会方言，语言的地域变体——地域方言。言语环境对语义的影响最直接，时间、地点、场合乃至时代和社会的性质特点，即客观的时代社会语境，以及交际双方的信息元素（身份、职业、修养、性格、知识水平、生活经验、处境、心情等），即主观的个人语境都会影响言语交际的修辞效果。语境对语用的制约以及与言语交际心理的关系，都是社会心理修辞学的研究内容。

8. 审美社会心理与修辞

审美社会心理学作为社会心理学的一个分支学科，主要研究人们在审美过程中的心理现象和规律。修辞文本有其重要的审美价值。内容美与形式美、实用美与艺术美、主观美与客观美，都可在修辞文本中表现出来。语言的韵律美、色彩美、规范美、丰富美与言语作品的错综美、协调美、整体美、适应美等都反映了修辞文本的审美特质，修辞文本审美价值的实现与接受者的接受意识是共同作用的，在接受者接受之前，修辞文本只是包含表达者意愿的表现形式，修辞文本是否具有审美价值或能否起审美作用，常常是通过接受者的接受体现出来。所以，修辞文本能否唤起接受者的审美心理，要由两方面的因素来决定，一方面是由修辞文本的内容、性质、技巧、风格以及其他潜在的吸引力来决定，另一方面，接受者在接受修辞文本的过程中，根据自己的人生观、审美观、社会阅历、生活环境、兴趣爱好、个性气质等对修辞文本产生不同的理解和联想，接受者的接受意识因时代、民族、国家、阶层、文化等的不同而存在各种差异。

社会心理修辞学的研究内容非常丰富，除了上述研究对象外，还可以研究修辞的群体心理，修辞在交际活动中如何黏合群体和瓦解群体，修辞与角色、修辞与社会行为、修辞与各种社会心理效应等问题。

概言之，社会心理修辞学是将研究的触角指向社会的人，修辞与社会人的关系，是社会心理修辞学研究的主视角。

第三节 理论基础

社会心理修辞学的修辞观受语言观的影响。语言观是对语言的根本看法,以往的语言观主要表现为工具观、符号观和社会观。语言的工具观认为语言是人类最重要的交际工具和思维工具。符号观认为语言是音义结合的符号系统。社会观认为语言不是自然现象、心理现象、生理现象、种族现象、个人现象,而是一种特殊的社会现象。

社会心理修辞学的修辞观认为:言语活动的主体是社会的人。社会人的言语活动由语言的社会心理支配,社会人的语言社会心理体现在言语活动的有意识、少意识和无意识上。有意识的言语活动是有目的、有理据、有对象、有社会规范的,有意识言语活动的实现以语境为中介,言语主体不仅能适应语境,而且能影响和改造语境,使之成为自己的社会文化空间。无意识的言语活动是无目的、无理据、无对象、无社会规范的,对语境的利用表现为无意识性。少意识是介于有意识和无意识之间的言语活动。一般地讲,有意识、无意识、少意识的言语活动往往分别表现为言语交际、自言自语、漫不经心的交谈。人类的言语活动有三种类型,即有意识言语活动、无意识言语活动、少意识言语活动,它们既可交叉,又程度不等地受社会心理制约。社会心理的制约性集中地反映在有意识的言语活动中,少意识言语活动次之,无意识言语活动再次之,这就是社会心理对言语活动制约的层级性。而在某一类型的言语活动中,又呈现出言语底层的不同的社会心理现象。有意识的言语活动即言语交际是社会心理修辞学研究的重要内容,它不但要研究言语交际的语用模式,更重要的是研究言语交际的社会心理。

社会心理修辞学独特的研究对象是以往的语言学很少涉及的,即使像人际关系语言学和公关语言学之类的与社会生活非常贴近的话题也无力涉及社会心理修辞学研究对象的本质和全貌。研究对象的独特性是社会心理修辞学建立的前提。

社会心理修辞学建构了社会人的参照系，与以往的语言学相比，索绪尔和结构语言学所建构的是语言符号的参照系，乔姆斯基的转换－生成语言学以拟想的人为参照系，社会语言学以社会环境为参照系，心理语言学以言语机制为参照系，它们都程度不等地忽视了社会的人。而社会心理修辞学大胆地将社会的人这一语言主体引进修辞学，正式建构起社会人的参照系，从社会人的社会心理层面来研究修辞，这是社会心理修辞学体系的独特之处。

社会心理修辞学主要采用社会心理学的理论和方法来研究话语，比起以往的语言研究方法要显得更加新颖独特。社会心理修辞学借用社会态度研究理论和方法来研究语言性别歧视的社会心理，用性差心理理论和方法来研究语言的性别差异，用塔布（taboo）心理理论来研究言语禁忌和言语委婉，用态度改变理论来研究劝说，用暗示心理理论来研究言语暗示，用模仿心理理论来研究言语模仿，从爱情心理来研究情话，从谎言和谣言心理来研究谎言和谣言，从跨文化社会心理来研究文化语言，从教育社会心理来研究语言教学，从环境社会心理来研究语境和语体，从审美社会心理来研究言语接受，从人际关系心理来研究言语交际，从公关心理来研究公关语言，从心理沟通理论来研究语言的调节功能，等等。

社会心理修辞学目前还处于初创阶段，但是作为该学科前奏的语言的社会心理研究——潜社会心理语言学研究，却有其悠久的历史。1859 年，德国人类学家拉扎鲁斯和斯坦达尔创办了《民族心理学和语言学》杂志，冯特对语言与民族心理的关系作了原则性的分析，他在这方面的思想集中反映在 1863 年出版的《关于人和动物的心理讲义》和 1919 年出版的《民族心理学》中。1890 年法国塔尔德对模仿规律的研究，列蓬群体心理理论的创立，都为语言的社会心理研究提供了条件。美国学者罗斯于 1908 年出版的《社会心理学》和麦独孤于 1908 年出版的《社会心理学》，奠定了社会心理学的基础。社会心理学作为一门学科的诞生特别是关于语言与社会心理的研究，为社会心理修辞学的建立提供了有益的启示。

再从语言科学本身的发展来看，20 世纪 60 年代以后产生的社会语言学和心理语言学分别从不同的角度研究语言的社会层面和心理层面，并产生了向社会心理的深层研究发展的趋势。1971 年欧洲成立了社会心理语言研究小组，主要是开展对言语交际的社会心理研究。出版了语言与社会心理研究的丛书，苏联语言学家特里泽于 1988 年出版了《语言与社会心理学》一书。美国语言学家克莱尔和贾尔斯合著的《语言的社会心理关系》一书于 1980 年出版，大陆和港台语言学界也开始探讨语言的社会心理问题。

社会心理修辞学的基础理论主要来源于社会心理学，因为社会语言学和心理语言学产生时间不长，社会语言学舍去了心理，特别是社会心理，心理语言学在研究中舍去了社会差异，它们的研究成果对社会心理修辞学的创立也有推动作用。

以下为社会心理修辞学的主要理论。

1. 社会角色理论

各种社会角色组成人类社会并相互作用，每个人都在社会生活中扮演不同的角色，并学习符合角色身份的行为期待。人类个体在社会化过程中要学习符合自身角色的语言，如父亲角色语言、教师角色语言、医生角色语言等。角色语言在社会化过程中的习得和得体的运用，都可从角色理论的角度加以阐释。

2. 符号互动理论

人有使用和创造符号（包括语言符号）的巨大能力，符号的意义是在社会互动过程中形成的，社会现象是人际互动引起的一种现象，社会与个人通过语言符号来相互影响，人通过语言符号的人际互动来维持和改造社会。从人际互动的角度可以来维持和改造社会。从人际互动可以研究言语的模仿心理和言语的暗示心理以及言语的塔布心理等。

3. 参照组理论

语言的社会心理定势和言语修养的自我评价，常常借助语言生活中的参照组。言语交际的得体和适度与交际者在语言生活中接触到的话语参照有关。小孩学说客套话可能以他母亲多次对邻居讲的客套话为参照组，通过多次调节终于学会了说得体的客套话。①

4. 学习理论

模仿学习对语言习得和第二语言的获得有很大作用，当然在习得和学习语言时也可以通过观察而掌握语言运用的要领，或由于某种崇拜产生积极的模仿行为。

5. 社会认知理论

社会认知理论关心的是信息如何从环境进入人的头脑，它强调研究社会知觉、社会记忆、社会判断，即研究人类知觉以及编码加工和社会刺激的方式，人类个体如何贮存有关人和社会事件的信息，人类如何把获得的信息汇集起来进行判断和推理。这种社会认知理论同样可以用于语言研究，因为语言是信息的载体。这同样也可以用于修辞的研究，修辞属于言语，言语是对语言的运用。

6. 动机理论

动机是由人的内部驱力、冲动、需要决定的。人类都存在着需要，马斯洛将需要分成各种层次，每一层次上的需要都表现于言语或通过言语来表现。动机还可来自理性决策，人们用理性的合乎逻辑的方式做出最佳选择，选择前先计算出各种活动的代价和收益。语言是表义表情的，语言理性意义的表达受制于理性决策，语气、词语、句式的选择依赖于理性决策。动机还可以来自社会交换，人的言语行为有时是为了追求更大的利益，人际交谈时双方所获得的心理上的满足，就是一种精神上的"利益"，同理，情话、吵骂、谈判语言、推销语言都可从社会交换动机来分析。

当然，这六种基本理论并非处于同一平面，也并非穷尽列举，这里只是择其要者而介绍。

---

① 孙汝建《客套话的语体类型》，《演讲与口才》1998 年第 12 期。

第四节　研究方法

社会心理修辞学的特殊使命是把有关学科的相关内容进行比照研究，找出一系列的接缘点，针对不同的接缘点（即接缘性课题）采用不同的研究方法。这里简述社会心理修辞学研究中常用的具体研究方法。

1. 观察法

观察法是社会心理修辞学研究中对人的社会行为包括言语行为进行直接观察的方法。观察法是多种多样的，研究者不作任何干预而客观地观察记录言语行为，这叫做一般观察法。研究者参与语言活动同时进行观察和记录，称作参与观察法。如果被观察的言语主体不知道你在观察，那么这种观察法称作隐蔽的参与观察法。如果言语主体知道有人观察他的言语活动，这就是公开的参与观察法。

2. 实验法

因场合的不同，实验法可以分为实验室实验法、自然实验法、现场实验法。实验室实验法能很高程度地控制所研究的言语情境，能最大限度地突出你所要掌握的重要因素，防止无关因素的干扰。自然实验法是介于实验室法和观察法之间的一种方法，这种实验按照自然顺序进行，可以大大减少实验室实验的人为性。现场实验法是研究者在实验现场呈现一定的刺激，对环境加以一定的控制，从而观察被试者的反应。

3. 调查法

调查法又称询问法，它是由研究者拟定一系列问题，向被试者提出并让被试者回答，然后整理资料得出结论。调查法可分为访谈法、问卷法和档案调查法。访谈法是研究者亲自访问被调查者，向他们直接提问，然后记录整理。问卷法是以书面形式向被试者进行提问，根据答案综合分析。档案调查法不是对现在的人进行调查，而是利用现存的档案材料进行分析得出结论，如研究儿童文学作品中性别角色的描写对儿童性别观念的影响，就可采用档案调查法对过去已发表的儿童文学作品进行言语分析。

　　应当指出的是，研究社会心理修辞学的不同课题，可以采用一种或几种方法，这些方法随课题的不同而不同，每一种研究方法都各有其优缺点，在操作上都受一定条件的限制。在具体使用某种研究方法时，研究者的倾向、被试者的倾向以及调查研究的具体环节会影响修辞社会心理的分析。

第二章

汉语修辞观

第一节　修辞的含义

"修辞"既是一个动词，也是一个名词。作为动词的"修辞"是指修辞活动或修辞过程，所谓修辞活动或修辞过程，是指人们在特定的言语环境中根据题旨情境，运用有声语言对言语毛坯进行加工产生修辞文本的过程，也就是说话和写作时对语言要素进行选择、加工以提高表达效果的活动过程。

作为名词的"修辞"是指修辞规律或修辞学。修辞规律是指运用语言规则把话语说得通顺或说得生动形象的方法和技巧，把话说通顺属于消极修辞，把话说得生动形象属于积极修辞，研究修辞规律的学科就是修辞学。

传统修辞学研究选词炼句、辞格等，所谓选词炼句是一种互文现义，即选择词语和句子，锤炼词语和句子。选词炼句的过程就是对词语和句子反复推敲的过程。传统修辞学的研究对象是选词、炼句和辞格，现代修辞学在传统修辞学的基础上，研究范围有所拓展，它除了传统修辞的研究对象之外，还研究篇章修辞，具体研究修辞与语言、言语、语体、语境、文化、心理、信息、审美等的关系，它的理论和方法是从与修辞学相关的边缘学科中汲取的。现代修辞学可以分为表达修辞学、接受修辞学（阐释修辞学）、积极修辞学、消极修辞学、社会心理修辞学、文化修辞学、信息修辞学、审美修辞学等分支学科。

　　修辞方法包括两层意思：一是修辞方法论，二是修辞的具体方法或技巧，也有人称为"修辞术"。传统修辞学所讲的选词炼句、句式的选择、辞格的运用隐含着修辞方法在内。

　　词语是表达意义和组成句子的基本单位，句子是基本的交际单位，修辞活动中要对词语和句子反复推敲，达到准确、鲜明、生动、简练的要求；选用词语常见的方法有以下几种。一是把握词语的含义。词语的含义有两种：一种是概念意义，它是词语固有的意义；一种是在特定的题旨情境中产生的语境意义，是表达中临时赋予的意义。词语选用合适与否，首先得考虑词语的含义。如选用同义词语时必须重视细微的差别，准确地反映客观事物的特征。二是突出感情色彩。词语的感情色彩有褒义、贬义、中性之分，有的词语在使用中感情色彩与词语本身的感情色彩完全一致，有的词语在使用中感情色彩会发生变化，褒义变为贬义，贬义变为褒义，中性变为褒义或贬义。在褒贬词语的选择上要反复琢磨，再三推敲。三是注意语体色彩的协调。语体是适应不同交际对象、内容、目的和环境的需要而形成的语言表达体系。语体是语言运用过程中产生的，可分为口头语体和书面语体。口头语体又分为日常谈话语体和讲演体，书面语体又分为文艺语体、政论语体、科学语体、事务语体。口头语体的词语通俗活泼，书面语体的词语庄重典雅，两者各有风格。四是重视选用虚词。虚词一般没有词汇意义，但它们出现的频率相当高，恰当选用，能增强语言表情达意的效果。孤立地看，虚词词义很空灵，但在一定的语境中，它表达的内容往往是实词代替不了的。五是考虑词语的搭配。词语有没有表现力，只有放到具体的语境中去考虑。适切语境，与前后词语搭配，与上下文词语呼应，一个极普通的词也会显出神韵，放出异彩。否则，不管堆砌多少漂亮的词语，文章也不会因此而美妙。词语的配合要注意同义相别、反义相对、两义相辅、同素相配、同词复现等现象。

　　词语的锤炼是词语选用的深化。锤炼的本质是将寻常词语艺术化，使之获得不同于常规的意义和用法。常见词语锤炼的方法有以下几种。一是寓繁于简。在词语运用中用最经济的语言表达最丰富的内容，使词语表情达意，意境深远。二是寓静于动。用表示动态的词语去表示静态的事物，使静态事物充满神韵，栩栩如生。三是带有感受。选用的词语在表现客观事物的同时还带有人的主观感受。四是词性活用。在一定语境中突破常规用法，临时改变词语的词性。五是注意声音的配合。声音配合得当，和谐优美，铿锵悦耳，以优美的节奏和旋律来增强表现力，提高艺术性，给人以美的享受。语言的音乐美主要表现在音节整齐匀称、声调平仄相间、韵脚和谐自然、叠音优美传神。

句式是指在结构或语气上具有某种特点的句子形式。不同的意思可以用不同的句式来表达，同一个意思，也可以用不同的句式来表达。我们把这种表达相同或基本相同意思而结构不同的句式称为同义句式。修辞中的句式选择，实质上是指对同义句式的选择。比如：常式句和变式句、整句和散句、紧句和松句、长句和短句、肯定句和否定句、主动句和被动句、直陈句和疑问句等，这些同义句式的修辞效果往往不同，在风格色彩、表达形式上存在着差异。人们在进行选择时，要适应不同的交际目的和交际场合，根据一定的语境，选择最能表达题旨情境的句式。

辞格中包含了选词炼句和句式选择的具体方法，辞格不但可以单独使用，还可以兼用、套用、连用。

第二节　修辞与语言

语言又称民族语言。它相对于无声语言而言称为有声语言，相对于人工语言而言称为自然语言。有一首歌，歌名叫《爱我中华》，歌词中有"五十六个星座，五十六枝花，五十六族兄弟姐妹是一家，五十六种语言，汇成一句话，爱我中华，爱我中华，爱我中华"。这首歌由乔羽作词，徐沛东作曲，是1991年召开的第四届中国少数民族运动会的会歌。谱曲时广泛采用广西、云南等地少数民族的音调。这首歌脍炙人口，多次在中央电视台的春节联欢晚会上演唱，还被编入初中生音乐教材，并且名列31首被

"嫦娥一号"搭载的歌曲之中。乔羽《爱我中华》歌词的瑕疵在于："五十六种语言汇成一句话。"我国有 56 个民族，有多少种语言？有三种说法：73 种、80 种、100 种左右。总之，不是 56 种。除回族、满族已全部转用汉语外，其他 53 个民族都有自己的语言。有些民族内部不同支系还使用着不同的语言。我国不同民族的语言分别属于汉藏语系、阿尔泰语系、南岛语系、南亚语系和印欧语系这五个语系。

语言就像一张纸，纸有两面。语言这张纸也有两面，一面是语音，另一面是语义。语言是语音和语义相结合的符号规则系统，是语音和语义的结合体。语言这张纸不论怎样剪裁，不论剪裁成多少种单位，它始终是语音和语义的结合体。语素、词、词组、句子、句群这五级语言单位，就是语言学家从语言这张纸上剪裁出来的由小到大的单位，它们始终是语音和语义的结合体。

语言是一种符号，属于听觉符号。世界上的符号大体分为：（1）视觉符号，如交通上用的红绿灯、记载语言的工具文字；（2）听觉符号，如语言、军号；（3）触觉符号，如盲文；（4）嗅觉符号，如气味。语言是由各种规则组成的符号系统。语言的内部有语音、词汇、语义、语法四个要素，这四个内部要素有各自的规则，如语音规则、词汇规则、语义规则、语法规则，这些规则组成了语言的符号系统，修辞不属于语言系统的内部要素。

文字是由字形、字音、字义组成的记录语言的书写符号系统。语言不同于文字：（1）语言属于听觉符号，文字属于视觉符号；（2）语言是第一性的，文字是第二性的，即语言产生在先，文字产生在后；（3）语言是用来记录思想的，文字是用来记录语言的，因此，语言是思想的符号，文字是语言的符号，也可以说，文字是思想的符号的符号。一个民族肯定有自己的语言，但不一定有自己的文字。在我国，汉字不但是汉族的文字，也是全国各个少数民族通用的文字，是在国际活动中代表中国的法定文字。55 个少数民族中，除回族、满族已不使用自己民族的文字而直接使用汉字外，有 29 个民族有与自己的语言相一致的文字。因为有的民族不只是使用一种以上的文字，如傣语使用4种文字，景颇语使用2种文字，29个民族共使用54种文字。文字的形、音、义可以作为修辞手段来运用，形成特定的修辞效果。

第三节　修辞与言语

言语是对语言规则的具体运用。如果说语言是棋谱，那么，言语就是运用棋谱下棋。言语包括言语活动、言语作品、言语能力。

言语活动又称言语过程。如我对小张说："你好！"小张听到了笑了笑。这个交际过程包括五个阶段：想说——说出——传播——接受——理解。在这五个阶段中，下列五个因素分别起作用：心理——生理——物理——生理——心理。即，想说阶段是心理因素起作用，说出阶段是生理因素起作用，传播阶段是物理因素起作用，接受阶段是生理因素起作用，理解阶段是心理因素起作用。用言语链可以描述为：想说（心理）——说出（生理）——传播（物理）——接受（生理）——理解（心理）。研究言语活动或言语过程，就需要涉及心理学、生理学、物理学的相关知识。

言语作品就是说出来或写出来的话语和篇章。话语是口头言语作品，篇章是书面言语作品。

言语能力是指听、说、读、写、译。听、说涉及口头语言，读、写涉及书面语言；说、写属于表达，听、读属于接受；译有口译、笔译、互译。互译分为母语与外语的互译、母语中的文白互译。

修辞属于言语活动过程的一部分，修辞的对象包括：（1）外部言语，即说出的话语或写出的篇章；（2）内部言语，即在"腹稿"中思考的话语，可以称为潜话语修辞。目前的修辞学只研究前者不研究后者，也就是说，目前的修辞学只研究外部言语的修辞问题，尚未研究内部言语的修辞。其实内部言语也有修辞过程，它会随着脑科学的发展而发展。内部言语也是言语作品，未进入人际交际，它是个体的内部交际，它通过修辞活动或修辞过程可以形成外部言语作品，然后再对外部言语作品反复推敲，把相对定型的言语作品也就是修辞作品呈现在听话人或读者面前，这就是修辞活动或修辞过程。修辞可以定义为人们在特定的言语环境中根据题旨情境，运用有声语言对言语作品（言语毛坯）进行调适产生修辞作品（修辞文本）的活动过程。

第四节　修辞与语体

修辞作品（修辞文本）总是以特定的语体形式出现的。修辞作品可以是口头语体，也可以是书面语体，书面语体分为政论语体、文艺语体、科学语体、事务语体。

有人把口语看作是说出来的言语，把书面语看成是用文字写出来的言语，这种看法是不全面的。口语与书面语是两种不同的语体。

口头语体是在"面谈"交际情境下形成的，它又可以分为谈话语体和讲演语体。谈话语体是人们相互交谈的一种语体，讲演语体是个人独自讲话的一种语体。

口头语体的特点是：是人们口头上使用的词语，包括方言词、俚俗词、歇后语、谚语等。词语丰富多彩，通俗易懂。在句法上，以短句、不完全句最为常见，较少使用关联词语。在修辞格上，多用比喻、夸张、反问、设问等修辞方法。表达往往具有跳跃性，充分利用语音、词汇、语法系统中的种种表情成分作为表达的辅助手段，具有广泛性、生动性、多变性、简略性的特点。但是，谈话语体与讲演语体也有差别：谈话语体由于是相互交谈，因此对语境的依赖性较强，多用省略。在语音上往往夹有非语言成分，音素允许有脱落现象。讲演语体由于是个人讲话，对语境的依赖不强。在语音上，要求清晰而标准。

书面语体的特点是：书面语体是适应交际的需要，在口头语的基础上经过加工而形成的。它较多使用书面化的词语，包括古语词、成语、外来词、术语等。在句法上，较多地使用长句、完整句和关联词语。在语音上，尽可能避免非语言成分。书面语体具有体系化、严密性的特点。

口头语体和书面语体既有联系又有区别。

口头语体和书面语体的联系表现在：书面语体是在口头语体的基础上发展起来的，在某些语言材料的运用上往往有交叉现象。例如，口头语体用短句，书面语体也并不都用长句；某些科学术语常见于科技语体，也常见于从事该专业的人的口头上。

口头语体和书面语体的区别是：书面语体对所有语言材料加工的程度比口头语深，力求规范，排斥多余部分和不必要的重复部分。

第五节　修辞与语用

语用是对语言的理解与运用，研究语言理解与运用的学科就是语用学。语用学研究特定语境中的特定话语，特别是研究在不同的语言交际环境下如何理解语言和运用语言。

语用学这个术语，最早是由美国逻辑学家莫里斯在 1938 年出版的《符号理论基础》一书中首先使用的，莫里斯研究符号理论，提出把符号学分为三个部分：语形学（即句法学），研究符号与符号之间的关系；语义学，研究符号与所指之间的关系；语用学，研究符号与使用者之间的关系。语用学作为一门新兴学科得到确认，是以 1977 年在荷兰正式出版的《语用学》杂志为标志。

语用学研究的内容分为小语用、中语用、大语用。

小语用是与句法有关的语用问题。包括主题、述题、焦点、表达重心、语气和口气、评议以及与语用有关的句式变化、语序变化等问题。

中语用包括言语行为、语境、指示、预设、语用含义、会话含义、合作原则和礼貌原则、话语结构等。这是目前国内语用学界基本公认的语用学研究对象。

大语用被莱文森称为广义语用学。包括社会语言学、心理语言学、文化语言学、神经语言学等许多学科或分支下的内容。

语用学主要研究语言使用者与语言的关系。已经形成语用原则（如合作原则和礼貌原则)、言语行为理论、信息结构等方面的理论。传统修辞学主要研究词语的锤炼、句式的选择和修辞格的运用。可以说,语用学从交际的角度研究遵循哪些大的原则方可以使语言的使用达到更好的效果。而修辞学则多从语言表达的角度出发,讨论采取哪些具体的手段方可以使语言更加优美更加有说服力,它研究的是具体的手段。

　　语用学与修辞学都是研究语言运用,但是两者是有区别的。第一,研究目的不同。语用学注重解释性,目的在于分析语言运用的原则,建立意义解释理论,寻找语言运用的规律。修辞学注重规范性和实用性,注重研究修辞手段与技巧。第二,研究方法不同。语用学注重理论解释和推理分析,修辞学注重运用归纳的方法,如修辞格的确立、语言变异的表现方式等。第三,研究对象不同。语用学以言语行为、会话结构、预设、含义、指示语、信息结构等为具体研究对象。修辞学以辞格、句子、词语的交际特色、语体风格等为具体研究对象。第四,研究的角度不同。修辞学和语用学都是研究语言运用的,但修辞学只从编码的角度来研究,语用学则既从编码的角度也从解码的角度来研究。

第六节　修辞与语境

　　语言规则的运用离不开语言运用的环境。语言运用的环境又称语境、言语环境、语言环境。语境可以分为大语境和小语境,大语境包括语言运用的时代、社会、文化背景,小语境包括具体运用语言的时间、地点、场合、交际双方、话题、具体情境。语境还可以分为主观语境和客观语境,主观语境是指交际双方,也就是表达者和接受者。客观语境是指语言运用的时代、社会、文化背景,以及语言运用的具体时间、地点、场合、话题、情景。同样的话语在不同的言语环境中意思可能就发生了变化。

　　修辞活动离不开题旨情境,题旨就是话语的主旨,修辞活动是围绕题旨来展开的。修辞活动是在特定言语环境中进行的,言语环境包括具体的交际情境因素。

第七节　修辞与文化

什么是文化？一棵小树苗长在荒郊野外，它不是文化。如果把它移栽到自己家的庭院里，它就成为文化。前者具有天然性，后者具有人为性，所以，天然性和人为性是区分文化和非文化的第一标准。那么，具有人为性的是否都是文化呢？不全是。感冒了打个喷嚏，是自然的人为，它不是文化。开会的地点改变了出个通知，这是故意的人为，出通知的行为和通知本身都是文化。因此，自然的人为和故意的人为是区分文化和非文化的第二标准。文化可以定义为"带有故意人为的过程与结果"。文化有先进和落后之分，有雅俗之分，有高下之分，"先进的""雅的""高的"文化就是"文明"。我们平时常说"文化是物质文明和精神文明的总和"，也说"文化是物质文明、精神文明和制度文明的总和"。其实，文化还包括非文明的文化。国内外关于文化的定义相当多，有200多种，分类也相当繁杂。文化有不同的形态，有物质的，精神的、制度的，社会方式的，民族的，习俗的，语言的，文字的，思想观念的，科学的，技术的，正式的，非正式的，文学的，艺术的，等等。文化又有大、中、小之分，大体上说，大文化是物质文明，中文化是精神文明，小文化是文学艺术。

修辞活动要借助语言工具来进行，语言是一种文化，又是传播文化的工具，修辞活动中对话语的反复推敲，渗透着文化的创造者——人的各种因素，也渗透了语言本身的文化因素以及语言运用所依赖的言语环境所包含的文化因素。

不同文化背景的人对语言有不同的解读。普通话说"两个人抬了一只猪"，河北藁城方言却说"两只人抬了一位猪"。巴金的小说《家》写道："鸣凤长着一副瓜子脸。"南方人说，鸣凤很漂亮。北方人说鸣凤不漂亮。因为那时南方人常嗑西瓜籽，而北方人常嗑葵花籽。南方人认为鸣凤长着一副西瓜籽脸，当然漂亮。北方人说鸣凤长着一副葵瓜籽脸，有什么漂亮的？"批评与自我批评"，在西方有人翻译成"你骂我，我骂你，最后自己骂自己"。

此外，修辞与心理、信息、审美有着密切的联系。修辞活动的主体是运用语言的社会人，人的心理因素会支配和制约修辞活动；修辞作品所传递的信息必须符合适度原则；修辞活动中人的审美情趣会反映在修辞作品中。

第八节　汉语修辞观

修辞观是人们对修辞现象的根本看法。它直接影响到对修辞规律的探索，具体来说，它影响修辞的定义和性质、修辞研究的对象和范围、修辞研究的理论和方法。这里，有必要申述我对汉语修辞观的基本看法。

从修辞与语言文字、言语、语体、语用、语境、文化的关系来看，修辞研究具有多层面性。修辞可以定义为人们在特定的语言环境中根据题旨情境，运用有声语言对言语毛坯进行调适产生修辞文本的活动过程。修辞研究的对象也就大大超出了选词炼句和辞格的范围，修辞研究的理论和方法也就会自然而然地从相关学科里去汲取。修辞学的内部分类也就可以分为表达修辞学和接受修辞学（阐释修辞学）、积极修辞学和消极修辞学、社会心理修辞学、文化修辞学、信息修辞学、审美修辞学，等等。

第三章

修辞的适度原则

笔者曾经提出修辞的适度原则。① 认为：作为哲学范畴的度，是指事物保持自己质的数量界限。度的两端所存在的极限叫临界点，在临界点的限度内，量的变化不会引起质的变化，超出这个限度，事物就要发生质变。汉语作为信息载体，其信息量的大小是否适度直接影响到话语的质。话语信息量的大小是否适度，就成了衡量话语质的好坏的一个重要标准。信息适度的话语是得体的，信息超度的话语是消极的。汉语修辞在汉语工具、话语、汉语使用者三个层面上存在着度范畴，如冗余度、模糊度、规范度、顺畅度、客套度、委婉度、性度等，信息度的构成情况受语境的制约。

第一节　汉语层面的度范畴

1. 汉语的冗余度

在汉语体系中存在着冗余成分。言语是对语言规则的具体运用，言语能影响和补充语言规则，言语的冗余也淀积到语言成分中。语言的冗余成分比较集中地分布在词汇和语法层面上。

---

① 孙汝建《度范畴：修辞学研究的新视角》，中国修辞学会编《修辞学论文集》第六集，河南大学出版社 1992 年 12 月第 1 版。该文系作者参加中国修辞学会十周年暨第五届学术年会（1991；郑州）会议论文及大会发言。

（1）词汇的冗余成分

［例一］a 缓急＝急 得失＝失 成败＝败 盛衰＝衰

b 人物＝人 质量＝质 国家＝国 窗户＝窗

a 组的前一个语素是冗余成分。b 组的后一个语素是冗余成分。

［例二］a 腈纶毛线 锦纶毛线 氯纶毛线

b 塑料皮鞋 泡沫皮鞋 塑料皮球

例二中"毛"和"皮"是半冗余成分。先以"毛线"为例。《现代汉语词典》对"毛线"的解释是："用兽类的毛纺成的线，通常指羊毛纺成的线。"a 组例词并不是指某种羊毛混纺的线，而是用腈纶、锦纶或氯纶纺出来的类似毛线的纺织品。"毛"由实指转向虚指，在这里只起比况作用。如果将这个半冗余成分省去，组成"腈纶线、锦纶线、氯纶线"，又会使人误以为是非针织用的线。b 组例词如果省去"皮"，似乎也讲得通，但人们会将塑料鞋、泡沫鞋、塑料球看成是由其他什么质料做成的鞋和球，而丢开了皮鞋（鞋的一种）和皮球（球的一种）的类别特点。

［例三］a 小小孩 大大后天

b 鸡肉肉松 牛肉肉松

例三中的两个相同语素相连，其中有一个是半冗余成分。a 组中的"小小孩"是指比小孩还要小的小孩，"大大后天"是指紧接在大后天之后的那一天，省去冗余成分变成"小孩，大后天"，则语义会发生变化。b 组中"肉松"是中心词，这里用"鸡肉，牛肉"是为了和猪肉相区别，如果省去冗余成分"肉"，即说成"鸡肉松、牛肉松"，那么这时的"肉"既要瞻前又要顾后，在实际使用中虽然不至于影响语义，但此种说法不普遍。

［例四］a 果然 可以

b 胜利凯歌传四方 看了一目了然 再三叮咛

a 组中"果然"里的"果"即"果然"。"可以"中的"可"即"可以"，如果用经济的文字来表述，似乎应该说成"果、可"，但是现代汉语不这样说，仍保留了"然、以"这些冗余成分。b 组中"凯"表示"胜利"，"旋"表示"归来"，"胜利"是冗余成分；"目"就是"看"，"看"
是冗余成分；"叮咛"含有"再三"之意，"再三叮咛"中的"再三"是
冗余成分。

（2）语法的冗余成分

［例五］公诸于世

"诸"是"之"和"于"的合音字，"公诸于世＝公之于于世"，其中
有一个"于"是冗余成分。

［例六］非……不可

"非"是"不"的意思，"不可"是"不行"的意思，"我非去不可＝
我一定去"。口语中，"非……"之后也可不用"不可"。

干这种活儿非得胆子大不可＝干这种活儿一定得胆子大。

他不来算了，为什么非叫他来不可＝他不来算了，为什么非叫他来。

［例七］a 难免不犯错误

b 教室里好不热闹

c 没开会之前来找我

a、b 中的"不"和 c 中的"没"，均是冗余成分。即：

难免不犯错误＝难免犯错误

教室里好不热闹＝教室里好热闹

没开会之前来找我＝开会之前来找我

［例八］各位同志们 诸位代表先生们 许多人们

"各位""诸位""许多"表示多数，"们"表示复数，每例之中均有
一个冗余成分。这种冗余用法历来有争议，一般看作是不规范的语言
现象。

2. 汉语的模糊度

模糊性也反映在汉语体系中，如"老年""中年""青年"的年龄界
限是模糊的，"早晨""中午""晚上"的时间界限也是模糊的。石安石曾
对"儿童""少年""青年""中年""老年"以及"早晨""上午""中
午""下午""晚上"两组模糊词的模糊度作了定量分析，用模糊度的计

算公式计算出这些模糊词的模糊度，并描绘出这两组模糊词的坐标示意图。① 这种定量分析，为模糊度的掌握提供了方便。但是，词语模糊度的把握也不必那么精确，适合与否主要靠话语交际的效果来衡量。

3. 汉语的规范度

使用汉语要遵守汉语的规范，为了提高表达效果也可以突破规范，进行话语创新。那么，在汉语修辞中，话语的形成也有一个规范度的问题。例如，"厦门航空公司的波音客机在白云机场失事后，李鹏总理从北京飞往白云机场观察灾情"。"总理……飞往……"是适度的，虽然人不能飞，但人坐的专机可以飞，这种借代用法已为人们所接受，符合规范度。再如，"吃食堂、吃大碗、打扫卫生、恢复疲劳"一开始出现时被认为是不符合规范的，普遍使用后就为汉语使用者所接受，由不规范转化为规范。20 世纪 50 年代，有人提出"当他们跨过鸭绿江，仿佛置身于……"这样的句子是不规范的，因为在"当"后没有"时""时候"，则成了无"宾"之"介"。但是，后来这种用例大量出现，使这种句式取得了规范的席位。② 20 世纪 50 年代至 80 年代，有人认为"之所以"不能用于句首，因为"之"就是"的"，一句话开头用"的所以"似乎不着边际，其实王引之《经传释词》"之"字条，在"之"训为"其"下曾引用过《荀子·王制》中以"之所以"起句的用例，并云："'之所以'，'其所以'也。"杨树达《词诠》在引用此例时加了以下按语："'之'字用作'其'字同，用于主位。"尽管如此，在古代汉语中以"之所以"起句的用例还是比较少见，有人认为它不规范是可以理解的。但是，现在这种用法已经很普遍了，报纸杂志随处可见，我们曾搜集典型用例二百余条，其中不乏语法学家的用例。③ 在汉语修辞研究中，不能让汉语规范机械地统辖汉语语用事实，应该既考虑规范的相对稳定性，又考虑新的语用现象，促进汉语规范的发展，汉语本身就是从话语创新中获得新的规范而不断发展的。

---

① 石安石《模糊语义及其模糊度》，《中国语文》1983 年第 1 期。
② 孙汝建《试论连词"当"的语法特点》，香港《语文杂志》总 6 期（1981 年 1 月）。
③ 孙汝建《"之所以"起句的规范》，《语文建设》2000 年第 6 期。

第二节　话语层面的度范畴

1. 话语的冗余度

从理论上讲，言语交际应该用最经济的信息量来表达说话者的意图。然而我们使用的语言是富有弹性的活语言，说话人常常给出比实际需要多得多的信息，这大概是希望对方能充分理解自己话语的缘故。

有人认为说话只要把主要的信息传递出去，让对方通过你所传递的最低度的信息来了解你的意图，这就取得了最佳言语交际效果了。传统修辞学过分强调了言语的简练，以至于使人们产生这样一种误解：多余的话总是消极的，多余的话是修辞的大忌，是言语交际的大忌。其实，在特定的语境中，多余的话未必多余，在特定的交际场合讲一点适度的多余的话也未必是坏事。在无准备的即兴讲话中，讲话者为了思考下文，可在一定的程度内借助一些无实际意义的语句来延缓思考时间。在这里，多余的话成了讲话者赢得思考时间的拐棍。如果讲话者出口成章并且每句话都传递主要信息，不给听众一点儿思考的余地，无论是有准备的书面讲话，还是无准备的即兴发言，都难以达到这样的境界。

在交谈时，说话者为了避免伤害对方的感情，在挑选字眼时也往往出现多余的话。在甲方有求于乙方的交谈中，甲方往往是先说一番与正题无关的多余的话，然后再道出正题。久别的朋友在一起交谈时往往会说一大堆无关紧要的话。热恋中的青年男女总希望听到对方反反复复地倾吐爱恋的悄悄话。自鸣得意的人也常常爱说多余的话。人逢喜事精神爽，话匣子一打开，重复啰唆的话也就多起来，面临心理困境的人总是喜欢唠叨没完。女孩子常在老人面前"兜售"多余的话，因而讨得老人的喜欢，这或许是女孩子迎合了老人喜欢唠叨的心理。在礼貌性的言语交际中，一句"你吃了吗？"并非传达什么非问不可的主要信息，而是用多余的话表示问候。

在言语交际中，冗余的语言往往反映了说话者的社会身份、文化修养、特定心态。作家们深深懂得这一点。他们常常利用超度的冗余话语来创设某种环境气氛，刻画人物性格和特定心态。捷克讽刺作家哈谢克的名著《好兵帅克》里有一个名叫克劳斯的上校，说话非常啰唆；王蒙曾在《人民文学》发表了一篇题为《大问题》的小品文，讽刺官腔官调式的讲话，内容空洞无物，话语重复啰唆；中央电视台在《九州方圆》节目中由赵子岳扮演一位仁兄，作了一场关于添置水壶的报告，报告重复累赘，啰唆不堪，其中"哼""哈""啊""这个"之类正是冗余信息之所在。当然报告的内容已经为这位仁兄的昏庸定了调，而这一连串的"啊、呃、嘿嘿、这个"这类的冗余言语也起到了画外音的作用。

由此看来，冗余话语未必多余，问题是如何把握好冗余度。在日常言语交际中，适度的冗余话语是得体的，它是言语交际的润滑油，而超度尤其是严重超度的冗余话语是消极的，它是言语交际的包袱。但是当超度尤其是严重超度的冗余话语由日常言语交际的语域转入了另一语域——文艺作品的人物言语时，它又能化消极为积极，它服务于文艺家刻画"这一个"的需要。

2. 话语的模糊度

语义模糊会影响汉语的表达效果。所以，说话应力求准确，避免模糊不清。可是，汉语的模糊性有时并不影响交际，日常交际中并不需要处处使用含义准确的词语。有时干脆利落地说话反而会带来消极作用，倒是模糊的表达能起积极作用。这就要求掌握恰当的模糊度。模糊度的大小取决于交际双方的关系、心态和情境等因素。例如，领导由于考虑到自己的身份以及说话的时机，有些意图不便明确地说出，往往采用模糊的说法。适度的模糊反映了领导说话的技巧。超度的模糊则是推诿扯皮的典型表现。模糊度的大小反映了表达者的心态。例如，模糊度小，明确性大，可表现出信任；模糊度大，明确性小，则表现出猜疑。

3. 话语的顺畅度

顺畅度指话语流利、顺畅的程度。说话结结巴巴，颠三倒四，显得顺畅度小，说话自然流畅，洋洋洒洒，显得顺畅度大。

说话的顺畅度与思路有关，在发言时应该大体理出一个说话的思路，先说什么后说什么，需要心中有数，打好腹稿。如果事前毫无准备，而思考速度赶不上说话的速度，说话的顺畅度就小，甚至疙里疙瘩或断断续续。说话的顺畅又与讲话时的心理状态有关，过于激动或过于胆怯都会影响顺畅度。说话的顺畅度还与表达者采用何种语言和对语言使用的熟练程度有关。顺畅度的大小必须以语言的准确和话语的通顺为前提，只有在准确、通顺的基础上，才能求其顺畅度的适切。

4. 话语的客套度

在特定的言语交际场合，讲几句得体的客套话，有助于沟通交际双方的情感，并能创造和谐的气氛。1955 年中国科学院召开"现代汉语规范问题学术会议"，波兰汉学家夏伯龙作了题为"关于汉语规范问题的一些看法"的发言，他讲了这样一番客套话："作为一个外国人，我很难对像汉语规范这样一个重要的复杂的问题发表什么意见。那只是因为我的汉学的修养很有限，并且因为我到北京后才比较明确地认识到这个会议的任务，我没有充分的时间来准备。可是我在北京得到的兄弟般的款待，我对中国的敬慕和友谊的联系，还有我作为一个汉学家的职责，使我不能不尽我的微薄力量，对这伟大的工作提出一得之见。由于时间和文献的缺乏，我不能写出什么学术报告，只想对讨论中的某些问题表示一些意见，虽然对其中的任何问题，都不能详尽发挥。"夏伯龙先生的这番客套话适度得体，既谦虚实在，又表达了对中国的友情和对汉语规范问题的重视，还表示要尽"微薄力量"，提出"一得之见"，所以赢得了与会者的一致赞许。适度的客套是礼貌的表现，超度的客套给人以虚伪做作的感觉。那么如何把握好客套度呢？客套话是因时因地因人而异的，它随言语交际的时间、地点、场合、对象、目的以及交际者思想感情的变化而变化，依赖特定语境说出的特定的客套话才是得体适度的。

5. 话语的委婉度

古代人由于对语言的灵物崇拜，对能降福除祸的词语产生了禁忌，对人名、朝代名、部族名、图腾名给予避讳，对犯忌触讳的事物采用委婉的说法。

在现代生活中，委婉语的使用场合有所拓展，不仅仅局限于犯忌触讳的事物，而且对不愉快的事，不便直说的事，或者是为了幽默，都可以用委婉的表达方法。委婉的精髓在于"含而不露免刺激"。如何达到"含而不露"的境界，这就要求正确地把握好委婉度。委婉度大了，对方不能悟出本意；委婉度小了，对方会受到刺激。委婉度的适切也离不开具体的语境。

第三节　使用者层面的度范畴

汉语使用者是话语的主体，度范畴的建构不应偏离话语的主体。性度是与话语主体密切相关的一种典型的度范畴。抛开男女生物学上的分野，把人的心理特征抽象出来分成男性行为和女性行为两大类，也就是将性别心理差异归结成男性度和女性度，人不管性别如何，都具有一定比例的男女性度。

性度是用来反映男性特点和女性特点程度的概念。在语言社会中，每个人身上都存在着男性度和女性度，只是男女性度的配搭比例不同，而不存在纯男性特点或纯女性特点的情况。这是因为：

①时代的发展，科学的进步，男女在社会职业上的接近，相同的社会经历必然会造成男女在心理和行为上的趋同；

②现代家庭结构发生了变化，由大家庭向小家庭发展，导致家庭内部男女角色的分工不可能十分严格；

③在思想观念和文化修养中，除去了传统社会所留下的性别歧视，知识阶层中性别角色的互化比其他阶层更为明显。

男女两性的社会生活、家庭角色和思想观念的变化，必然在一定程度上推进男女互化。事实证明，一些才华横溢的男子往往带有一些女性特征，而那些功成名就的女子同样具有一些男性特点。然而，性别角色的互化有一个"度"的问题，男性过分地女性化和女性过分男性化往往受人轻视。前些年，姑娘们投书报刊，呼唤"高仓健到哪里去了？"她们在埋怨男性的女性化。而男士们也在撰文呼吁："中国没有女人"，指责女性的男性化。看来，在男性度和女性度的配比上，无论是传统文化还是现代新潮都是十分注重的。

在异性话语交际中，男女之间不存在相互对立的言语差异，言语的性度主要由下列因素决定。

①父母自身的言语性度对子女的言语性度有着重要的影响。长期与母亲一起生活的孩子，其言语的男性度小，女性度大。长期与父亲一起生活的孩子，其言语的男性度大而女性度小。一个家庭里是以父亲为主导还是以母亲为主导，即谁当家，谁说了算，对子女的言语性度会产生影响。父亲当家的家庭中子女的男性度大，母亲当家的家庭中子女的女性度大。

②兄弟姐妹中男女的数量对比对言语性度也会产生影响。男孩多，且居于兄长地位时，其弟妹言语的男性度会增强；反之，女孩多，并居于长女地位时，弟妹言语的女性度增强。

③年龄文化层次会影响言语性度。日本大井晴等人于1973年曾就高中生和大学生的男女性度做过调查，调查表明：高中生中男女的性度差别不太明显。但是在大学生中，男大学生的男性度比高中有了明显的提高，而女大学生的女性度则比女高中生大幅度下降。她们当中有更多的人呈现男性的倾向。

④工作性质会影响言语性度。工作性质和工作条件会对言语性度产生影响。比如，从事体育运动或长期在野外作业的女性，往往具有男性度高的言语倾向，而男性中的秘书、小学教师、医护人员往往具有言语的女性度偏高的倾向。

⑤异性交际中的权威会影响言语性度。在异性交际中，权威是何种性别，可以影响和左右整个交谈活动中的性度倾向。如果权威是男性，他能左右和影响谈话，可能会使整个的异性交谈出现男性度高的倾向。

第四节　语境制约

语境对度范畴的制约，主要表现在两个方面：一是言语表达的时间、地点、对象、场合、心态等直接语境因素对度范畴施加直接影响；另一方面，言语表达的原因、政治文化背景、风俗习惯等间接语境因素对度范畴施加间接的影响。上述冗余度、模糊度、规范度、顺畅度、客套度、委婉度、性度以及其他一系列的度范畴，都受语境制约。语境对度范畴的制约作用具体表现为以下几点。

1. 控制

语境对语言使用有很大的控制作用，语言使用者要具有驾驭言语使之适度的能力。各种层面上的度范畴：冗余度、模糊度、规范度、顺畅度、客套度、委婉度、性度的适度把握都离不开特定的语境，可以说这些范畴是语境控制的产物。

2. 解释

语境能帮助人们去正确理解某些度范畴，对适度的冗余话语，适度的模糊表述和委婉表述，人们借助语境分析可以获得正确的解释。

3. 判断

语境能够帮助判断言语是否适度，如判断冗余信息是适度的还是超度的，通过判断获得美丑评价。一段超度的冗余话语在甲语境中获得了丑的评价，但转入乙语境中可能会获得美的评价，如上面所谈到的冗余话语在日常生活语境与文学语境中会获得不同的审美评价。

4. 调节

语境因素能够改变和创设。言语交际中，交际双方的身份、思想感情、性格心态都可能发生变化，交际者还可以根据需要临时创设某种特定的语境。语境的主客观因素协调统一对各种度范畴施加影响，交际者依赖语境因素可调节话语，建构新的话语，以做到尽可能的适度。

第五节 度范畴的把握

适切语境是言语交际的标准，也是衡量度范畴是否得体的标准，那么如何使度范畴取得适切的最佳言语交际效果呢？这就要求说写者充分合理地把握语境的各种因素。因为言语的适度是因人、因时、因心境、因话题而异的。下面就有关因素作简要的论述。

1. 对象

言语表达应该弄清交际双方的角色身份，角色之间的关系有辖属型、平等型、服从型、需求型。有了角色观念，了解对方与自己的角色关系，言语交际中才有可能把握好度，如对陌生的新上司讲客套话，与对熟悉的长辈说客套话相比，前者的客套度要大一些。对自己的子女讲话，客套话可减至最小，甚至取消客套。

2. 场合

场合是时空与交际情景的结合，它有正式和非正式、庄重和随便、喜庆和悲痛之分，场合不同说话的度范畴也就不同。如悲痛场合劝慰的话可以增大冗余度；正式场合批评他人的话语可适当增加委婉度，如果在大庭广众对他人的缺点唠叨个没完，就会令人生厌，效果会适得其反。

3. 心境

言语表达要注意对方的心境，如果有求于对方，而对方没有好的心境，可适当增大言语的冗余度和委婉度，以便缓和谈话气氛；如果对方心境好，可以适当减少冗余度和委婉度，甚至直言不讳。

4. 话题

谈论的内容也能左右言语适度。当你告诉对方一件令他喜悦的事情时，可以增大顺畅度，减少冗余度。当你告诉对方不幸的事情时，最好是增大冗余度和委婉度，或是增大模糊度，减小顺畅度。

5. 原型

"度"的理解和掌握是主观的，带有人为性，无法用精确的计算方法

35

来测定，在具体把握时可借助原型理论。原型理论是心理学家罗丝提出的用以解释心理现象的一种理论。原型理论认为，人们在认识客观事物时，并不是利用一整套区别性特征来形成概念，而是基于自己熟悉的某一具体事物形成关于这类事物的原型。用这个原型去和以后见到的同类或异类事物进行比较，从而充实或修改已经形成的概念。原型因人而异，具有人为性，还可以修改。如，一个孩子天天看到自家屋檐下的麻雀，有人告诉他这就是鸟，于是他就根据麻雀的特征，形成了关于鸟的概念的原型。当他第一次来到动物园，看到一只鹦鹉的时候，他会毫不犹豫地认为它是一只鸟，因为鹦鹉与他心目中关于鸟的原型十分接近。当人们指着鸵鸟告诉他这也是一只鸟，由于鸵鸟的外形和麻雀相去太远，他就会修正自己关于鸟的概念的原型。这个例子说明原型可以在非常少的实例（或许只有一个）的基础上形成，并不需要任何正规的定义。原型不是人人完全相同，而只是大体相似，原型不但可以修正、引申，而且也因人而异，因此用原型理论来解释言语和语言冗余度的把握比较合适。

在言语交际中，参与交际的人在言语表达中都会逐渐形成冗余原型。比如，一个小孩在学习如何与人寒暄时，其原型可能是他的母亲与邻居的一次交谈，母亲在交谈时对言语冗余度的把握，会形成他的冗余原型。当他知道自己的冗余言语超度时，会修正自己冗余度的原型。冗余原型是在实例的基础上形成的。冗余原型会因人而异，因场合而异，因交际目的而异。何人何时何地用何种语言与何人说话，会影响到冗余度的理解和把握。如：老人听老人唠叨并不觉得冗余，而青年人就觉得冗余；恋人之间反复不断地重复那些悄悄话，他人听了就觉得冗余；在正式作报告前讲一点得体的客套话，听众并不觉得冗余，而在家人面前讲一大堆客套话，家里人就觉得冗余。冗余原型这个概念本身的外延本来就不确定，不同的人在不同的场合所形成的冗余原型会有不同的外延范围，但冗余度的把握由于有实例作比照，因而在心理上会形成关于言语冗余度的共识，因此冗余言语的"度"的把握不能离开大众的心理认可和心理共识。至于语言冗余是否规范，也可借助原型理论来解释。目前的汉语规范理论很脆弱，尚不能解释"偏离"现象的合理性。"塑料皮鞋"省去冗余成分"皮",则语义会改变,这种冗余成分少不得,应该保留。"猪肉肉松"省去"肉"这一冗余部分,语义不变反而变得简明,这种冗余可以省。冗余成分是否可以省去,一方面看是否影响语义,另一方面看在语用实践中是否形成认同感,因为认同是原型的重要特征。

在汉语修辞中运用度范畴,会逐渐形成一个个原型,如冗余原型、模糊原型、规范原型、顺畅原型、客套原型、委婉原型、性度原型等。以客套话为例,比如一个学生在与人寒暄时讲出的客套话,其原型可能是他与老师的一次客套交谈,老师在交谈时对客套度的把握,会成为学生的客套原型。这种客套原型是在实例的基础上比照修订而成的,不需要区分出客套度超度与适度的精确界限。度范畴原型的形成,由于有实例作比较,以大众的心理认可为原则,因此借助原型来把握度范畴的适度,是一种简单实用的方法。

综上所述,言语"过了头"和"欠火候"都是不适度的,都是汉语修辞的大忌。适度虽然是就言语表达程度而言的,但其作用是不容忽视的。在汉语工具、话语、汉语使用者三个层面上建构起汉语修辞的度范畴,并探讨使之适切的条件和制约因素,无疑是汉语修辞研究的新视角。

第四章

接受修辞学

　　接受修辞学是与表达修辞学对立互补的一门新兴修辞学科。在国内外诸多修辞学理论和学派中，表达修辞学已占有一席之地，而接受修辞学却未见端倪。既然表达与接受相对，那么，当代修辞学在倡导表达修辞学的同时，就不应忽视接受修辞学的存在。

　　接受修辞学的理论得益于接受美学，笔者曾借用接受美学中的接受理论，建立了修辞的"调适—接受"模式。①

　　该模式的基本理论认为：修辞是对言语的调适，言语调适的结果产生了修辞文本（调适后用于表达的话语），修辞文本是调适者和接受者沟通的中介。修辞文本的修辞效果通过接受者的审美反应表现出来。调适者自身的因素反映在修辞文本中，接受者的自身因素影响修辞文本的接受。调适者和接受者的沟通依赖于一定的修辞情境，并在"调适—接受"的过程中会产生种种障碍。接受修辞学主要研究在修辞情境中调适者和接受者通过修辞文本进行"调适—接受"的交流反应过程及其障碍。

---

① 孙汝建《试论接受修辞学》，中国修辞学会第六届年会暨国际学术讨论会（1992 年 12 月；广州）会议论文及大会发言，《让修辞学进一步走出书斋 走进课堂 走向社会——中国修辞学会第六届年会暨国际学术讨论会纪要》，中国修辞学会秘书处《中国修辞学会通讯》第 27 期（1993 年 2 月 8 日）；孙汝建《接受修辞学的理论架构》，陕西省社会科学院《人文杂志》1993 年第 6 期；孙汝建《接受修辞学——接受修辞学的理论架构》，《外国语》（《上海外国语大学学报》）1994 年第 1 期。

第一节　修辞是对言语的调适

接受修辞学的修辞观认为，言语是对语言的运用，修辞是对言语的调适，修辞属于言语现象，又不等同于言语现象。

修辞调适的对象是言语，既调适内部言语，又调适外部言语；既调适口头言语，也调适书面言语。从言语调适的过程来看，它包括由"腹稿"到初稿再到定稿的调适。这就是说，修辞伴随着话语的生成和话语生成后的调适。主题的反复提炼，材料的精心选择，结构布局的斟酌，遣词造句的推敲等都在调适范围之列。

修辞的目的是为了使修辞文本适切修辞情境中的调适者与接受者，因此，修辞涉及调适者、接受者、修辞情境等因素。这些因素相互协调就是修辞调适—接受的具体体现。修辞的适切就是要求调适者把握好一定的"度"，这种"度"可以表现为语言特性层面上的冗余度、模糊度、生成度，也可以表现为言语层面上的顺畅度、委婉度、对比度、模仿度、顿跌度等，还可以表现为言语调适者的性度等，这种"度"的衡量很少可以量化分析，更多的是依靠言语生活中的原型来把握。

修辞作为言语活动不仅仅是调适者的事儿，从修辞的接受效果看，接受者的接受反应才是调适者从事修辞活动的尺度。修辞文本只有被充分接受才会产生能动的修辞效果。我们并不否认调适者和接受者在接受反应上还存在着一定的差异，以及会产生的种种障碍。

第二节　修辞文本是言语调适的产物

修辞是对言语的调适，言语调适的结果产生了修辞文本，修辞文本是经调适后用于表达的话语，话语可以是口头的也可以是书面的。因此，修辞文本是表达的手段，是调适者和接受者沟通的中介。

修辞文本是言语调适的结果，修辞活动是高级的言语活动，它所产生的话语必须符合语言规则和言语规律，必须符合口语表达或书面表达的基本要求，符合文体学、风格学、语体学的要求，符合修辞情境的需要，符合调适者的修辞目的和接受者的接受反应及审美心理。

修辞文本有其自身的传达结构，它分布着不同的接受视点，这些视点有的固定，有的游移。它从表现手法上又可分为事件性的，形象性的、情感性的。从信息看，修辞文本在形成和接受过程中存在着信息损耗和信息增值。从样式看，修辞文本可以是各种体裁的完整篇章，也可以是这些篇章中的话语片断或片言只语。从语体看，修辞文本可以是口语体、书面语体的各类材料的调适。

第三节　调适者是修辞活动的主体

调适者作为修辞活动的主体，其自身的各种因素必然贯穿于言语调适的全过程，必然反映在修辞文本中，反之，通过修辞文本可以观察调适者自身的各种因素。

调适者的自身因素是多层面的，如社会因素、文化因素、性格因素、思想观点因素、心理因素、身份地位因素、性别因素、年龄因素、职业因素、籍贯因素、阅历因素、处境因素等，这些因素一方面动态地贯穿于言语调适活动的全过程，同时也反映在言语调适的产物——修辞文本中。

调适者在进行言语调适时，不可避免地要充分考虑自适和他适。所谓自适就是使修辞文本适切调适者本人的审美取向，所谓他适是指修辞文本怎样才能适切修辞情境和接受者的接受心理。在这种前提下，调适者对言语的调适可以是内调（调整内部言语）或外调（调整外部言语）。可以是一次性的调整，也可以是反复的调整。可以使用各种修辞手段和方法，也可以使用超常的修辞技巧。

第四节 接受反应是言语调适的尺度

接受者对修辞文本的接受反应是言语调适者在修辞活动中的主要参照系。因为修辞文本的修辞效果是通过接受者的接受反应来实现的。在调适言语形成修辞文本的过程中，调适者会自觉或不自觉地考虑接受者的接受反应，修辞文本接受的核心是修辞文本和接受者的相互作用，所以接受修辞学不应该只关心修辞文本，而必须同样注意接受者对修辞文本的接受反应。

修辞文本具有两极，即造美极和审美极。造美极是修辞文本所反映出来的调适者的本意，它用艺术化的言语来表现，它正是调适者在修辞活动中力求体现的。审美极是由接受者的接受反应来实现的，因为修辞文本是功能性的，它的艺术价值只有在接受反应中才能体现。

修辞文本面对的是接受者，接受者处于不同的历史时期和不同的文化层次，调适者考虑得较多的是当前的真实的接受者。每一个接受者都扮演着一定的社会角色，它和调适者在形成修辞文本时所预设的读者角色有一定的差距，调适者预设的读者角色和实际的接受者越趋于一致，修辞文本的接受效果就越能够顺利实现。

修辞文本只是包含调适者本意的表达形式，修辞文本能否具有造美价值和审美作用，常常是通过接受者的接受反应体现出来。修辞文本能否唤起接受者的接受反应通常由两方面的因素决定，一是由修辞文本自身的内容、性质、技巧、风格以及其他潜在吸引力来决定，得体的，具有逻辑性、哲理性、鼓动性、引导性、感染性、艺术性等特点的修辞文本才能使接受者接受并产生共鸣，乃至影响接受者的心理和行为。另一方面，接受者在接受修辞文本过程中，根据自己的人生观、审美观、社会阅历、生活环境、兴趣爱好、个性气质、身份地位、年龄、职业、性别、心绪等因素对修辞文本产生不同的理解和联想。接受者的接受反应建立在对修辞文本的审美评价上，它能动地促进调适者对言语的调适，以提高修辞文本的表达效果。

第五节 修辞文本在修辞情境中形成和接受

接受修辞学在方法论上是功能主义的，它注重两个基本的、相互依存的领域：一是修辞文本和调适者的关系，一是修辞文本与接受者的关系。修辞文本有其产生的情境，也有其被接受的情境。这两种情境如果一致，修辞文本的接受效果则佳，否则，修辞文本的接受效果就会受到一定的影响，这两种情境都可以分解成若干元素：现实情境、个人情境、时代社会情境。调适者据此参照其他因素形成修辞文本，接受者据此参照其他因素接受修辞文本。

修辞情境对修辞文本的形成有一定的制约作用，同时也影响到对修辞文本的接受，接受者的接受意识随着时代、民族、国家、阶层、文化等的不同而存在各种差异，同一时代、同一民族、同一国家、同一阶层、同一文化的接受者对修辞文本的接受意识也因修辞情境的不同而不同。以往的语境学研究只注重语境对表达的制约，而忽视语境对接受的影响，这种偏向是受整个语言学研究大势影响所致，因为以往的语言学研究只注重语言表达的技巧或语言交际艺术的研究，而忽视了接受意识，导致了语言学重表达轻接受偏向的出现。

第六节 接受反应过程中的审美心理

接受修辞学的核心理论是审美反应理论，修辞作为对言语的调适是为了创设积极的修辞效果，由修辞文本去影响和感染接受者，从而唤起接受者的审美反应，并使其理解修辞文本的内容，实现修辞文本的修辞效果。

审美是一种心理活动，接受者对修辞文本的审美，从两者的关系上讲有三种情况：一是接受者理解并接受了修辞文本的部分信息，二是接受者理解并接受了修辞文本的全部信息，三是接受者理解接受的信息大于修辞文本的信息。第一种情况和第三种情况即是所谓的意义剪刀差。从修辞文本对接受者的影响来看，接受者无论是采取何种方式来"听"或"读"，作为听者或读者他们往往会从修辞文本中捕捉信息焦点和阅读视点以获取信息核心，形成心理形象。

从审美的角度看，调适者是造美者，审美活动立足于造美活动之上。即接受者对修辞文本的审美建立在对调适者修辞文本的造美上，这又分两个阶段。一是造美阶段上的审美活动。调适者按言语规律和语言规律生成话语后，根据修辞情境和修辞目的的需要，静心凝思、体察品味，发掘和改造话语材料和审美属性，与长期积淀于调适者头脑中的审美经验交互作用，形成高一级的审美观念，然后将这种无形的内心审美体验通过修辞文本表现出来。第二个阶段是接受阶段上的审美活动，即接受者对修辞文本产生愉悦的审美感受。如果将调适者看成修辞文本的第一读者的话，造美和审美就将集中体现在修辞文本创造的全过程，并达到高度的统一。如果调适者和接受者不是同一人，那造美和审美活动中会存在着因人而异的差异。

修辞文本作为造美的产物和审美的对象，其审美价值具有多面性，因为言语是对语言的运用，修辞是对言语的调适，因而，语言的民族美、时代美、规范美、丰富美和言语的整体美、适应美、内容的美和形式的美、实用的美和艺术的美、主观的美与客观和美都表现为修辞文本各自的审美特质，并由接受者通过听读修辞文本而产生审美共鸣，或唤起接受者的能动反应，或被接受者被动综合。审美反应水平的高低，由接受者本身的因素和修辞情境而定。

接受者在具体修辞情境中对修辞文本的接受反应，会产生种种障碍，如语言障碍、言语障碍、文化障碍、心理障碍等。

语言障碍是由于修辞文本违反了语言规则，产生了错误的话语。言语障碍是言语违背语用规律，文化障碍是由于调适者与接受者在表达和接受修辞文本时由于文化的差异而产生的障碍。心理障碍是由于修辞文本在接受中产生耳误，在表达时产生口误。以上障碍可以出现在修辞文本中，也可以因接受者而形成，它们直接影响修辞文本的修辞效果，成为修辞病理学的研究内容。

第七节　"调适—接受"的修辞理论模式

根据以上所论，可以归纳出接受修辞学的"调适—接受"模式（见下图）：

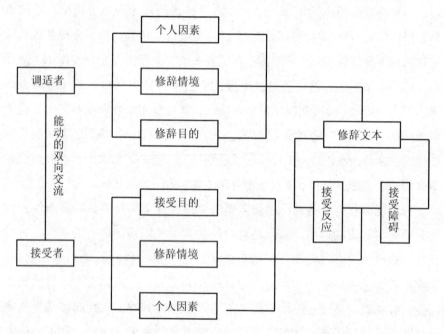

这一模式概括地反映了接受修辞学的基本理论要点：调适者带着一定的修辞目的，在一定的修辞情境中，带有个人因素调适言语产生修辞文本。接受者带着一定的接受目的，在一定的修辞情境中，带着个人因素接受修辞文本，在接受过程中，会表现出不同程度的接受反应，也会产生种种接受障碍。

就整个"调适—接受"过程而言，调适者和接受者之间展开的是能动的双向交流。

第五章

塔布心理对修辞的影响

"塔布"（Taboo）即"禁忌"，禁忌包括语言禁忌是一种什么现象？学术界提出了四种看法：灵力说、欲望说、仪式说、教训说。本书提出社会心理说，认为禁忌包括语言禁忌是一种社会心理现象，语言在人们的心理上有一种超人的魔力，语言禁忌发展到极端便产生了符咒，符是书面语的物神化，咒是口头语的物神化。避讳是由于"不许说"引起的，它是一种强制而被迫的语用现象，婉曲是由于"不愿说"引起的，它是一种相对积极的语用现象，它更多地受社会心理因素的支配。根据社会心理可将婉曲分为：与廉耻心理相关的婉曲、与趋吉心理相关的婉曲、由于避免刺激对方而引起的婉曲、为了形成幽默诙谐的语言风格而采用的婉曲。语言禁忌的社会心理诱因主要有：焦虑和恐惧心理、害羞与羞怯心理、群体心理定式。

第一节 "塔布"语言的社会心理解读

1777 年英国探险家库克在第三次远航南太平洋汤加群岛时，发现当地土著人有一种非常奇怪的生活现象，有些物件只许酋长、巫师、头人使用，而禁止一般人使用；有些东西只许用于某种特殊目的，而不能用于一般目的；一些场所只许男人进出，而不许女人和儿童出入，等等。当地土语称这种现象为"Taboo"。"Taboo"一词由库克船长带回西欧后，经人类学家、社会学家、民族学家研究发现，"Taboo"现象普遍存在于世界各民族的习俗中。中国民族学界把"Taboo"音译为"塔布",与"塔布"相对应的词是"禁忌"。

禁忌从时间上看,有长久和暂时的分别;从禁忌的产生来看,有因对自然力的崇拜而形成的对自然物的禁忌观念和行为,有因某种动植物与本氏族祖先有近缘关系而形成的禁忌,有对祖灵的崇拜而形成的对祖先象征物和祖先遗物的禁忌,有对鬼神精灵的崇拜所派生出来的关于鬼怪及其活动场所的禁忌,有对吉凶祸福的迷信而形成的趋吉避凶观点所导致的禁忌;从色彩看,禁忌又可分为神圣或圣洁的和不纯或不洁的两大类;从人类的实践活动看,有宗教禁忌、生产禁忌、语言禁忌、一般生活禁忌、行业禁忌、节日禁忌、礼仪禁忌、信仰禁忌、婚姻禁忌、服饰禁忌等;从形态看,有行为禁忌、事物禁忌、语言禁忌、人体语言禁忌。

禁忌是人类不理解自然力而产生的,认为它具有神秘的超人的力量。如为什么会死人?为什么会地震?为什么会打雷闪电?火山为什么会爆发?洪水为什么会泛滥?对自然力的不理解使人类产生了恐惧,恐惧导致了迷信,迷信引起了灵物崇拜。

语言禁忌也是这样,在不知语言为何物的遥远的古代,语言被赋予了超人的神秘力量。人们认为语言是祸福的根源,语言的灵物崇拜也就产生了。在中外神话和小说中,人们赋予语言以各种神奇的力量,《天方夜谭》中的阿里巴巴用话语来叩开石门;祝英台对着梁山伯的坟墓祷告之后,山伯墓在雷雨中裂开;唐僧念咒语就能收紧孙悟空头上的金箍。

语言禁忌来源于一种神秘的力量,英语中称 manna(玛那),这种神秘的力量依靠自然的或直接的方式附着在语言上,语言禁忌作为社会心理现象,出现在各民族的习俗中,旧中国的一些地方,"寻人启事"中的"人"常常倒着写,否则所要寻找的人会越走越远。法国文学家拉伯雷在小说中曾描绘远航的旅行者在甲板上发现了"冰冻的词语",这些词语像一粒粒五彩缤纷的冰雹,人们拾起时立刻发出悦耳的声音并在手中溶化,语言力量的超人与神秘可见一斑。

语言的灵物崇拜发展到极端便产生了符和咒。符是书面语的物神化,美国人比尔斯在他的《恶魔的词典》中收集了一个由一连串的字母组成的倒三角形,据说是民间用来治牙痛的符;咒是口头语的物神化,在旧社会,每当灾难降临时,老太太们口中念着"南无阿弥陀佛大慈大悲,救苦救难南世观音菩萨",她们念着咒语企求菩萨保驾消灾。这些都说明语言在人们的心理上有一种超人的魔力。

语言禁忌作为一种社会心理活动,早在人类的蒙昧时代就开始了,在未知而神秘的大自然面前,人们在深深依恋大自然的同时又深受自然力的威慑,便借助于想象来解释自然,企求自然力来避凶降吉。他们对语言产生神奇的幻想,同时也萌生出崇拜或恐惧感,认为语言既可以降福又可以免灾,以至于将语言所代表的事物和语言本身等同起来,即把表示祸福的词语看成是祸福本身,因此在语言生活中,非常谨慎地使用与祸福有关的词语,唯恐触怒神灵。

语言禁忌是一种怎样的现象?任骋《中国民间禁忌》一书概括了学术界的四种不同看法。一是灵力说。灵力即玛那(manna),玛那是源于大洋洲的一个人类学术语,指事物或人类所体现出来的超自然的力量,汉语中的对译词是灵力。灵力说认为,在语言禁忌的原始状态,事物有一种超人的神秘力量,由于人们对这些事物产生了崇敬感和畏惧感,于是就产生了语言禁忌。二是欲望说。欲望是人的本能,人们在心理上对欲望进行某种抑制,这便是语言禁忌的根源。三是仪式说。语言禁忌是一种社会规约,最初的社会规约是从仪式中表现出来的,仪式代表了一种非理据性的社会规定性,包括语言禁忌规定在内,它虽然具有人为性,而一旦形成以后就产生了不可抗拒的约束力量,出于社会化的需要,人们往往不去认真考察它的合理性,而只是绝对服从,并依靠社会的、宗教的、宗法的威力传承下去。四是教训说。人类早期由于科学不发达而思想愚昧,对某种偶然的因素也往往容易形成共同的误解,产生不良的后果以致形成教训。

目前流行的这四种说法从不同的角度对语言禁忌作了不同的解释。灵力说是从人类信仰发展史方面对语言禁忌的认识。欲望说是从普通心理学的角度对语言禁忌的缘起所作的解说。仪式说是从社会学的角度对语言禁忌的由来所作的解释。教训说是从认识论的角度对语言禁忌的产生所作的说明。它们虽各具影响力，但难免偏于一隅。

其实，语言禁忌作为禁忌现象之一，也是一种社会心理现象，对此我们提出语言禁忌的"社会心理说"。语言禁忌是一种民俗心态，它崇信心灵感应，通过个体或群体的主观意识起作用，一切语言禁忌都是建立在预知基础上的，预知反映了一种心意，犯忌触禁后所采用的仪式、法术、祈祷等是消除心理顾虑的手段。因此从本质上来讲，语言禁忌是社会心态在人们头脑中的反映，语言禁忌的社会心态可以称为塔布心理效应。

为什么说语言禁忌是一种社会心理现象？我们可以从禁忌的特征和功能来进一步解读。

首先，语言禁忌具有以下几个特征。（1）语言禁忌具有危险性特征。大凡禁忌都具有一定的危险性，这种危险性与禁忌语言代表的事物所具有的灵力的大小成正比，灵力大的事物危险性就大，灵力小的事物危险性小。（2）语言禁忌具有惩罚性特征。违反语言禁忌者要受到惩罚，这是普遍的社会心理。这种惩罚可以是物质的也可以是精神的，由于远古的人类思想愚昧，对自然力无法解释，他们往往将违禁者受到的惩罚与鬼神的观念结合在一起，在心理上认为惩罚的实施是由禁忌的事物用超人的神秘的灵力来完成的，如"现世报""身后报""来世报"之类反映因果报应的语词只是说明了惩罚的时间差异，并没有否认惩罚的存在。禁忌惩罚与犯忌触禁者所具备的反灵力能力的大小成反比，反灵力弱的受到的惩罚就重，反灵力强的受到的惩罚就轻，反灵力的能力强弱可以是实体的、有形的，也可以是精神的、无形的。反灵力能力的强弱决定于人们在心理上对灵力的信任程度，而信任程度又取决于当时的科学技术水平和认识世界的能力。（3）语言禁忌具有赐福性特征。人们认为禁忌的事物有些是"不洁的""不祥的"，有些是"权威的""神圣的"，在它们面前遵循禁忌规范，就会逢凶化吉，不但会得到神灵的保佑，而且会得到神灵的赐福。

其次，语言禁忌具有以下几个功能。（1）语言禁忌具有自我保护功能。禁忌就像警钟，提醒人们小心行事、避开危险和祸患，以求神灵赐福。在生产落后、生活贫困以及不能清醒地认识和掌握自己命运的情况下，语言禁忌具有心理麻痹作用。（2）语言禁忌具有社会整合功能。禁忌能协调社会成员的思想和行动，禁忌体现着社会的凝聚力，起着社会控制和社会整合的作用，"欲生于无度，邪生于无禁"，"山海有禁而民不倾，贵贱有平而民不疑"都说明了禁忌所具有的社会整合作用。（3）语言禁忌具有积极功能。有关婚姻、饮食、渔猎的禁忌具有优化人种、保持卫生、维护生态平衡的作用。语言禁忌具有的积极作用包括导向、调节和传递三种。①导向作用体现在人类的社会化过程中，人降生于禁忌社会后，社会就要通过禁忌对个体的言行进行引导，在个体教化行为规范的确立方面，通过禁忌社会接受家风民约及社会伦理的教化，并通过禁忌（包括语言禁忌）造就人的价值和行为取向。②调节作用是利用语言的禁忌来协调人与自然，人与社会、人与人之间的关系。如对图腾树的禁忌客观上对自然界的生态平衡起了积极作用。在邻居办丧事的时候，禁忌大声吵闹或谈笑是为了邻里关系和睦。忌呼长者的名字、忌说假话是为了使得人际关系有一定的准则可依。③传递作用是由于语言寄托了人们的希望或带有神秘的令人恐惧的力量，这是语言禁忌得以传承的心理原因，如东北满族年俗禁忌，就表达了对新的一年的希望，锅里的饺子熟了浮起来以后，主人高声问道"小日子起来了吗？"家人要答"起来了！"于是全家人在心理满足中吃着年夜饭。语言禁忌的传递主要有三种方式：一是同一文化模式内的成员通过禁忌教化，将前人传下来的禁忌作为示范，传递给后代来遵循和模仿；二是通过口授方式，通过神话、故事、谚语等种种形象的语言使禁忌跨越时空而传递开来；三是由宗教的执行者和宗教职业者进行传递，他们往往是禁忌习俗最忠实的维护者和传授者，因为他们一直自认为是神和人之间的中介。（4）语言禁忌具有消极功能。语言禁忌具有先验性，它不依靠经验就先天地将某种事物说成是危险的，这种先验性既有警示作用，又具有传承的强迫性和盲目性。语言禁忌是以制止和抑制的方式去回避、退让、妥协、屈服，人们对禁忌的事物所产生的灵力盲目迷信，盲目传承，缺乏理据性，常常理所当然地认同语言禁忌中愚昧落后的成分。语言禁忌有时会成为恐惧、愚昧、迷信的产物。许多民族对妇女的禁忌，就降低了妇女在社会生活中的地位和形象。在我国封建社会，"君为臣纲、父为子纲、夫为妻纲"的伦理观念也体现在语言禁忌上，封建社会文化禁锢了人们的思想，也使语言禁忌带有消极的色彩，封建统治者为了达到本阶级的政治目的，往往利用语言禁忌来愚弄人民，语言禁忌成了维护统治阶级统治的重要手段，如对封建君王之名要避以国讳，对朝代名、部族名、图腾名的禁忌都打上了阶级的烙印。(5)语言禁忌的其他功能。语言禁忌具有民族性。各民族的文化模式都有其特色，语言禁忌作为一种民俗事象，必然要受到民族经济生活、民族社会结构、民族信仰、民族心理等因素的制约。语言禁忌具有共同性。各民族的语言禁忌在形成过程中有许多相似因素，这是各民族所经历的社会形态和生活方式大致相同的缘故，人类共同经历过的原始采集、原始渔猎，原始畜牧和农业等，必然会导致相同或相近的语言禁忌。语言禁忌具有宗教性。各民族的原始宗教如佛教、伊斯兰教、基督教、天主教、东正教都有自己的禁忌规范，宗教信仰的多样性也决定了语言禁忌的多样性。

第二节　因"不许说"而产生避讳

避讳是由于"不许说"而引起的，所谓"不许说"是因为对有些语句在使用上具有强制性，这种强制力或来自封建制度，或来自民俗心意。

1. 避讳的类型

在社会生活中，因"不许说"而产生的避讳现象随处可见。

因年节禁忌而引起的避讳：正月初一忌打破器物，恐"破"与破财相联系；过年时忌言"死""杀"等不吉利的字，死鱼称文鱼、死鸭称文鸭，"文"即不动之意，杀猪称为伏猪，杀鸡称为伏鸡；如果在大年初一小孩说出忌语，则以童言无忌来消除；过年时有些地方将"福"字倒贴，喻义"福到"。

因信仰禁忌而引起的避讳：旧时孕妇被称为"双身人""四眼人"，忌她们参加婚礼、丧礼、祭祀活动，否则被视为不吉利。《祝福》中的祥林嫂在祭祀时碰了供桌，鲁四老爷忙给祖宗赔罪。

因婚姻禁忌而引起的避讳：汉族流传着大量谚语，如"猪猴不到头""龙虎两相斗""白马畏青牛"；"女子属羊守空房"指的是属相相克的两个人不能通婚；山东有"一年两个春，死了丈夫断了根"的说法，是说一年内如果有两个立春日，就不能在这一年结婚；在台湾的某些地方，出嫁时忌遇出殡，说是"凶冲喜""祸不单行"，也忌遇另外的出嫁者，说是"福无双至"；闹洞房时忌姑母、小姑在场，因"姑"与"孤"同音。

因丧葬禁忌而引起的避讳：旧时汉族忌写"灵"字，因为"灵"的繁体字是"靈"，"靈"有三个口，恐死去一口不足，又要死去两口，常将"靈"字写成"灵"，以消除"三个口"的坏兆头；亲人亡故忌说"死"字，一般用"去了""过世了"等同义表达形式，忌说"棺材"，改说"财""寿器"。

因生育禁忌而引起的避讳：汉族忌对婴儿说"猴子"或"肥"，恐孩子长大后像猴子那样瘦或发胖；云南蒙古族在生孩子时，不满月不准外人进产房，否则会"踩断奶路"；汉族忌在怀上孩子时吃螃蟹，否则产妇生产时孩子会"横生"。

因两性禁忌而引起的避讳：仡佬族忌两个男人谈话时女人从中间走过；在德昂族，当佛爷（和尚）来访时忌妇女与他交谈；云南中甸地区的纳西族，翁媳之间、夫兄与弟媳之间禁忌交谈，岳母与女婿之间也忌随便交谈；在言语活动中，多数民族对性器官和性行为的词语避讳；"梅毒"在许多国家也是推来搡去的，英国人称它"西班牙痘"，法国人称"尼亚波里特病"（推往意大利），东欧人说它是"法国病"，中国人认为它来源于烟花柳巷，称之为"花柳病"。

因饮食禁忌而引起的避讳：汉族旧时吃饭忌说"捧饭"，因为只有人死后做七请亡灵吃饭才说"捧饭"；忌吃饭时看镜子，认为会犯口吃；在山东，客人进门的第一顿饭忌吃水饺，因水饺俗称"滚蛋包"，意味着客人不受欢迎。

因行业禁忌引起的避讳：旧时汉族走江湖者忌逢七出门、逢八进门，民间有"七折八扣""七煞八败"之语；渔家忌在开船前后提及"翻""沉"，忌翻船或沉船；卖蚕者忌卖四只，因"四"与"死"谐音；山东蚕农忌说蚕屎，"屎"与"死"同音，而称蚕屎为"蚕沙"。

因生产禁忌而引起的避讳：贵州剑河一带的苗族，每年第一次往田里送粪回来时忌见外人，如果遇见忌打招呼；贵州雪山的苗族村寨，在收小米时留下穗小的不收，忌说"不要了"，如果小孩问及，大人则以"它们未长大"来回答，否则以后小米因伤心而不再长大。

因日常生活禁忌而引起的避讳：旧时汉族人忌拔脚毛，认为"一根脚毛管三个鬼"，腿上无毛则管不住鬼；忌风筝断落在人家的屋顶上，民谚有"风槎断了线，家伙去一半"，"家伙"即家财；忌送手巾给人，俗语有"送巾，断根"；忌送扇给人，有"送扇，无相见"之语；忌送钟给人，因"钟"和"终"同音；忌吃饭时言"醋"，因醋与嫉妒相关；山东男人忌说四十一岁，这一岁方妻，要跳过去多说一岁；忌说一百岁，人到一百岁时只说九十九岁，泰安人认为一百岁是人寿数的极限，到时要死的。

2. 避讳的对象

避讳是语言禁忌的产物，它受强制性心理支配，并带有浓厚的封建等级色彩，因此哪些允许说，哪些不许说，有着丰富的社会、历史、文化、心理内涵。

秦始皇统一中国以后，规定"朕"只能用于指称皇帝，而普通百姓只能用"吾"，今人不论职位高低都用"我"。"秀才"一词在春秋战国时就已使用，指具有优秀才能的人，到了后汉刘秀当了皇帝，为了避皇帝的名讳，便将"秀才"称作"茂才"，直到三国魏后，"秀才"一词又恢复使用。秦始皇名政，与"正"同音，正月读作"征月"，写作"端月"。孔子名丘，为了避讳，丘缺笔书写，读作"某"。汉文帝名恒，恒山改名为"常山"，姮娥改名为嫦娥。汉吕后名雉，雉鸟改名为野鸡。隋炀帝姓杨名广，曹宪在给《广雅》注音时为了避讳，将《广雅》改为《博雅》。王嫱字昭君，为避晋文帝司马昭讳，改称明君或明妃。唐太宗李世民，为了避讳，唐人行文用"代"代替"世"字，用"人"代替"民"字，观世音因此称观音，民部改称"户部"。宋时有个州官叫田登，自讳其名，州境之内皆呼灯为火，上元放灯，吏人书榜揭示市曰："本州依例放火三天。"时人讥曰："只许州官放火，不许百姓点灯。"我国封建社会对帝王和尊长之名要避讳，当朝的皇帝和被尊为"至圣"的孔子之名全国避之，谓之国讳或公讳。祖先和父亲的名字全家要避讳，称为私讳或家讳。

除了人名要避讳外，像朝代名、地名、部族名、图腾名均在避讳之列。清朝是满族人的天下，对汉人诗文中"明""清"两字特别敏感。雍正年间，翰林徐骏作诗道"明月有情还顾我，清风无意不留人"。有人告发他"思念明代，无意本朝，出语诋毁，大逆不道"，被斩首示众。南京的清凉山和石子岗先后是火葬场的所在地，地名已成了火葬场的同义语，南京人听到这个地名时不像听到玄武湖那么愉快。我国东北鄂伦春族以"熊"为图腾，他们在狩猎时，将公熊称"舅父""祖父"，将母熊称为"祖母"，熊被打死后，禁止说"死了"，而要说"睡了"。

3. 避讳的规律

中国古代有以下几个避讳规律（讳律）。其一，讳名不讳姓。远古时姓是一种族号，人们同族即同姓，而名是人类个体相区别的代号，《孟子·尽心》云："姓所同也，名所独也。"其二，双名不偏讳。如果名是两个字，只需讳其中一字，如孔子的母亲"徵在"，讳"徵"不讳"在"，或讳"在"不讳"徵"。其三，不讳嫌名。即与君主或尊长的名字音同或音近的字不讳，如汉和帝名"肇"，与"兆"同音，不必改变"京兆"的"兆"字。其四，书不讳。不可因讳君父之名擅改诗书。其五，临文不讳，上奏章时不讳父名。其六，效庙不讳，即在神灵面前不讳。当然这只是一个概括的避讳规律，不同时期的讳律会有所变化。

4. 避讳的方法

避讳的方法大致有以下几种。一是易字，或采用同音近音字，或改用同义字，或改用形近字，为避唐玄宗李隆基讳，将"基"写成"其"；为避汉惠帝刘盈讳，改"盈"为"满"。二是缺笔，即缺最后一个字的后一两笔。三是空字，即用"某"字或"口"来代替，《史记·文帝本纪》："子某最长，请建以为太子。""某"即"启"，"启"是汉景帝的名。四是改读，碰到讳字读成与之相近的字音，《红楼梦》中的林黛玉因她母亲名敏，当林黛玉读到"敏"时就改读成"密"。

避讳起于周，成于秦，盛于唐宋，历经几千年，给语言生活带来了诸多不便，当然也有其史料价值。如《战国策》中改"楚"为"荆"，因秦始皇之父名"子楚"，讳字为"荆"，据此我们可以断定，《战国策》可能是秦人所著。

第三节　因"不愿说"而产生婉曲

如果说避讳是由于"不许说"引起的，它是一种因强制而被迫使用语言的现象，婉曲则是由于"不愿说"引起的，它是一种相对积极的语言现象，它更多地受社会心理因素的支配。根据社会心理可将婉曲分为以下四类。

1. 与廉耻心理相关的婉曲

人体本身的禁区往往用婉曲的方法来表达，成年人的生殖和泌尿系统及各种器官的名称、某些生理现象、性行为和性病等，它们各自有其婉曲语。如"月经"作为正常的生理现象就有许多不同的婉曲语，如不好、不妥、该诅咒的、倒霉的、例假。"怀孕"也有许多婉曲语，有喜了、快做妈妈了、要送红蛋了。性行为也有许多婉曲语，如云雨、风流事、好事、发生关系、同居、同房、同床、搞男女关系、搞腐化、作风不好、乱七八糟、流氓活动（用于下层）、文娱活动（用于中层）、健身运动（用于上层）。拉屎撒尿合称解手、更衣、出恭、去一号、打个电话。"马桶"称"便桶"，"尿壶"称"夜壶"或"便壶"。

2. 与趋吉心理相关的婉曲

企求吉利避免凶灾，这是人类共同的心理，人生最大的不幸莫过于死。汉语中与"死"相关的婉曲词语有 200 个左右。

不同阶级、阶层的人死亡有不同的婉曲语。庶人曰死，他们是生活在社会最底层的平民百姓。士曰不禄，士是统治阶级中最底层的官吏，"不禄"指没有福气和薪俸。大夫曰卒，古代比诸侯低一级的官吏称大夫，"卒"是年老寿终的意思。诸侯死曰薨，薨是山崩塌的声音，言诸侯之死有影响。天子死曰崩，天子是国家的最高统治者，其死犹山之崩塌，震撼强烈。

对不同信仰者之死有不同的表达法。佛教徒死称"涅般"，僧人死称归真、圆寂、入寂、灭度、坐化。道教徒死用"羽化""尸解"，基督教徒死称"见上帝"。有神论者言死常用"见阎王、上西天、归西、归天。

对不同价值之死有不同表示法。褒义的："捐躯、捐生、授命、玉碎、效死、成仁、取义、就义、以身许国等。贬义的：横死、毙命、死于非命、呜呼、完蛋、了结等。

对不同年龄的人，死有不同的表达法。少壮而死曰夭，不满七、八岁而死曰凶，不满二十岁死曰短，未婚而死曰折，未成年而夭折曰殇。少年文人之死称玉楼赴召、地下修文、玉楼修记。倩女离魂云少女死，老年人死称仙逝、千古、作古、寿终正寝、万岁千秋。

对不同方式的死有不同表达法。病死曰疾终。饿死曰馑。射死曰殪。自杀叫自尽。用剑自杀叫自刎、伏剑。上吊死叫悬梁、投环、自缢。服毒而死叫仰药、仰毒、乳药。投水死叫投河、跳河、投江、投井、跳海。刑罚死叫杀头、枪毙。

对在不同处所死有不同表达法。寿终正寝指年老死在家中，"正寝"是居室的正中。死在外地叫客死。死在狱中叫瘐死。死在战场叫阵亡或马革裹尸。死在床上叫停床。

对死者的不同处置有不同的表示法。如粉身碎骨，葬身鱼腹。入土是死后埋入土中。就木即入棺。饲虎是死后让老虎吃。填沟壑是将尸体填入沟壑中。

对死后的形体特征有不同的表达法。如咽气、断气、停止呼吸、闭眼、长眠、无脉、心脏停止跳动、挺腰、伸腿、翘辫子、坐化（用于僧人）。

对不同性别不同亲属的死有不同的表达法。用于古代女性的：玉殒香消、葬玉埋香、倩女离魂。用于父母双亲的：见背、弃养。妻死叫断弦、悼亡。

对死有不同的讳称。不讳（言死不可逃避），千秋万岁、升遐、山陵崩（用于帝王），三长两短、老了、百年、捐棺（用于一般人），等等。

由于人们存在着趋吉避凶的心理，因此，在涉及"不洁"的事物时，往往用其他同义形式来表达，这极大地丰富了语言的词汇库，也说明了社会心理（趋吉心理）对语言发展的作用。

3. 由于避免刺激对方而引起的婉曲

婉曲是为了避免刺激对方通过恰当的措辞把原来令人不悦或比较粗俗的事情说得中听。渴望被肯定、被尊重是人们普遍的心理需求，婉曲批评就是适应这一心理需求的语言技巧和艺术。委婉批评是用迂回曲折的语言来表达批评之意，让被批评者在比较舒坦宽松的氛围中接受批评。在彼此都比较了解的情况下，直言批评是应该提倡的，但是一般人却爱听婉曲的话，心理学的研究表明，当人在听到直言批评时，身心往往处于收缩状态，并产生消极的防御心理。如果采用婉曲的批评方法，会使受批评者放松并能冷静地听取对方的批评意见。难怪生活中有"恕我直言"而无"恕我婉言"，因此在运用语言这把双刃剑进行婉曲批评时，就大有方法技巧可言。语言的交锋最终是心理的撞击，在批评时是直言还是婉言，所起的效果是不同的。

4. 为了形成幽默诙谐的语言风格而采用的婉曲

如一位病人问医生："大夫，请告诉我，做什么样的练习对减肥最有效？"医生回答说："转动头部，从左向右，然后从右到左。"病人问："什么时候做呢？"医生回答："当别人款待你的时候。"医生面对病人的询问，完全可以用"节食"来回答，而他却用婉曲的方法含蓄而幽默地回答病人，就更显得耐人寻味，因此小品文、小幽默常常用婉曲的方法来表现独特的语言风格。

第四节　语言禁忌的社会心理诱因

人们对超人的、圣洁的事物的崇拜和对不祥事物的恐惧，导致了语言禁忌的产生，对犯忌触讳的事物和不便直言的事物，往往用其他表达方式来回避。语言禁忌的社会心理如焦虑和恐惧、害羞和羞怯、群体心理定式等都会影响到其他表达方式的使用。

1. 焦虑和恐惧心理

社会心理学的基本原理告诉我们：当有清晰的危险近在眼前时会产生恐惧，当危险朦胧不清时会让人焦虑，在语言禁忌中，相当多的情况是来自人们对语言所代表的危险、不洁物、不祥物的焦虑和恐惧。由于远古的愚昧和近代的迷信，人们往往将语言与语言所代表的事物等同起来，或者认为与语言所代表的事物存在着某种必然的联系，因此在心理上对犯忌触讳的事物产生焦虑感和恐惧感，进而用避讳和委婉的方法来代替使人焦虑和恐惧的语言。

焦虑的产生是由于语言所代表的危险不很明确，但又像会来临，同时，人们对该危险产生无力的抗拒感，因而在精神上持警戒态度。语言所代表的某些事物所存在的危险不为人们所认知，便产生了焦虑感并设法在言语活动中逃避这些危险的语言。如纳西人每年祭天时要说黑话，是由于远古的时候纳西族祖先用黑话商量军机大事蒙骗敌人，从而免遭敌人的杀戮，今天的纳西人对祭天不说黑话的危险并不十分清楚，但是只知道不说黑话，会产生焦虑不安的感觉，这源于对祭天黑话力量的未知，或源于对祖先的敬重。

恐惧会引起两种反应，一是恐惧控制反应，即产生控制恐惧的心理和行为，或者是产生回避的想法和行为。二是抗衡反应，产生这种反应的人承认并正视威慑的存在，采取可以免于威胁的手段和方法。语言禁忌和由此引起的其他语言表达方式均与这两种反应有关，但在语言使用过程中产生的现象不外乎两种。一是慑服于语言的神秘威力。弗洛伊德在《图腾与禁忌》中讲过一个故事：在新西兰有位僧王吃完饭后将残肴留在路旁，一位饥饿的奴隶吃下了这些残肴，这时一位旁观者告诉他："这是僧王的食物。"奴隶听后开始全身痉挛，胃部剧烈绞痛，当晚就死去。二是由于恐惧而产生回避，用其他语言表达方式来代用。在言语生活中这两种情形常常表现为语言的灵物崇拜和因语言的禁忌而产生的语言代用。

2. 害羞与羞怯心理

害羞是隐藏了极其隐秘的事（主要是与性有关）以及非道德的行为而又不便宣之于口的态度，是欲求不能满足而先加以压抑时的情感。羞怯是在人前开不得口，见生人就有抗拒感，它或者来源于自卑，或来源于因危险而引起的焦虑，或源于情绪的过敏。人们对性器官和性生活语汇的禁忌与回避大概源于害羞心理，《梁祝》中"十八相送"一场戏里，祝英台的话白和唱词用委婉曲折的方式向梁兄吐露爱意，概由害羞心理所致。"文革"中将肛门、子宫、裸跑、同性恋划为"黄色词"当然不是害羞所致，而是形而上学所致。而羞怯是由于对外界的不适应而在言语交际中采用回避和代用的方法，对人名的忌讳、对图腾的忌讳与因危险而引起的焦虑有关。

3. 群体心理定式

社会心理学告诉我们，习惯是指人们在一定的情境下自然而然地养成的，它不经意志的驱使，当一个人养成某种习惯之后，就会自然而然地去做，所谓"习惯成自然"就是这个意思。人们在言语生活中，会遵循该社会群体的语言习惯，人们认为对犯忌触讳的事物在话语中应予禁忌，即使要表达这些事物，也应充分考虑对方的心理承受而使用其他相应的表达方法，如果应避不避，该讳不讳，这种不得体的话语表达会影响语言的心理沟通，人们长期以来对语言禁忌和语言代用形成反复的语言审美活动，从而形成关于语言禁忌的群体心理定式，并以此来影响或左右言语活动。

随着社会的发展，语言禁忌也在变化。"清""明"二字进诗词在清朝是要杀头的，清朝徐骏的冤屈在唐宋不会发生。"清明时节雨纷纷"，"秋风清、秋月明"已为世人传诵。现代人取名可以随心意而来，无忌无讳。

改革开放以来，人们对性器官、性生活的词语开始产生禁忌松动，但是语言禁忌以及与其相关的语言代用现象依然存在。在言语生活中，虽然没有谁来具体规定哪些词不许说，但是在特定的交际情境中，人们对"不祥的"或"神圣的"事物都存在着灵物崇拜心理，每当碰到犯忌触讳的事物，人们总是采用避讳的方式，每当碰到难以启齿的事物，总是采用婉曲的方式来表述，这一切均受塔布心理的支配和制约。

第六章

修辞中的模仿与暗示

　　模仿是人类个体在感知别人的言行后，仿照他人作出相同或相似言行的过程。它分为行为的模仿和言语的模仿。言语模仿是一种常见的修辞现象，当人类个体发觉某人的言语对自己很有吸引力和感染力时，就会接受其影响，从而模仿他人的言语。

　　言语模仿是对现有词、语、句、篇进行模仿而仿造出新的词、语、句、篇的过程。言语模仿者对现成言语作品的模仿，要么是自己喜欢的，要么是自己希望达到的，要么是自己所倾向的。当现成言语对模仿者产生强烈的吸引力，并吸引其进行模仿时，模仿就进入了认同的层次。模仿者已经意识到被模仿言语的意义和价值，于是产生喜欢并乐于学习的情绪体验，力求与被模仿的言语保持技巧或风格上的一致。在言语模仿的过程中，模仿者是主动的、自觉的，不受外来压力和环境的强迫。

第一节　言语的无意识模仿和有意识模仿

　　无意识模仿是模仿者没有意识到的模仿，它是在不知不觉中进行的。婴儿不到一周岁就会牙牙学语，说明模仿是一种先天的本能。言语的无意识模仿是客观存在的，它既包括一些简单的，早已为模仿者熟悉而不需要重新学习的言语。如儿童能掌握部分基本词汇。也包括经长期熏陶而无意识学会的一些话语，如操一种方言的人迁入某地，数年后便不自觉地学会了当地人的方言、俚语。

　　有意识言语模仿，是模仿者怀着某种动机和目的，有意仿造他人的言语。它包括两种情况，一是有意识的机械言语模仿即人云亦云，有鹦鹉学舌之感。二是模仿者了解了他人言语的价值和意义，经理性思考，有目的有选择地模仿他人的言语，它从认同达到内化的境界。

　　修辞中的模仿属于有意识言语模仿，具体讲，属于由吸引到认同到内化的言语模仿。

第二节　有意识言语模仿的方法

1. 仿词

　　仿现成的语词而临时产生新词称作仿词。它是在现成语词的对举下，更换短语中的某个词或词中的某个语素，临时仿造新的词语。如：

　　　　"先生，您知道世界上最尖锐最锋利的是什么吗？"
　　　　"不知道。"
　　　　"就是您的胡子呀。"
　　　　"为什么？"
　　　　"因为我发现您的脸皮已经够厚的了，它们居然能破皮而出。"

　　"破皮而出"是模仿"破土而出"而仿造出的新词语。仿词一般是与被仿词语对举的，如：阴谋——阳谋；大众化——小众化；新闻——旧闻；文盲——法盲；先进——后进；文化——武化；女士——男士；一哄而散——一哄而集；公理——婆理；人道主义——兽道主义；流寇——流官；一筹莫展——半筹莫展。

　　言语活动中模仿产生的新词语，与表达者的言语目的、表达者个人的言语技巧有着密切的联系，它们最突出的特点就是"偶发性"。

　　仿词大多具有偶发性。有些偶发词语，对具体的言语环境依附性极强，脱离了具体的语境或上下文，往往不为人所理解和接受。如"大老细"是靠"大老粗"的对举而存在的，如："我是个大老粗，你是个大老细。"没有"大老粗"与之对举，"大老细"就不为人知。

有些模仿出来的词语在言语交际中的使用频率日益增大，并获得公认，无需对举就可以单独使用，如按"文盲"而仿出的"法盲""科盲"，这些偶发词语由于使用频率高，在日常生活中就可单独使用。

2. 仿句

故意模拟、仿造现成的句子格式叫仿句。如：年轻厨师给女友写情书："亲爱的，无论在煮汤或炒菜的时候我都想念你！你简直像味精那样缺少不得。看见蘑菇，我就想起你的圆眼睛；看见绿豆芽想起你的腰肢。你犹如我的围裙，不能没有你。答应嫁给我吧，我会像侍候熊掌般侍候你。"女友给他写了封回信："我也想起过你那像鹅掌的眉毛，像绿豆芽的眼睛，像蘑菇的鼻子，像味精的嘴巴，还想起过你像雌鲤鱼的身材。我像鲜露笋那样嫩，未够火候。出嫁还早哩！顺便告诉你，我不打算要个像熊掌的丈夫。"

厨师在给女友的情书中以烹调用语作比，表示了对女友的爱恋，读来引人发笑。女友模仿厨师的句法和词语，同样以烹调用语作比，拒绝了厨师。

3. 仿篇

故意模仿现成言语作品的结构和语言。如鲁迅先生仿张衡《四愁诗》而作《我的失恋》，在创作上采用了仿篇的手法。这里选第一段加以对比：

《我的失恋》：
我的所爱在山腰，想去寻她山太高，
低头无法泪沾袍，爱人赠我白蝶巾，
回她什么：猫头鹰。
从此翻脸不理我，
不知何故兮使我心惊。

《四愁诗》：

我所思兮在泰山，欲往从之梁父艰，

侧身东望涕沾翰，美人赠我金错刀，

何以报之，英琼瑶。

路远莫致倚逍遥，

何为怀忧，心烦劳。

鲁迅先生还曾仿拟过崔颢的《黄鹤楼》，作了这样一首诗：

阔人已骑文化去，此地空余文化城。

文化一去不复返，白云千载冷清清。

这首诗在创作上同样采用了仿篇的方法，《黄鹤楼》原诗是：

昔人已乘黄鹤去，此地空余黄鹤楼。

黄鹤一去不复返，古城千载空悠悠。

第三节　影响言语模仿的因素

1. 年龄

在无意识言语模仿中，儿童的言语模仿性最强，其次是青年，模仿性最差的是老年人。

在有意识言语模仿中，青年人和老年人的模仿能力比儿童强。

2. 个人影响

一般说来，在有意识模仿中，水平低的模仿水平高的，名气小的模仿名气大的，子女模仿父母，学生模仿老师。经过有意识的言语模仿，获得他人和社会的赞同。

3. 人格特征

人格特征相似的人容易产生模仿，如果一个人在某一方面与他的崇拜者相似，或是性格相似，或是心理感受相似，也易于模仿他人的言语。

4. 言语风格

由于需要表示嘲讽、诙谐、揶揄等色彩，则要模仿他人的言语，如上例鲁迅的仿诗。

第四节　言语模仿的动机

无意识的言语模仿无动机可言，只有在有意识的言语模仿中才存在着各种不同的动机。成人的言语模仿比儿童复杂。

1. 好奇心理

成年和儿童一样，对自己从未听过的新的言语表达总觉得新奇，新奇引起的强烈刺激会驱使人模仿他人的言语，社会上的流行词语，文艺作品中个性化的人物语言，富有诗意或哲理的言语表述，新颖而幽默的言语作品等常常为他人所模仿。由新奇而引起的言语模仿，往往是不分良莠，兼收并蓄。

2. 仰慕心理

人们的成就欲很强，渴望自己能成为有用的人才，他们常常模仿自己所崇拜的英雄、模范、名人的言语，并希望自己能像他们那样取得成就，并对他们有强烈的认同需求。

3. 创造心理

最成功的言语模仿常具有创新性。如："麦浪"仿"水浪"就很有新意，"系长"（系主任）仿"校长"就不能为人们接受。言语的有意识模仿以创新为目的，创新的言语模仿是艺术语言研究的重要对象。

第五节　模仿与暗示

暗示就是用自己的行为结果影响他人的心理。言语暗示则是暗示者以言语为媒介间接、含蓄地向被暗示者表达自己的思想。如，越剧《梁祝》"十八相送"中祝英台的唱词就充满了暗示性。

模仿和暗示是早期社会心理学研究的重要内容，当时两者的区分不明确。塔尔德认为："模仿"就是"暗示"，模仿是"由暗示引起的行为后果"。（查普林、克拉威克《心理学的理论和体系》）罗斯也认为："暗示和模仿只是同一事物的两个方面，一为原因，一为结果。"（罗斯《社会心理学》）实际上，暗示和模仿是有区别的。

第一，模仿者对现成言语作品的模仿可以是自觉的，也可以是不自觉的，模仿者的言语模仿行为并不影响被模仿者。暗示者的暗示行为是自觉的，暗示时虽然在方式上含蓄而间接，但暗示者是有意识的，暗示者的暗示行为影响被暗示者。

第二，模仿者的言语和现成言语作品在风格、技巧上相似，模仿者与被模仿者在心理上相容。暗示却不同，暗示者是通过受暗示者对暗示内容的接受而求得心理上的相容。

第六节　言语暗示的类型

言语暗示可以分为他人暗示和自我暗示。

1. 他人暗示

他人暗示又可以分为直接暗示、间接暗示和反暗示。

（1）直接暗示

有意识地向被暗示者直截了当地发出暗示性的言语信息。一位化学教授把一个玻璃瓶放在讲台上，告诉学生，瓶里盛着恶臭的气体，现在要测量这种气体在空气中的传播速度，待打开瓶盖，谁先闻到臭味的请举手，边说边打开瓶盖。15秒以后，前排多数学生举起了手，一分钟后，四分之三的学生举起了手。事后教授向学生讲明，此瓶是空的，里面根本没有恶臭气体，是教授言语的直接暗示影响了学生的心理和反应。

（2）间接暗示

暗示者向被暗示者发出比较含蓄的言语信息，让被暗示者从所说的事物本身或说话行为去理解暗示的意思。比如：一位老鳏夫想再续弦，但羞于向家人提这件事，只好采用间接暗示的方法。"晚上独自一人睡觉真冷。"儿子听了立即为他买了一只热水袋。后来他又抱怨道："当我的背很痒时，没人帮我搔痒。"儿子又为他买了一把搔背耙。不久以后，老人得知自己的孙子即将结婚。他叹道："给他买一只热水袋和一把搔背耙得了。"间接暗示虽然没有直接暗示那么直接，有时甚至不容易被人理解，然而一旦被人接受，则会产生深刻的体验。

（3）反暗示

无论是直接暗示还是间接暗示，只要暗示者发出的言语信息引起被暗示者相反的心理反应就是反暗示。反暗示可分为有意的反暗示和无意的反暗示，用话语故意从反面刺激受暗示者叫有意反暗示。诗人歌德的作品受到了某些批评家的尖刻指责。一次他在韦玛公园内一条只能通过一个人的小径上散步，迎面走来那位批评家，冲着他嚷道："我向来没有给傻瓜让路的习惯！"歌德连忙让到一旁，笑容可掬地说："而我恰恰相反。"这样的暗示从反面辛辣地讽刺了那位批评家。无意的反暗示是指暗示者的话语无意引起意料之外的结果，"此地无银三百两，隔壁王二不曾偷"就是一个无意反暗示的典型例子。

2. 自我暗示

自我暗示是用自言自语或内部言语作自我提示。它有积极和消极之分。

（1）积极的自我暗示

积极的自我暗示就是运用积极的言语不断对自己进行提示，一般用于消除惊慌、悲观、犹豫的情绪。如遇紧急情况，可自言自语："别慌，镇静！"

（2）消极的自我暗示

消极的自我暗示就是用消极的言语使自己尽量往坏处考虑，它常使人消沉颓废、萎靡不振。如碰上不顺心的事情，自言自语道："算了，算我倒霉。"日本学者对如何利用语言等进行自我暗示，以增进自信心作了较详尽的论证。①

暗示性是言语表达的特点之一，暗示常常表现为提醒，或启发，或讽刺。无论在生活或艺术作品中，含蓄幽默的言语常常和暗示结下不解之缘。

第七节 言语暗示的方式

构成言语暗示的方式是多种多样的，常见的方式有以下几种。

1. 委婉式

委婉是为减弱语句的刺激性而把话说得婉转一些。比如用一些语意较轻的词语批评对方，不说"胆小怕事"，而说"过于小心谨慎"。也可以用模糊言语来表达委婉，如"由于大家知道的原因，两国人民之间的来往中断了二十多年，现在，经过中美双方的共同努力，友好往来的大门终于打开了"（《周总理在欢迎尼克松总统宴会上的祝酒词》）。有时用代词暗示，如"进过火坑的女人一辈子也忘不了那回事，一想起来，我就浑身乱颤，手脚凉汗！"（老舍《全家福》）肯定与否定重叠也可以表示暗示，如"对面的木桥太小会跌倒行人，要不要修理一下呢？"（毛泽东《关心群众生活，注意工作方法》）反问句也能表示暗示性，"难道从前我们有什么关系？"从侧面道出本意也能使言语具有暗示性，如：不说"很少出门"，而说"我在省里住了两个月，还不知道百货公司门朝哪里！"（李准《耕耘

---

① ［日］多湖秋《自我暗示学》，鹭江出版社1990年6月版。

记》）；不说"死去"，而说"永远闭上眼睛"。

2. 折绕式

折绕就是不说本意，而是故意绕弯子来暗示本意。如：

> 法官问查理德："您是不是在电话里骂了约翰先生了？"
> "是的，先生。"
> "您是愿意去道歉呢？还是去蹲一个月的监狱呢？"
> "我打算去道歉。"
> "那好，去打个电话道歉吧？"
> 查理德打电话给约翰说："您是约翰吗？"
> "是的"。

"今天早晨我们激烈争论，我叫您见鬼去，您现在别去了。"

查理德并不认为自己骂约翰是犯了错，他故意绕了个弯子，暗示出本意，暗示中幽默地顺刺对方一枪。

3. 象征式

象征就是以物征事。如"大雪压青松，青松挺且直，要知松高洁，待到雪化时"。在陈毅的这首《冬夜杂咏·青松》中，"大雪""青松""高洁""雪化时"都分别具有象征义，象征义是用暗示的方法来表达的。

4. 讽喻式

讽喻是用说故事的方式暗示道理，最初所说的故事含讽刺性，后来不拘于此。钱钟书先生的《围城》有一段话：

> 天下只有两种人，譬如一串葡萄到手，一种人挑最好的先吃，另一种人把好的留在最后吃。照例第一种人应该乐观，因为他每吃一颗都是吃剩的葡萄里最好的；第二种人应该悲观，因为他每吃一颗都是吃剩的葡萄里最坏的。不过事实上都适得其反，缘故是第二种人还有希望，第一种人只有回忆。

钱钟书先生用吃葡萄的故事形象地暗示了两种人生哲学。

5. 比喻式

比喻式是用打比方的方式给人以暗示。有一则题为《初步印象》的小幽默：

> 介绍人抽了一口烟，然后问道："姑娘，你对那小伙子初步印象如何？"
> 姑娘："他说话和你抽烟一样。"
> 介绍人："自然，潇洒？"
> 姑娘："不，吞吞吐吐。"

姑娘一开始是用了比喻中的明喻"他说话时和你抽烟一样"模糊地叙说对"他"的初步印象，这个比喻，可以给人以两种暗示，既可以理解为"他说话时和你抽烟一样自然潇洒"，也可理解为"他说话时和你抽烟一样吞吞吐吐"。

6. 反语式

反语即正话反说。运用与本意相反的话语来暗示本意。有一则幽默故事，题为《男人的好处》：

> 男人婚前的好处很多：看电影为你买票，坐车为你开门，上馆子为你夹菜，写情书为你解闷，表演"此情不渝"的连续剧让你观赏。
> 男人婚后的好处也很多：他看你总是心不在焉，使你省下许多化妆费。他使你成为烹饪名家："那天在馆子里吃的那道菜好吃极了，哪天你也烧来尝尝。"你不得不看三百多个菜谱，才找到这道名菜。他锻炼你的能力："怎么连插头也不会修？怎么连保险丝也不会接？怎么连路也不会认？"最后你什么都会了。他培养你各种美德：给微少家用教你"节俭"；用"结了婚的女人还打扮什么"叫你"朴实"；用"死盯着别的女人不放"来教你"容忍"。简直可以说女人的完美

是男人造的。

男人婚后的好处讲了四个方面，实际上这并非好处，而是正话反说，旨在讥讽大男子主义。

在言语暗示过程中，暗示者是主动的、自觉的，而被暗示者是相对被动的。暗示者希望被暗示者按他指引的方向行动，达到影响对方的目的。如，医用言语具有暗示性，医务人员使用得体的暗示性言语会产生积极的心理疗效，病人根据医用的暗示性言语了解病情，并按医生的言语指向配合治疗。①

在言语暗示过程中，暗示者越为被暗示者信赖和依靠，暗示效果就越好。年龄大、经验多、阅历广、知识丰富的人，其言语暗示更容易让被暗示者接受。被暗示者中年龄小、经验少、独立性差、自信心弱、依赖性强、知识水平低的人，更容易接受他人的言语暗示。在困难和危急的时候，人最容易接受他人的言语暗示。

---

① 邓林《医用语言的心理疗效》，南通师范学院汉语言文学专业学士论文，1991，导师孙汝建。

第七章

谣言与谎言的社会心理

谣言作为不实的传闻，是有人为特定目的而蓄意制造、故意传播的煽动性谎言，是众多谎言中的一种，它在人的心理上处于被蔑视的地位，所得到的是贬义评价。社会心理学认为，谣言是凭空杜撰出来的言语作品，在谣言产生过程中，人类的言语表达技巧被别有用心的人所利用。

第一节　谣言与谣言心理

谣言反映了特定社会背景下谣言制造者的心态，谣言的产生与社会背景、个人心理、特定情境有着密切关系。

1. 社会背景

促使谣言产生的社会背景主要有三种。一是社会危机。如：社会广泛出现群体危机和信仰危机，社会内部经济或政治矛盾激化等，谣言最易产生。二是正式渠道的消息传播不充分或不正确。"大道消息"堵塞会导致"小道消息"的产生。在谣言心理中，谣言强度＝事情的重要性×不明度（$R = I \times U$），事情在人们心目中越重要越不明朗，谣言就越容易产生。三是民众意见的发表受到限制。

2. 个人心理

无论是谣言的制造者或传播者，他们都企图用谣言作为解除内心紧张状态的一种适应性手段，个人心理对谣言的影响主要表现在：①人们对现状不满，利用谣言泄愤；②焦虑不安和恐惧情绪也会导致谣言的出现。人们在感到不安和害怕时，内心紧张，渴望知道更多的事实和消息，当没有确切消息时，人们的不安便会促使其寻找新的安定凭据。这时，任何提示都会使人接受，人们极易相信偶尔听到的有利于自己解除内心紧张的信息，并且乐于传播，而不管消息的真伪。

3. 特定情境

谣言之所以能在特定的环境中产生，一是由于群体内相当多的人同时对某件事表示关注，关心某事的人越多，相互间的情绪感染就越强烈。二是由于关心某事的全体成员对某事都缺乏确切的消息，都在积极地猜测事态的发展，在交换有关信息时，有的人为了显示自己的能力和消息灵通，而虚妄地提高自己所述消息的价值，便导致谣言的产生和传播。

社会心理学研究谣言的传播过程，主要是研究它的传播方式及谣言在传播过程中的变化。在人际交往中，有"大道消息"和"小道消息"两种信息沟通体系，"大道消息"是官方的、权威的、正式的，"小道消息"是非官方的、非正式的。谣言可以来自"小道消息"，也可以来自"大道消息"。"小道消息"中的谣言是自下而上的或在民间流传，"大道消息"的谣言是自上而下的。

据心理学家戴维研究，谣言的传播有四种方式。①单线型，即链型。谣言从 A 传到 B，由 B 到 C，由 C 到 D，传播时只有两人互动。②流言型。是由一个人散布给许多人，即由 A 散布给 B、C、D 等人。③集体型。有选择地将谣言散布给与其有关的人，这是谣言常见的传播方式。④偶然型。谣言不是通过固定的路线传播，而是受偶然事件的影响而改变传播路线。

谣言在传播过程中会发生种种变化。反复多次听到同一种谣言的人比偶尔听到谣言的人更加容易相信谣言，文化程度较低的人比文化程度较高的人更易相信谣言，女性比男性更容易关注和听信谣言，无所事事者比有事可做者更易于听信谣言。个体凭自己的记忆力传播谣言，在传播过程中，常将自以为没意思的东西删除掉，用自己的言语来同化消息，将内容改为适合自己习惯、兴趣、情绪的传闻。谣言在传播过程中，往往会引起自发地冲破现有社会规范的偏激行为。在这种行为中，谣言以煽动性和鼓动性来征服人心，将聚集在一起的一群人的行为协调到一个方向上来。

当谣言袭来时，如果知道谣言传播的事实真相，了解谣言产生的背景、原因和问题所在，了解传播者的情况，将会对谣言持批判态度。不信谣，不传谣，甚至主动辟谣，即所谓"流言止于智者"。但是，如果人觉得所传消息正符合自己的需要，就会盼望这样的事情能够发生从而轻信谣言。人们在紧张状态下，或由于文化程度较低，不易辨别是非，容易成为谣言的俘虏。面临危机而又缺乏信息，这是别有用心者传播谣言的最佳时机。

面对谣言我们应持审视的态度。无论谣言的内容是否符合自己的心意，无论处境是如何紧急，信息是否能及时沟通，我们都要慎重审度，不可借谣言的传播来发泄内心愤懑，求得心态的暂时平衡，也不能受相互间情绪的感染，做盲动的传谣者。应静观多察，根据多方掌握的信息加以判断，拿出自己的主见，即使在情况不明时，也不盲目信谣传谣。

要平息谣言必须铲除谣言滋生的社会背景条件，政府应采取消除政治、经济危机和群体危机的得力措施，维护社会的稳定与繁荣，无论在正常情况下还是超常情况下，都要保持上下信息渠道的畅通，特别是在有重大事件发生的情况下，要及时公布真实情况，只有这样，谣言才会不攻自破。

第二节　谎言与谎言心理

谣言是谎言中的一种。许慎《说文解字》对"谎"作了这样的解释："谎，梦言也，从言荒声。"意思是说"谎"是人在睡梦中的虚幻之词。一般认为，谎言就是假话。那么，谎言的界定是否以真假为标准呢？未必。这有两种情况。一是不符合事实的话未必是谎言，比如一些科学论断在当时被认为是符合事实的，但随着科学的发展和思维的发展，论断和事实之间还不吻合，这样的论断就不能说是谎言。如"鲸鱼是鱼"今天看来不符合事实，但过去持这种看法是受当时科学水平的影响，不能说它是谎言。二是符合事实的话未必不是谎言。例如一个男人下班后与女同事散步。一个别有用心的人告诉他的妻子："你丈夫和一个女人正在街上散步。"这话是真实的。但它的言语目的是强化那位妻子的错觉，使她产生另外的想法。这种貌似真实的话语实际上传递了虚假的信息，因此，它是恶意的真话。这样看来，谎言不但要看是否真实，还要看是否真心，不但要看话语本身，还要看言语目的和言外之意。

话语中的真和假不是泾渭分明的，有时真中有假，有时假中有真。"一只鸡一天能生十只鸡蛋"是假话，但也包含了"鸡能生蛋"的事实，即语句的预设是真实的。帽子店的老板看到顾客在试大一点的帽子，他笑着说："买帽子要买大一点的，洗两次缩水后不就正合适了吗？"那个人听了觉得是真话，就买下了帽子。一会儿，又有一位顾客在试小一点的帽子。老板又笑着说："帽子要买小一点的，戴几天就撑大了。"那人觉得有理，也买下了。老板的这两种话语是真是假？真真假假，真假难辨。生活中这类半真半假的话语，也很难归入谎言。要区分真话还是谎言，唯一的办法就是将它放到特定的语境中去鉴别。

撒谎是坏品质，谎言一经谣传，就成了谣言。鲁迅说："谣言可以杀人。"拍过29部影片的著名影星阮玲玉经不住谣言的中伤而服毒自尽。可见恶毒的谎言是杀人的软刀子。但是，谎言也未必全有恶意。它的善恶应由撒谎的动机和结果而定。医生对濒临死亡的病人往往会说谎话，以表示宽慰。如果对病人讲"您活不了多久了"就成了有害的真话。为了保守机密，有时也要说谎。苏格拉底说过，谎言也有善的时候，谎言和欺骗有时也是公正的。1944年秋，欧洲反法西斯战争节节胜利，德国陆军上将克斯特接到希特勒的命令，要他率一万人驻守比利时前线蒙塔弗里尔要塞，并将他的爱妻罗伊斯扣下作为人质。此时身在比利时前线的将军处于两难境地，是投降盟军还是顽抗到底？正当他犹豫不决时，爱妻罗伊斯托人带来一封信，信中写道："在你收到这封信的时候，我已经离开了这个世界。我得了癌症，病情已经恶化，我不行了。因而今晚在发出这封信之后，我将偷偷吞下积攒起来的安眠药。"克斯特上将阅后悲痛欲绝，考虑到爱妻已死，毫无牵挂，他便率领一万将士投降了盟军，没想到在盟军营地见到了他的爱妻。一个善良的美丽谎言拯救了一万条性命，促成了一项义举。

说谎与下例社会心理有关。①虚荣心理。人有时会追求虚荣，以显示其优越性。虚荣心一时不得满足，往往会撒谎，欺世盗名，因此虚荣心理往往是谎言的心理基因。②压抑心理。人们选择与环境相适应的方式以满足自身生理需求和社会需要，当生活和环境失去平衡或生活中某人某事给心理上造成压力时，会导致利用谎言反击，以平缓被压抑的心理。③抚慰心理。人们希望现实能够满足自己的愿望，当对现实无能为力时，只好作精神上的调整，将希望指向未来，以求心理的慰藉。④返真心理。由于思想、观念、道德、习俗等文化束缚，不仅给自我涂上一层油彩，而且要将内心世界严严地关闭；为了摆脱这沉重的文化负荷的折磨，因而怀念儿时的天真纯朴，说谎、开玩笑是返真心理的表现。

第八章

修辞障碍与语病学

言语是对语言的具体运用，修辞是对言语的调适。在修辞活动中，表达者对语言的不同理解会产生语言障碍。修辞活动中的各种因素会导致言语障碍。语言本身是一种文化，语言又是文化的载体，修辞会产生文化障碍。修辞活动的主体是人，人在修辞活动中会产生心理障碍。

第一节　语言障碍

语言障碍表现为对语言规律的违背。语言是音义结合的符号体系。使用语言首先要遵守语言本身的规律。过去常说的"语病"，就是违背语音、语义、词义、语法的规律，如语法上的语病有词类误用、搭配不当、成分残缺、语序颠倒等。

毫无疑问，语言病是言语交际的障碍。比如，"有些拙作，啰里啰唆"（《语文报》），"拙作"是谦称自己的作品或文章，不能用于指别人的文章。一位政工干部作报告："什么雷锋啊，什么王杰啊，什么欧阳海啊，都是我们学习的榜样。"政工干部对报告中的英雄是怀有敬意的，但选用的语言成分本身含有轻慢的语气。王力在《谈谈写信》一文中说，一位青年干部写信给一位领导干部，最后一句是："敬祝首长千古。"后来王力自己也收到一位青年的来信，说在弥留之际给他写信。他复信给青年："你在弥留，应该快断气了，怎么能写信呢？"这些都是犯了语言病。传统语言学从语言规律本身去分析语病的病理、病因、病类以及检查和纠正语言病的方法，并制定了相应的语言规范。这对消除语言病，扫除言语交际中的语言障碍无疑是很有好处的。但它给人的印象是，语言使用中的障碍都在语言规律本身，因此制定无数的清规戒律让人遵守。这样做束缚了语言的使用，不利于言语创新。

第二节　言语障碍

言语病是语言使用过程中的不得体现象，即言语不适合说写者和听读者及其相互关系，不适切于言语环境，言语病是违背言语规律的结果。

无语言病的句子在一定语境中可以构成言语病。如"把生产搞上去，把人口降下来！"这句话本身无语言病，但如果刷到火葬场的围墙上就构成了言语病，这是因为言语没有适切语境。又如："你长得很苗条"是文从句顺的恭维话，用于年轻女性就很中听，如果对怀孕的女士说，对方会感到不愉快。

有语言病的句子在一定语境中可以是合理的。无论说话还是写文章，人们都不愿意在言语交际中出现讨厌的病句。但在文艺作品中，为了塑造人物形象，刻画人物的性格，表现人物的情感，作者往往在人物言语中有意地运用一些病句或不太规范的句子。在文学作品中，作家常常独具匠心地运用"飞白"手法。秦牧在《艺海拾贝》一书中说得好："在某种场合，'不合逻辑'的语言有时比合乎逻辑的语言更有力量。"① 这种"不合逻辑"的句子是作家将它作为某种艺术手段刻意运用的，它完全服务于文学作品的需要。

言语障碍是否形成，主要在于是否符合言语规律。袁鹰在《井冈翠竹》的原稿中有这样的句子："当年毛主席带领队伍下山挑粮食，不就是用这样的扁担么？"该句的称呼不合当时的历史事实，因而改成："当年毛委员和朱军长带领队伍下山去挑粮食，不就是用这样的扁担么？"这样一

---

① 王德春、孙汝建、姚远《社会心理语言学》，上海外语教育出版社 1995 年 12 月版。

改，言语更符合时代情境。1920 年郭沫若在《笔立山展望》一诗中写道："一枝枝烟筒都开了朵黑色的牡丹呀！哦！哦！二十世纪的名花！近代文明的严母呀！"诗中歌颂 20 世纪大工业生产的景象，以表现无产阶级的力量。我们不能用今天的标准斥之为歌颂环境污染，更不能视之为语言病。因此，分析言语障碍不能无视时代背景因素。"奶奶，我要吃糖糖，我的肚肚饿了。"这样的言语由幼儿说出来，谁也不会见笑。如果出自一位老太太之口，那就不合适了。因此，言语障碍的判定不能离开说写者的主观因素。鲁迅在《致杨霁云》中说："我认为一切好诗，到唐已经做完，此后倘非能翻出如来佛掌心的'齐天太圣'，大可不必动的手，然而言行不能一致，有时也诌几句，自省亦殊可笑。""齐天太圣"在汉语中无此称说，有人说是"齐天大圣"之误，应予更正。其实这是不了解鲁迅的言语目的，鲁迅用"齐天太圣"指比"齐天大圣"更有本领的人，极言其能。因此，言语障碍的判定不能离开言语目的。乘客在公共汽车上买票，说"南京路三张"是得体的。如果说成"我买三张从十六铺码头到南京路的票"，这种表述反而是不得体的。在法庭上审判员说，"把被告的同事带上来"是不得体的，应该说，"传被告的证人到庭"。因此，言语障碍的判定不能离开场合，也不能离开言语环境。请看下列两段话语：

　　同志们，对于我们的工作，我们一定要肯定那些应该肯定的东西，同时一定要否定那些应该否定的东西。我们不能只知道肯定那些应该肯定的，却不去否定应该否定的。也不能只去否定应该否定的，而忘记了去肯定应该肯定的。更不要去肯定应该否定的，而否定应该肯定的。

　　在党的十一届三中全会以来的路线、方针、政策的指引下，在六届人大精神鼓舞下，在省教委的领导下，在农业局的具体指导下，在有关部门的具体协助下，在我校党政的领导下，我校的教学工作取得了巨大成绩。

从这两段话语本身看，都有"假大空"的毛病，但它们出现的语境不同，其语料性质会有所变化，前一段话语是伊方《听同义反复万无一失的演说》中的一段，它作为艺术语体，是讽刺与幽默性质的语料，在作品中具有一定的积极作用。而后一段话语是一所省属农校工作总结的导语，它出现在现实语境中，语料的性质具有消极性。因此，衡量言语障碍应该充分考虑语境因素。

要避免言语障碍，必须遵守言语规律。当然，还得考虑与语言相联系的规律。比如，言语要符合语流的顺畅。《王贵与李香香》中"一杆红旗大家扛，红旗倒了大家遭殃"，这里的"糟殃"在原句中是"糟糕"，因"糟糕"不押韵而改成"遭殃"。又如，清代文人胡正藻在《坚磨生诗抄》中写有"一把辛酸论浊清"，受到乾隆的训斥："加'浊'字于国字上，是何肺腑？"因"浊"在"清"前，被理解为影射清朝，因此，言语障碍与语言材料的选择有关。言语病是对语言规律的负偏离，而言语创新是对言语规律的正偏离，言语障碍的判定应该研究语言规律和偏离之间的关系。

第三节　文化障碍

文化一词有两层含义：一是指正式文化，包括文学、艺术、哲学社会科学和自然科学的成果，集中表现为人类的精神文明和物质文明；二是普通文化，指一个民族的社会习俗和惯例。语言是文化的载体，它记载文化，传递文化，语义中还可蕴含文化因素。语言可以表达任何文化，它本身也是文化。在修辞活动中不可避免地会产生因文化差异而出现的障碍。主要的文化障碍有以下几个方面。

1. 问候语

中国人友善的问候有时会被西方人误解为多管闲事的盘问。这是由于中国人见面时习惯于明知故问，用当时交际场景和行为方式作为招呼语：上街啊？买菜呀？泡水呀？下班啦？吃了没有？修自行车？理发了？热了？面对这些问候语，西方人觉得很纳闷：为什么中国人对他人的生活细节如此好奇，就连吃饭、买菜、泡水之类的小事也要过问。他们以为这是在盘问自己。也许是出于礼貌的缘故吧，西方人常常一本正经地对这些"盘问"作出回答，结果却发现中国人根本就没有听答案的意思。

中西方在招呼语上存在着明显的文化差异。比如，中国人一般不和陌生人打招呼，否则就以为你认错了人，甚至认为你动机不良。而美国人的习惯是不管认识与否，彼此见面时都打招呼，说声 Hi（嗨）！据语言学家 C. 弗格森研究，英语和阿拉伯语的招呼语和告别语通常是从祈祷神灵赐福的用语中衍生而来的。它们约定俗成，有固定的格式或习惯搭配。而汉语的招呼语和告别语是和双方相遇时的交际场景相连的。在中国人看来，交际双方相遇时，结合具体场景说一些有关饮食起居方面的问候语极其自然，它体现了一种对他人随时随地的体贴关心，反映了友好的人际关系。

2. 恭维话

中国人的热情恭维有时被西方人误解为无礼的嘲讽。例如，中国学生见西方留学生买了许多食品，会说："嗬，你买了这么多好吃的！"在银行见西方留学生存款，会说："你一定有不少存款吧？"如果见西方留学生烫了发，会说："你今天真漂亮，比过去年轻多了。"西方人常常将这些恭维话误解成说话人是在打听和干涉自己的个人隐私，有时会认为是一种嘲讽和不友好的言语。西方人喜欢在公共场合谈论天气、新闻等公众话题，即使谈及个人也是谈论某人的个性、爱好等大众化的话题，比如"你喜欢集邮吗？""你对演讲比赛有何看法？"而不会问及他人的家庭背景、工资收入、婚姻状况、年龄等隐私。相反，中国人喜欢在日常交际中询问他人的家庭私事，以显示双方关系的融洽。不理解这一点，就会产生言语交际障碍。上海电视台的一位女记者在一次电视采访中，问日本电影明星栗原小卷："你今年多大了？"对方不无窘意地迟疑了一下才回答，"这，这是我的秘密"。后来这段采访在正式播出前被删去了。

3. 自谦语

中国人的谦虚礼让，有时被西方人误解为虚伪做作。请看下列场合的自谦语。

> 外国游客表示感谢，中国导游谦虚地说："不谢，这是我应该做的。"
>
> 外国客人赞扬英语说得好，中国学生说："不，差远了。"
>
> 外国客人赞扬菜做得可口，中国女主人说："哪里，哪里，我不会做菜。"
>
> 外国客人赞赏所赠的礼品，中国同事说："这不是什么值钱的东西，一点小意思。"

中国人谦虚有礼的答谢，外国人不易理解，以为中国人对他们的赞扬不领情。如果被赞扬的一方是西方人，他们会直接感谢对方的赞誉，或表达自己的喜悦心情。在上述四种场合，西方人会分别做出如下回答。

> "谢谢，我是上海的老导游。"
>
> "我的英语是在上海外国语大学学的，那儿有出色的英语教师。"
>
> "这的确是我的拿手好菜。"
>
> "这是我精心挑选的礼物。"

语言学家里奇认为，言语交际有合作原则和礼貌原则。合作原则包括讲真话、讲老实话的准则，礼貌原则包括赞誉准则和谦虚准则，中国式的自谦比较注重礼貌原则，特别是其中的谦虚准则，甚至不惜以牺牲讲真话和老实话的合作原则为代价。中国人认为，在上述场合自我贬抑比讲真话和老实话更得体，更能维持一种友好和谐的人际关系，使双方在交谈中能最大限度地合作并取得一致。而西方人比较注重讲真话和老实话，当然也并非无视礼貌原则，但是当二者难以相兼时，他们宁可牺牲礼貌原则，这可能与西方人重视自我价值的观念有关。从这里也可以看出，里奇对这两种原则的解释没有普遍意义。中国人认为谦虚可以维持合作，外国人则认为讲实话才是合作。实际上，在言语交际中，该谦虚时不能骄傲，该讲实话时，不能维持虚荣，双方真正的理解才能保持言语交际中的合作。

4. 委婉语

中国式的委婉有时被西方人误认为是莫名其妙。例如，两个中国人深夜交谈，甲委婉地向乙表示自己很累，想早点休息，便对乙说："您很累吧，要不要早点休息？"乙回答说："我不累，您呢？"甲为了表示礼貌只好顺应："您不累，我也不累。"又如，中国学生请求美籍教师帮助他修改用英文写的小说，便说："不知您是否有空，我是第一次用英文写小说，里面一定有许多错误。"在上述两种场合，中国人都不愿意直言真实意图，而是希望对方从自己的委婉话语中领悟真意。这也就违反了里奇所谓的合作原则中讲真话和讲实话的准则，而让礼貌原则占上风，以达到双方减少分歧，增加共识的目的。而西方人对这样的交际策略不易理解，感到莫名其妙。这种种交际文化的障碍，容易引起言语交际的信息差，从而降低交际效果。

第四节　心理障碍

修辞活动中的心理障碍很多，从理解话语的角度看，主要有耳误和口误两种。

1. 耳误

耳误是由于心理障碍对话语内容产生接受上的偏差。听是一种受心理支配的行为，分注意、接受和理解三个步骤，在每一步骤中均会由于情境的变化和听话人心理的变化而影响听话效果。当你对说话人的话语感兴趣时，就会由注意发展到接受和理解。如果注意力涣散、兴味索然，就会影响接受。另外，当你无法接受说话者的观点时，心理上也会筑起一道封闭的墙。

说话者的说话方式也会引起听话障碍。如以教训、命令、强迫、指责、贬斥、谩骂、盘问等方式说话，往往会使听话人产生心理上的反感而形成耳误。

在言语交际中不加倾听而急于发言，或来不及听清、听完、听全对方的话，都会产生耳误。言语交际中，听话时只重事理不重情感，只考虑对方的话语是否合理，而忽略了情绪和情感所表达的言外之意，往往难以形成情感上的沟通，给对方以"话不投机"的印象。

偏听极易形成耳误。这时听话人先入为主或带有偏见地听别人讲话，实际上往往听而不闻，不能客观地领会话语信息。

分心也是耳误的主要原因，造成分心的客观原因是：讲话者声音太小听不清；讲话者的仪表神态不同寻常；讲话者的语速太慢；旁人催促、下课时间快到、别人的打扰、工作上的压力，等等。分心的主观原因可以是：有重要的事心不在焉；情绪激动不能平静；受到批评或表扬，等等。俗话说"一心无二用"，这些主观因素会导致耳误。

误解是耳误的最直接的后果。由于偏听、分心等原因，会导致对话语信息的误解。当然误解还与文化水平有关，有人专心倾听，也会由于对词语不懂或知识欠缺而产生误解。学生在课堂上不能复述讲授内容，一种可能是没有认真听课，一种是认真听了，但无复述能力。

2. 口误

口误是正常人在言语交际中不由自主地偏离想要表达的语音、语义、词汇或语法形式的失误现象。常见的口误来自心理，可以说口误的主要原因是心误。大脑疲劳时，不能有效地支配词语的选择和话语的组合，口误于是产生。分心、怯场、心情紧张或激动时易于形成口误，认知困难或认知不明确的人在挑选字眼时容易出现口误。

第五节　语病学的研究对象

语病学作为酝酿中的新兴语言学分支学科，主要研究语言文字在语用中消极地背离规范标准产生语病的现象和规律，它具体研究语病的类型、病因及防治手段。语病学是对传统的语病分析的发展，语病学的研究对象比语病分析更丰富，它不仅研究语言文字病，同时还研究言语病，它不仅研究正常人的语病，还研究非正常人的失语病，它不仅研究语病的各种类型和病理，还研究防治各种语病的有效手段，它不仅仅囿于语言结构体系，还涉及言语学和神经语言学，尤其是其中的神经语言病理学等学科。

从语言工具及其运用看，语病学研究语言病和言语病。

1. 语言病

语言病是对语言结构规则的违背。传统语言学习惯上所讲的语病就是指语言病。传统语言学在语音、词汇、语法等语言要素上确立了各种规范标准，对避免语言病的产生起了一定的抑制和矫治作用，它对语言病的类型、病因的分析形成了自身的系统。虽然它存在着注重语言忽视言语、偏重实用忽视理论、偏重规定忽视创新、偏重正常人的语病忽视非正常人的语病等缺点。

语病学可进一步充实和调整传统语病分析的内容，根据语言的发展和新的语言学理论，确定和修正规范标准，这些标准可以是文字上的，也可以是语音、词汇、语法上的。规范标准和语用实践具有游离性，几十年前确立的规范标准，有很多不适合今天的语用现实，20 世纪 50 年代中国语文杂志社编辑出版的《语文短评》一书，今天看来其中的许多规范标准大多不能适用。由此可见，语病学应在传统的语言规范问题上层楼更上，不应老抱着几十年一贯制的规范标准，应从文化、民俗、心理等不同的角度更多地解剖"约定俗成"这只语言的"杂物箱"。事实上"约定俗成"不是一种理论，它对语言单位的组合和搭配缺少解释力，如何在传统的语病分析基础上，确立和强化语言规范理论，使之具有理论上的解释性，这是语病学研究的一大课题。

2. 言语病

言语是对语言的具体运用，言语学有其自身的规律，言语病是话语对言语规律的违背。言语病的类型可从不同的角度来划分。

（1）言语是否适切得体。具体包括：话语不适切于听说者的身份、地位、性别、年龄、职业、籍贯、思想性格、文化修养、经历、处境、心绪、听话目的；话语不适切于说话者和听话者之间的关系，表现为言语与亲近关系相违，与长幼关系相违，与疏远关系相违，与上下关系相违等；话语不适切于语境，即话语不适切于时间、地点、场合、气氛、话题、社会文化背景等；话语不适切于内容与形式的统一，表现为话语形式与思想内容不一致，话语内容不合事理等。

（2）根据言语单位，言语病可分为：句病、句群病、篇章病。句子、句群和篇章都是言语的交际单位，它们各自的语病类型及病因是言语病研究的重要内容。20 世纪 80 年代以来，国内语言学界已有人对句群病理进行了研究，又有人提出创建文章病理学，这都为言语病的研究提供了借鉴。

（3）根据言语能力，言语病可分为：说话障碍（口吃、口误）、听话障碍（耳误）、阅读障碍（眼误）、写作障碍（笔误）、翻译障碍（译误），这些障碍的形成有生理、心理的原因，也有文化的原因。口吃主要是生理原因，口误和耳误、眼误、笔误既有生理原因，又有心理原因。1970 年，语言学家比尔维施发表《话语错误语言学》一文，1980 年切鲁比姆主编《话语错误语言学》一书，以及国外《语言学专号》对口误问题作了初步的研究，上海外语学院张宁博士在王德春教授的指导下撰写了博士学位论文，就口误的转换—生成机制进行了较系统的研究。译误最常见的原因是文化的差异，不同民族语言承载的文化不同，目前跨文化交际和文化语言学的研究已取得长足的进展。但国内外语言学界对耳误、眼误、笔误的研究还十分薄弱，语病学应加强这方面的研究。

从语言主体看，语病学应研究正常人的语病和非正常人的失语症。

1. 正常人的语病

正常人的语病在话语中占的比例极小，据研究，正常人有 95%—99% 的话语是合法的，不合法的话语与三种人关系最密切：小孩子、语言艺术家、语法学家。小孩子在语言习得过程中往往出现不合法的话语，这是语言社会化不可避免的，这和儿童语言习得的特点密切相关。①语言艺术家在言语创新时往往对语言结构规则有所偏离，正偏离的话语成为佳句，负偏离的话语成了语病。语法学家往往难以从理论上解释正偏离的话语，而常常将负偏离的话语作为抨击的对象。此外语法学家本身为了说明语法规范，往往造出那些病得简单、病得明显、病得生硬，无病装病的病句供学习者去修改。以往的语病分析往往注重表层的语句，而忽视了深层的语句，它只注重生成合法句子的语法规则，而忽视了生成不合法句子的语法规则。有人提出将病句分为句法病句、语义病句、语用病句三类，着眼于三个基本标准：语用规则、语义规则、句法规则，其中语用规则为最高标准，只有综合三者才能有效地判别一个句子是否有病。这其实是试图用三个平面理论来分析病句。

2. 非正常人的失语症

失语症是神经语言病理学研究的重要内容，目前失语症的类型主要有：言语形成的组合性装置障碍、言语形成的聚合性装置障碍、言语理解障碍。①

第六节　语病学的理论方法

由于语病学的研究对象是正常人的语言病、言语病和非正常人的失语症，与此相应，语病学的基本理论是：语言规范理论、言语理论、神经语言学理论，这三大理论奠定了语病学的理论基础。

1. 语言规范理论

传统语言学对语言规范进行了一系列的研究，在语音、词汇、语法、文字、文学风格等方面确定了规范标准，它强调语言知识的学习，对语言病的防治有一定的作用。但是随着语言和语言学的发展，传统的语言规范理论在指导人们能动地运用语言上则显得苍白无力。

理想的语言规范理论应该确立以下五个不同层面的内容，并在使用中互为补充。

---

① ［苏］卢利亚《神经语言学》，北京大学出版社 1987 年版。

一是确立正式规范。指语言规则、语言文字政策包括语言规范条例，它是明文规定的规范。

二是确立非正式规范。群体中自发形成的规范，如朋友见面时的问候语，委婉语、流行语等包含的规范。

三是确立所属规范。个体所属的阶级、阶层所具有的阶级方言和阶层方言，个体所属的行业所具有的行业用语，以及性别语言和社会角色用语规范。

四是确立参考规范。个人往往以心目中的偶像作为自己运用语言的准则。偶像语言的影响力及仿效者的模仿度都是参考规范的内容。

五是确立地区规范。某个地区的群体所特有的语言规范，如方言土语对标准语的渗透程度。

这五种规范既包含了语言的规范，又包括了言语的规范。

理想的语言规范理论应具有以下三个特征。

第一，规范的视角不仅仅是语言，同时也将视野指向言语，并能正确处理规范与创新的矛盾关系。

第二，应充分考虑到语言规范和言语规范的社会心理。语言规范受制于社会心理，一种新的言语现象的产生，它是语病还是言语创新，要看群体的心理接受程度。

第三，语言规范应该有一个尺度。一种新的言语现象刚产生时，可能和原有的语言规则相偏离，但是后来这种用法渐渐普及并为人们所接受，量变引起了质变，使它成为一种新兴用法并被补充到语言规则中去，以致引起某种语言规范的变化。

2. 言语理论

言语理论旨在揭示言语规律。言语理论的基本模式是：言语即说话，言语交际有五大基本要素，一是言语主体即说话人，二是听话人，三是说话人和听话人之间的关系，四是言语环境，五是言语交际工具——语言。五个要素之间的相互关系可图示为：

语境是说话的环境，包括说话者、听话者、语言、说话者和听话者之间的关系。说话者和听话者之间所进行的交际是具体可感的，而说——听者之间的关系以隐性的性质参与显性的言语交际。这五个言语要素均可以分别分解成苦干规则。

3. 神经语言学理论

神经语言学是处于心理学、神经学和语言学之间的一门新兴边缘学科。它研究言语活动的大脑机制及大脑局部损伤时言语过程的诸种变化。现代语言学进入 20 世纪 60 年代以后，总的发展趋势是由描写转向解释，人们致力于探索人类生成和理解自然语言的内部机制，转换—生成语言学的产生、认知心理学的发展和计算机的广泛应用越来越使自然语言的生成和理解成为一个迫切需要研究的问题，同时各类脑损伤引起的各种失语症需要进行积极的治疗。神经语言学就是在上述背景下产生并发展起来的。按理想的要求，神经语言学家必须在相关的诸多方面训练有素，可惜这样的通才并不多，这需要各方面的专家通力合作。神经语言学的困难在于，语言学所获得的成果及所改进的研究方法都是以正常人的语言为对象，而语言的神经学研究是以非正常人的语言材料为依据，因此，研究者曾对神志清醒的患者用电流刺激其大脑皮层来诱发暂时的失语，以确定语言不同功能在大脑中的部位。也可以根据病人失语症的不同特点（失读、失写或语音、语法、语汇、语义等不同层次上的障碍）来判定病人脑损伤的部位，进行康复治疗。

除了语言规范理论、言语学理论、神经语言学理论外，转换—生成语言学理论、社会心理语言学理论、文章学理论都会程度不同地对语病学起作用。至于研究方法。应根据研究对象的不同而变化，如对语言病可采用统计法对语病类型出现的频率进行研究；对言语病可置于动态交际的语境中加以检验。但从总体上来讲，语病学的研究大体可从以下几方面着手：一是在句法、语义、语用的层面上研究语病生成的句法规则、语义规则、语用规则，研究表层语病和深层语病的转换关系，这种研究是语言学因素的研究；二是研究非语言的因素，研究听说者的主客观因素以及语境因素与语病之间的关系；三是用生理学和心理学的方法研究失语症和言语听、说、读、写、译方面的种种障碍。

第七节　语病的若干界限

1. 语言病和言语病

语言是音义结合的符号体系，它是相对静止的工具，而言语是对语言的运用，它是一种动态过程。语言病是对语言结构规则的违背，言语病是对言语规律的违背。语言病可以从语言规则上去分析，并可以用所掌握的语言知识去避免语言病的产生。言语病可从言语规律的角度加以剖析，并用相应的言语学知识去解释或防治。

语言上有病的句子进入言语交际可以成为无病的句子。语言上无病的句子进入言语交际可以患上言语病。"还不将门关上"，语言上无病，但在言语交际中，用于儿子对父亲的发号施令，就显得不得体。语病学应该划清语言病和言语病的界限，同时研究两者的关系，并分析各自的病因，找出防治的方法。

2. 正偏离和负偏离

言语是对语言的运用，言语必须符合语言结构规则，同时又允许出现偏离，这种偏离有正负之分，正偏离是言语创新，负偏离便是语病。言语创新是积极的，它是对语言结构规则的补充，语病是消极的，是规范的对象，正负偏离之间就存在着若干界限，《修辞语法学》对此作了详尽的分析。①

言语对语言规律的正负偏离从本质上来讲是言语创新和语病之间的矛盾，以往对此类问题的研究只限于语法和修辞矛盾关系的研究，这与其说是语法和修辞的矛盾，还不如说是语言的正负偏离之间的矛盾。

第八节　语病学建构的意义

"病句评改严格说，到目前为止，还算不上一门学问，从未有人对它进行科学上的思考：对象、任务、方法，确定病句的标准，修改病句的原则……这些重大问题从未有人认真讨论过。"② 建构语病学是一项具有理论性和实用性的有意义的工作，其理论意义和实践意义主要表现在以下几个方面。

语病学的建立可以弥补传统语病分析的不足。传统的语病分析只研究语言文字病，它仅从语言结构规则本身确立语音规范、语汇规范和语法规范，比如在语法规范上，简单分出词类误用、搭配不当、成分残缺、语序颠倒、句式杂糅等病类，这些病类病得明显、病得简单，并将语病限制在语言结构符号体系之内。而现当代语言学将言语也作为语言学的重要研究内容，与此相应，语言规范的对象不仅仅是语言，同时也包括了言语，顺理可推语病学应该既研究语言病又要研究言语病，这才顺应了现当代语言学的发展趋势。

语病学拓宽了神经语言病理学的研究视野。神经语言学的研究对象是人类神经系统与人类自然语言的形成和理解之间的关系，以及在这些方面的病理障碍。神经语言学中的神经语言病理学是研究与大脑神经系统相关的语言错乱现象，有人因此提议叫失语症学。我们所建构的语病学除了研究失语症外，还研究因违背语言规则和言语规律而产生的正常人的语言病

---

① 吴士文、冯凭《修辞语法学》，吉林教育出版社 1985 年 10 版。
② 王希杰《病句生成学》，《汉语学习》1989 年第 3 期。

和言语病。从这一点上讲，语言病理学有着更广泛的社会实用价值。

语病学从更广阔的语境中确立规范标准，为人们能动地利用语言规律和言语规律进行言语创新以及有效地防治语病提供了理论依据。在特定的语境中，有语言病的语句有时未必有病，如"糕糕""糖糖"之类作为儿语，让小孩儿讲出就显得自然，让成人用来交际就有语病。有时无语言病的语句在特定语境中也可患上言语病，"你长得很苗条"这句话对青年女性来说是一句恭维话，并无语言病，但对孕妇来说无疑是一种讽刺，这种不得体的话语就患了言语病。又如，"麦浪"是新造词，而"蠹耸"是生造词。语病学将语境作为语言规范的重要参考项，更多地从动态交际的角度衡量言语现象是否符合规范，为言语的正负偏离提供了理论解释，为人们能动地运用语言进行言语创新提供了依据。

语病学跳出了传统语病分析的圈子，将视角指向所有运用语言的人（包括正常和非正常的人）。由于视野的开拓，研究内容的丰富，需要语言学、言语学、神经语言学、社会心理语言学等学科的研究者共同参与研究。在学科性质上，语病学是以上学科相接缘的产物。①

---

① 孙汝建《试论语病学的建构》，《南通师专学报》（哲学社会科学版）1992 年第 4 期。中国人民大学报刊复印资料《语言文字学》1993 年第 4 期全文复印。《高等学校文科学报文摘》1993 年第 2 期文摘。

第九章

话语与人际认知

人际认知是在社会环境中对他人种种特性的认知，包括对他人性格、角色等的认知。要完成这些认知，必须发挥话语的作用，因为从话语可以认知他人的种种特性。

第一节　人际认知的话语途径

1. 从话题认知他人

"三句话不离本行"，从话题中可以认知他人的特征。如：话题注重宏观的或全局性的大问题，关心国内外大事，对事情善于归纳、总结、概括，有独到见解——是事业型、支配型的人，具有领导素质；话题注重微观、局部性的问题或生活琐事，注重事件的具体过程和细节，对事件的结果不善归纳、总结、概括——无领导素质，无支配愿望，是服从型的人，适合做具体工作；言必谈自己的经历、经验、成绩以及对某事的看法、态度，嘴边挂着"我""我的""兄弟我"——争强好胜，嫉妒心强，有虚荣心，爱表现自己，表面温和，实质上待人冷漠，不诚实；谈论自己少，有成绩不声张，对人对事不轻易表态——稳重，谦虚谨慎，有自知之明；喜欢描述事实的过程——注重客观事实；说话时喜欢注重细节——说话人易动感情；注重分析因果关系，习惯判断评价——主观性强，有臆断性；喜欢谈论未来——富于幻想；说话带有消极色彩，富有批评性，爱发牢骚——受挫较多，或希望过高，对现状不满；说话带有积极色彩，富有支持性——比较乐观，工作、生活顺利；说话喜欢评价别人——嫉妒心较强，爱拨弄是非；不太愿意评价别人——正直稳重，尊重别人。

2. 从说话风格认知他人

一个人的说话风格，即说话时的神情、习惯、用词特点、表述方法，也是认知他人的重要途径之一。如：喜欢在众人面前讲话，喜欢和陌生人交谈，谈吐幽默风趣，喜怒哀乐表露于外，愉悦时笑声朗朗，生气时面红耳赤，大喊大叫，有愤怒的情绪，发泄后若无其事——属于开放型性格，容易与人相处，好交际，有活动能力，性情温和，不善于攻击别人；说话时不注意对方是否对自己的话题感兴趣，或能不能了解自己的话，话题变幻不定，讲话内容前后不一致，叙事零碎，把握不住重点——属于封闭型性格，有点自我中心主义，任性，情绪不稳定，不会讲客套话，孤独，难以接近，缺乏创新精神，有一定的服从性；讲话时用词高雅，准确，口齿伶俐，条理清晰——文化修养较高，办事果断；用词浅俗，重复，啰唆——文化修养欠缺，办事不果断；说话急速——脾气急躁，虽有闯劲，但考虑不周到；说话语速慢——办事速度慢，持重，考虑问题周到；喜欢争论——开放型性格，善于接受新思想，有竞争性；不喜欢争论——封闭保守，缺乏竞争精神。

3. 从话音声兆认知他人

"说话听声，锣鼓听音"，一个人说话时的音量、音调、节奏、语气都能表露出个性特征和心理状态。"人的喜怒哀乐，一切骚扰不宁，起伏不定的情绪，连最微妙的波动，最隐蔽的心情，都能由声音直接表达出来。"（丹纳《艺术哲学》）借助话音声兆可以表情达意，从话音声兆可以认知他人。实验表明，让被试者判断用各种情绪的腔调所念的英语录音，其判断的准确性几乎和辨别面部表情时一样高。18世纪著名的莎士比亚戏剧演员加里克，在听了传教士怀特菲尔德的布道以后，惊异地发现这位传教士竟能通过细微的语言变化把一整段话的意思及感情装在一个字眼里。人们听宋世雄解说的声音，仿佛置身于紧张激烈的比赛现场。从话音声兆可以大致判断他人的性格心态：嗓音响亮，声若洪钟——豪放、爽朗、粗犷；清脆明朗，语速较快，言语清晰，音量大，音调高——心理健康、开朗、乐观愉快、易与人交往；含混不清，拖泥带水，有气无力——性格沉闷、比较孤僻、体弱多病、办事不利索；慢条斯理，声音平稳，抑扬顿挫——有忍耐性有热情，但情绪不稳定；说话又急又快，语调忽高忽低——性子急，情绪不稳定；说话低缓，语调平稳——性格内向；嗓音滑溜，音调随机而变，选择对方爱用的音调、语气、口音——性格圆滑；说话旁若无人、用教训人的口气——性格傲慢；声音甜美、温柔而清越——贤惠、善良、纯洁、多情；说话尖刻而冷酷——性格怪僻不群、性情郁烦。

不同的发音方法表达的情感不同，给人的体验也不同，这种"体验"就含有对说话人的性格和心态认知的成分。比如，一个人说话声若洪钟，说明他可能是个身强体壮，性格豪爽粗犷的人；话语又急又快，可能是个"急性子"的人。表达的情感不同，发音方法也不同：爱——气徐声柔，口腔松宽，气息深长；憎——气足声硬，口腔紧窄，气息阻塞；悲——气沉声缓，口腔如负重，气息如尽竭；惧——气提声滞，口腔像封冰，气息如倒流；喜——气满声高，口腔似千里轻舟，气息似不绝清流；欲——气多声放，口腔积极敞开，气息力求畅达；急——气短声促，口腔似弓弦、飞箭、流星，气息如穿梭，经纬速成；冷——气少声平，口腔松懒，气息微弱；怒——气粗声重，口腔如鼓，气息如象；疑——气细声黏，口腔欲松还紧，气息欲连还断；情绪不同，发音特点也不相同：情绪激昂——声带振动的频率增高，言语高亢；情绪紧张——由肺部发出的空气压力大，强气流在通过发音器官时，可能发生摩擦，而形成噪音、惊叫、狂叫；情绪愉快时——音调高，复合音中的元音加强，使人欣悦；情绪平静——神经的抑制引起声带松弛，振动频率小，声音响度也小。

语音的高低取决于声带的长短、松紧和厚薄，妇女和儿童声带相对短而薄，话音较高，男性的声带相对长而厚，话音较低。同一个人说话，声音的高低是可以控制的，放松声带，声音就低；收紧声带，声音就高。声音的高低变化是随着感情起伏而变化的。音高保持在平时的水准，这时说话人的感情是平和的；音高过高，说话人往往是紧张或激动的；音高过低，说话人往往表现为感情上的不快、厌倦或失望。

语音的轻重也能表现说话人的情感，情人间的细言轻语，集市贸易上的大声吆喝等都是因情境不同而产生的语音的轻重变化。相反，该重不重或该轻不轻往往反映了说话人超常的情感。夫妻间交谈时大声嚷嚷，往往是交谈不畅，发生矛盾的反映；陌生青年男女间的轻言细语表现了双方情感的异常。

语音的长短在表情达意上大有讲究。拖长发音表示说话人的傲慢，或表示说话留有余地，因此官腔常常拖得长些，以表现身份。有时拖长发音含有讥讽之意，如果说话时语音干脆、利落、直截了当，表示说话者的严厉或激怒。

句调是全句声音的高低变化。情绪激动或等待回答时用升调。情绪稳定或平淡、沉重，或表示坚决、肯定时用降调。沉思或迟疑时用平调。情绪激动或表示复杂的情感时用曲调。

说话的快慢也是表情达意的重要手段。快说用于急剧发展变化的场面，或用于争辩、欢呼、畅谈。慢说用于平静稳定的场面，或用于对话、闲谈絮语。从说话的快慢也可以看出说话人的性格、心情因素，如年老的人、思路迟钝的人、心情不好的人，说话时语速缓慢。年轻活泼的人、聪明机智的人、心情愉快的人，说话往往较快。

话语中的"假嗓音"也对表情达意起一定的作用。中央电视台在《九州方圆》节目中有一段添置水壶的报告，其中用假嗓音及"呃""啊""嘿""嗯"等冗余成分表现了报告人的话外之音。

4. 从话语的伴随行为认知他人

话语的伴随行为就是人体语言的运用。人体语言是借助于动作、姿势、表情、空间、触摸、物体等来表情达意的，它是自然语言的辅助手段。这里我们仅就情绪反映最显著的面部表情来分析。

在日常生活中，有的人好激动，常常喜形于色；有的人比较冷静，自控力强，能做到不喜形于色。这种调节和控制情感活动的能力对于一个演员来说是相当重要的。社会生活中的人虽不是演员，但他们在生活的大舞台上扮演着不同角色，情感的控制和表露显得同样重要。

情感和表情的对应关系是复杂的。

第一，情感可以在没有表情的情况下产生，即面无表情，而心潮起伏。第二，表情也可以在没有情感体验的情况下出现，如表示礼貌的微笑，机械地点头示意等。第三，情感体验的内容与表情的含义可能会不一致。如心里急而表面上却装着若无其事的样子，心中暗喜而不动声色，心中悲伤而强颜欢笑。第四，情感和表情都是在主体——人的调节下产生的。因此，要了解一个人的情感，单靠人体语言是不行的，人体语言只是人际认知的辅助手段。

人的情感可以通过表情体现出来。眼睛最能灵敏充分地表达情感，险恶狡诈的用心可能从挟着寒光的眼神中表现出来；贪婪的欲望能从火炽的眼光中流露出来；面对感兴趣的令人愉悦的认知对象，瞳孔会放大；面对厌恶的事物，瞳孔会缩小；人在愉悦时，舌头会产生甜美的感觉，会不由自主地舔嘴唇和门齿，鼻子也闻到香味，眼睛也仿佛看到欢乐的景象。痛苦时，嘴会发出躲避苦味的动作，鼻子也会出现逃避恶臭的动作，眼眉下压，似乎在竭力摒除不悦的景况。

自 20 世纪以来，不少实验心理学家一直试图用量表与模式图来描述人的情感与表情之间的复杂关系。伍德沃斯的直线量表是将情感与表情数量化的第一个尝试，他分析了表情、情感与面部肌肉活动之间的关系。施洛斯贝格在直线量表的基础上制作了面部表情图形量表，并在此基础上提出了面部表情的三维模式图。认为超文化的感情表达至少有六、七种是共同的，如惊讶、高兴、愤怒、恐惧、悲哀、憎恶、好奇等。我国学者也研究了婴幼儿的情绪变化。[①] 除了面部表情，人的动作、身段、空间、物体等也能表情达意，它们也成为人际认知的手段。人在灰心时垂头丧气，兴奋时手舞足蹈，焦虑时坐立不安。气度大而沉稳的人多半步子大；谨慎的人身子正而稳，脚步沉稳；急性子的人走路时身子向前冲，似乎怕误了什么

---

① 孟昭兰、阎军《确定婴儿面部表情模式的初步尝试》，《心理学报》1985 年第 1 期。

事；犟脾气的人走路脚腕子使劲，拧着劲走；伶俐的人走路，身段灵活，脚步轻盈。对人表情的认知，为我们提供了丰富的信息材料，透过表情可以进一步了解他人的态度、动机和需要。

第二节　话语认知的主要内容

1. 对他人性格的认知

按理说，人的外貌与自身的个性、品质、态度无必然联系。但在生活中，人们往往有以貌取人的认知偏差。据研究，面部具有积极情绪的照片往往会得到较好的评价，面部具有消极情绪的照片往往得到较差的评价。情人、朋友之间往往是赠送自认为具有较高评价意义的照片。有这样一个实验，让被试看三组"罪犯"的材料，三组"罪犯"的犯罪程度相等，其中两组材料附有"罪犯"的照片，一组照片眉清目秀，另一组照片相貌狰狞，还有一组不附照片，请被试充当法官判决。结果是，眉清目秀的一组多被判为无罪，相貌狰狞的一组多判为重罪，不附照片的一组则介于两者之间。

（1）由体型认知他人的性格

体型瘦弱的人，往往具有分裂式性格。分裂式性格的人不喜欢社交，对周围的人不很关心，自闭倾向较明显，平日寡言少语，喜欢孤独，害臊胆怯，遨游于梦想的世界，不与凡俗为伍，自命清高。

体型肥胖的人往往具有躁郁式性格。躁郁式性格的人擅长社交，为人亲切和善，热心助人，即使大发脾气，事后也就忘得一干二净，进入任何环境都能适应，讲究实际不空谈。

体型结实的人常常是钝重的性格。钝重式性格的人规规矩矩，一丝不苟，房间有条有理，一尘不染。讲情义，遵守交往礼节，重视秩序，过的是踏实稳健的生活，做事不屈不挠，不会随便抛弃希望，不善谈吐，讷讷而言。

（2）由言谈认知他人的性格

言谈时出口成章无赘词，并能牢牢把握中心，这种人的性格特点是，思想灵活，思维能力强，有工作能力。言谈时口若悬河，善于卖弄，其性格特点往往是，说得多做得少，能力不强，但善于掩饰自己的无能，善于推卸责任。相反，如果不善言辞，说话木讷，表面看来好像无能，其实往往做事有板有眼，言行一致，善解人意，颇具实力。言谈中冲着别人论自己的短长，往往会被人误认为是"诚直之士"。其实，这种人往往见异思迁，常为薄物细故而与人翻脸。言谈中夸功卖好，完成一件并不怎么样的事情，就以为功劳奇大，若居人之上则不可一世，其虚荣心强，缺少责任感，习惯于受人奉承。惭愧时仍嘻嘻哈哈的人，往往狡猾成性，或无荣辱感。交谈中眨眼睛，有时是表示同情，或表现出某种关注。交谈时眼珠骨碌碌地转，表示心情不定，或难以捉摸言语的意思或另有其他考虑。交谈时，目不转睛地盯着对方，往往表现为赞成或重视对方的意见，对话题有兴趣。交谈中不正视对方，总是垂头而听，偶尔抬头看对方一眼，很快又垂下头来倾听，如是女性，这是娇羞娴静之态，有时是对男方有爱意；如果男性如此状态，他在个性上往往胆怯，缺少魄力，意志不坚。交谈中不断将视线移开，或表示不尊重，或暗中盘算如何还击，或希望谈话早些结束，或表示他内心有某种苦衷，因而在交谈中不断避开对方的视线。

（3）由举止认知他人的性格

走路时脚步声大的人心胸坦荡，为人诚实，但有时优柔寡断，神情散漫。走路时脚跟不着地，显得轻浮无劲，做事不扎实，草草从事。拖脚而行显得心事重重。脚步轻快显得充满活力，悠闲自得。走路东张西望者，缺乏决断力，缺乏统筹全局的能力。挺肚阔步者气宇轩昂，精神勃勃。走路频频回头者疑心病重，缺乏协调性。稳缓而行，态度从容，给人以稳操胜券之感。走路时威仪自现者气魄震人，统摄力强。

2. 对他人角色的认知

人类个体是以不同的角色和身份与别人发生交际关系的。对他人的角色认知，就是对他人在社会上所扮演的角色的判断，如某人谈吐文雅，知识渊博，人们会推断他可能是一个知识分子。角色认知包括对有关角色行为标准的评判，如法官应该公正无私，有清晰的判断力。教师应该为人师表，学识渊博。

对他人角色的认知可以从以下几个方面入手。

情感。某一社会角色应该有相应的情感要求，侦察员应该机智冷静不喜怒于色，国家机要人员应冷静稳定，而不感情用事。

动机。指某一社会角色应该符合社会上大多数人认定的角色动机，教师对学生应该有慈爱之心，忠诚于教育事业，学生应投身于学习。

社会地位。如大学教授应该有较高的社会地位。

（1）角色认知的全方位

对社会角色的认知应该是全方位的。以官角色为例，人们对官有一定的角色期待。对于一个认同度不高的官员，人们从下列特点综合认知。例如，部属绞尽脑汁拟出报告书，而上司不屑一顾，连一句慰勉的话都没有；上司夺取部属的功劳，对部属的申辩不屑一顾；只知命令或指示而不指导；朝令夕改；视部下为佣人；瞧不起部下；不承认部属的能力，并妒忌部下的才华；只看结果不问原因；拙于倾听，先声夺人；失信于部属；喜欢说长道短；把拙劣的诙谐当成幽默；对部属的创新视而不见；对部属的工作屡加干扰；过度宠爱部下；人情至上屡创例外；轻易与部下妥协；保护不了部下；大讲顶头上司的坏话；面对上司就说不出话来；严以待人，宽以待己；对上司卑躬屈膝；抓住权限不放，侵占部属的权限；胡乱称赞；吝于说"辛苦了""谢谢"；油腔滑调地称赞；只称赞不责备；不问是非就开骂；以蔑视的口气责备，在众人面前责备；大题小做，小题大做；絮絮叨叨，当断不断；认为自己的看法完全正确；假装内行；对别人说部属的坏话；不敢处罚害群之马；察觉不出部属的不满；惑于部属的某种才能；不了解女性特有的心理；不关心部下；评价不公；安于现状应变无方；给部下泼冷水；毅力不足；缺少活力；做事虎头蛇尾；不会说"我们"只会说"我"；专信一人之言；制造派系纠纷；过分表现才智和好恶；亲小人远贤臣；喜欢奉承钻营之徒。

对官角色的认知是全方位的，有情感的、动机的、地位的、态度的、行为的、意志的、品质的、语言的，等等，通过对官角色的分析可知，对他人角色的认知是多线索多渠道的，其中话语和行为是重要的认知手段。

（2）角色语言

角色语言的研究领域涉及领导语言、夫妻交谈、班主任语言、售货员语言、医用语言、教师语言、律师语言、导游语言、军事指挥员的口才、外交辞令、企业管理者的口才、采访中的交谈、怎样和罪犯谈话、怎样和上访者交谈、父母怎样和孩子交谈、怎样和老人交谈、怎样第一次和"她"交谈，等等。这都是角色语言研究的重要内容。

现以医用语言为例加以分析。医用语言应充分考虑病人的心理承受能力，有利于病人的身心健康。得体的医用语言会产生积极的心理疗效，不得体的医用语言会增加病人的心理负担。所以，医用语言既可以治病，又可以致病。语言影响情绪，情绪影响健康。医务人员的语言使用是心理治病的艺术，应该达到下列要求。

第一，应注意语言的安慰性。医生询问病情应委婉谦和，话语亲切，不应冷漠、斥责、催促、命令、鄙视甚至吓唬。

第二，应该注意语言的准确性。准确说明病因、治疗的方法及注意事项。

第三，注意恰当地使用模糊语言。对重病者、癌症病人，可适当采用模糊语言。

第四，语言要注意通俗性、形象性和暗示性。例如，医生解释病情："人体好像一架生产血液的机器，现在出了故障，原来的血液渐渐坏死，人体没有新鲜血液补充"，这是用形象的比喻解释再生障碍性贫血的病症。又如，医生和声细语地告诉早期癌症患者已经给他切除了"小瘤子"，解除了病人的心理负担，利于病人康复。一般说来，对垂危病人用委婉言语和暗示性言语，会避免对病人及其家属的心理冲击和突发事故的出现。作为医生应该有较好的语言素养和高尚的医德，并能得体地运用适合医务人员的角色语言。上述要求构成了医用语言的多层面特色。①

角色语言主要指自然语言。此外，体语等辅助语言也应与言语主体的角色身份相符。就教师的体语而言，在手势运用上，用手对学生指指点点会使学生感到教师态度的生硬和无礼，不利于学生对知识积极的吸收。上课时教师的视线最好能落在每个学生身上，不可只落在几个好学生身上，国内有人对教态已经有较为成熟的研究。②

第三节　话语认知的因素和特点

1. 话语认知的因素

（1）认知者

心理学研究表明，认知者的情感和心态，影响着对他人的认知，过去的经验也会影响对他人的认知。这些因素的参与，影响到认知者通过语言对他人所作的认知，有时，对同一认知对象会产生"横看成岭侧成峰，远近高低各不同"的认知效果。

（2）认知对象

认知对象对于认知者所具有的价值及社会意义不同，认知对象的话语对认知者产生的分量也不同。如果认知对象的话语能给认知者带来鼓励，会引起认知者的兴趣。

（3）认知情境

语言人际认知的情境就是语境，认知者通过言语环境，对他人进行认知。说话的社会文化背景，说话的时间、地点、场合、话题以及说话方式等，都会影响人际认知。

人际认知有时会产生偏差，最为典型的是反映在语言的性别偏见上。

---

① 邓林《医用语言的心理疗效》，南通师范学院汉语言文学学士学位论文，1991，导师孙汝建。
② 陈从耘《教态对教学效果的影响》，《课程·教材·教法》1992年第11期。

由于男性讲话和女性讲话特点不同，由于社会、历史、文化的种种原因，人们对女性的偏见反映到语言中，就形成了语言性别偏见，对此，我们已作过专门研究。①

语言成见和语言感情有着密切的关系。在语言社会中，一些人对本族语或本地方言有一种特殊的感情，操一种方言的人有时对操另一种方言的人持有偏见。如上海人从前看不起讲苏北话的人，操共同语的人看不起操方言的人。

语言的认知偏差体现在对民族语言的成见、对方言的成见、对性别语言的成见、对角色语言的成见等方面。从社会心理的角度可以探究其原因。如前因效应、近因效应、投射作用、社会刻板印象都是语言认知偏差的社会心理原因。如一位老太太没有受过教育，和你谈事情，你可能会从社会刻板印象出发认知她的种种特性，以至产生偏见。总之，语言社会认知的偏差可以从社会心理的多层面进行归因研究。

2. 话语认知的特点

（1）一致性

人们对他人的判断往往是在有限的信息基础上形成的。即使只有一些零散的信息，人们也试图对他人得出一个统一的印象。在对他人作出判断时，人们往往是将他作为一致性印象来观察的，尤其是对他的评价更显示出一致性的特点：一个人不会被看成既是坏的又是好的，既是冷酷的又是热情的，认知者的内部言语和外部言语都会显示出一致性的特点。

（2）印象整理

人们在得到某人的各种不同信息后，如何将这些零散的信息整理成一个统一的印象呢？社会心理学的方法是采用累加法和平均法。累加法是指形成印象时使用各种品质的累加值，即把各种品质的得分相加。平均法是求得各种品质的平均值。我国学者以大学生为被试，研究了几种信息整合

---

① 孙汝建《性别与语言》，江苏教育出版社 1997 年版；孙汝建《汉语的性别歧视与性别差异》，华中科技大学出版社 2010 年第 1 版；孙汝建《汉语性别语言学》，科学出版社 2012 年第 1 版。

模式，认为中国人在印象形成时的信息模式是简单的平均模式。① 另据研究，中国人比较重视伦理道德方面的评价，这可能与中国传统文化中强调道德评价有关。另外，中国人在形成对他人的印象时易受人际关系情境的影响。

---

① 王登峰、陈仲庚《信息整合模型与中国人印象形成的特点》，《心理学报》1987 年第 1 期。

第十章

话语方式与人际沟通

言语交际分为双向的对话和单向的独白，对话是人与人之间的交谈，它具有双向性。人与人之间的称呼、寒暄、客套、对答、交谈、推销、演说、谐音、骂詈、人称等都是不同的话语方式。这里，我们侧重分析与这些话语方式有关的社会、文化、心理问题。

第一节　称呼

在对话中，人们对别人如何称呼自己是十分敏感的，称呼是否得当直接影响交际双方的心理能否相容。称呼可以分尊称和泛称，尊称如：您好、贵姓、尊姓大名、您老辛苦、郭老等。泛称如：张厂长、李伯伯、先生、同志、小姐、师傅。称呼还有褒称、贬称和中性称之分，褒称如：老人家、老同志、老先生、老师傅、老大爷。贬称如：老家伙、老不死、老东西。中性称如：老头、老汉、老头子。随着交际双方身份的变化、关系的变化、场合的变化，所使用的称谓词语也会发生变化。称呼的变化主要受制于下列因素。

1. 权势关系

权势关系是指在年龄、社会地位、社会分工、财富、权力等方面，一方居于优势。如上下级关系、师生关系、长辈和晚辈的关系、主仆关系等。交谈双方处于权势关系时，权势较低的一方常用尊称和褒称来称呼对方，权势较高的一方常用泛称和中性称，以表示亲切。

2. 一致关系

一致关系是指某一点上双方具有共同性，双方是一种平等关系。如兄妹、同事、同乡、同学等关系。处于一致关系的交谈双方用泛称或中性称表示亲近，有时用贬称表示亲昵。

3. 亲疏关系

亲疏关系指交际双方亲疏的程度，是一种容易变化的关系，同一交际对象，可能由亲到疏，或由疏到亲，其相互称呼根据亲疏的程度而定。

4. 角色关系

交谈双方的角色关系会影响称谓词语的运用。苏叔阳《左邻右舍》中洪人杰对李振民在"文革"前后使用的称谓不同。"文革"初期厂长兼党委书记的李振民挨批斗，原为车间主任的洪人杰以左派自居，对李振民说："哼，看你教育的接班人，多么讲礼，你还当过书记呢。""这你清楚哇，亲不亲，阶级分，你什么人，他什么人……再一说，你养花可不是为了消遣，你有寄托呀！"1975年李振民恢复了厂长职务，洪人杰又成了下属，他对李振民说："老想找您谈谈，可在家里总也看不见您。""可说呢，细一琢磨呀，为您！""不知您觉出来没有，您一回厂啊……""您心里跟明镜似的。"后来洪人杰通过钻营调到局里，成了李振民所在厂的上级机关的干部，他又以李振民的上级自居："听说当着上级的面，你就跟我们局长干上了，行啊。""我就是把材料全拨给你，你那厂子，那自动线也上不去！你那儿的情绪不对头……你清楚哇，你管了吗？"由于双方角色关系的变化，人称也随着发生变化。又如戏剧《三滴血》中，周天佑和父亲失散后，来到五台山，遇猛虎追一女子，他从虎口救下那女子，女子感激"相公"的救命之恩，交谈中得知他们是同村人，便以"乡党"互称，后来周天佑离开，女子生怕老虎再来，硬要周天佑留下，又以"哥哥"相称。女子的父母找来后见两人情意相投，对周天佑说："相公，你和我家姑娘就从此认作兄妹了。"由"相公""乡党""哥哥""兄妹"，称谓的变化反映了两人关系的变化。①

5. 交际双方的态度

交际双方的态度会影响称谓词语的使用。曲啸去某市给犯人演讲。一开始就碰到称呼问题。叫"同志"吧，不配。叫"罪犯"吧，有伤自尊心。后来他采用了"触犯了国家法律的年轻朋友们"，全体罪犯听后热烈鼓掌。曲啸对罪犯的态度通过称呼体现出来，有些听众感动得流下了眼泪。20世纪30年代，"左联"党组织称"鲁迅同志"，鲁迅感到是对他的信任和尊敬。他在文章中写道："那些足迹在地上，为了全民族而努力的人们，我得引为同志，是颇感自豪的。"

有时，说话人用与态度不相称的称谓词来表达某种修辞色彩。例如，为了挖苦、讽刺，可以故意混用"你"和"您"。在李云龙《小胡同》中，合线厂的红卫兵大马看破石增福是冒充解放军的鱼店售货员，于是挖苦地说："您是哪个部队的？我怎么闻着您这身上一股咸鱼味儿啊？"苏叔阳《左邻右舍》中的洪人杰，因说话走了火，错被公安人员当作反江青的人物抓起来，粉碎"四人帮"以后被无罪释放。他到处吹嘘"光荣被捕"。当他再次碰到当年抓他的公安人员时就讽刺挖苦地说："哟，您又忙着逮人呐，还认识我吗？江青是个老妖婆？我又骂了，您逮我呀？"这是用"您"这一尊称表示挖苦讽刺。此外，有时还可以用尊称来疏远关系，如果在亲近的人中间一贯用"你"来称呼，突然用了"您"，这意味着关系的疏远，也可以用来调侃。

6. 时代色彩

称呼的时代色彩会影响称谓词语的使用。下列称谓词语具有一定的时代色彩：令亲（对方的亲戚）、令尊（对方的父亲）、令堂（对方的母亲）、冰翁（对方的岳父）、嫂夫人（对方的妻子）、令郎（对方的儿子）、令爱（对方的女儿）。这些称谓词常见于书卷语体，日常谈话很少使用。现在常用的"师傅""先生""女士""小姐""同志"等也反映了时代

---

① 马鸣春《称谓词在戏剧中变换运用的修辞效果》，《新疆大学学报》1984年第3期。

色彩。

"同志"原指志同道合者，新中国成立初期比较普及，"文革"中达到顶峰。"文革"中能否称得上"同志"意味着政治上是否可靠。目前"同志"的使用范围在缩小，使用频率在降低。

"师傅"一词原指"工商戏剧等行业传授技艺的人"。"文革"中"师傅"这一称呼颇为流行，由于当时"工人阶级领导一切"，就使得"师傅"一词在大力提倡"又红又专"的年代普遍流行，工商戏剧界人士固然称"师傅"，就连知识分子也被称为"师傅"。

"先生"一词是学生对老师的尊称，又用作对他人的尊称。在革命战争年代以及新中国成立初期，"先生"在我国多用来称统战对象，《毛泽东选集》中称"先生"的场合和对象充分说明了这一点。目前，"先生""女士""小姐"一类的旧词新用，体现了现代社会的文明和开放。

称呼一般按行业而类化。学校的教职员工，不论是教师还是行政管理人员均可称为"老师"；医院里不论"医生"和"护士"，凡穿白大褂的都称"医生"。当然，对本单位熟悉的人在称谓时一般按内部"行当"区别称呼。

上述因素会综合影响称谓词语的使用。陈松岑对用现代北京话写的八个剧本中的"你"和"您"的使用作过统计，这八部作品中，10岁以下的儿童共6人，共使用"你"或"您"57次，其中38次用"你"，19次用"您"。八部作品中体力劳动者共30人，共使用"你"或"您"301次，其中用"您"120次，用"你"181次。脑力劳动者共12人，共使用"你"和"您"231次，其中用"您"11次，用"你"220次。调查表明："您"的使用频率，儿童低于成人，脑力劳动者低于体力劳动者。儿童在使用"您"时，有一种倾向："您"的使用频率与年龄成正比。儿童使用"您"的频率低于成人，主要是由于儿童不易理解"您"和"你"的使用受交际角色关系的影响。那么，体力劳动者使用"您"的频率为什么高于脑力劳动者呢？陈松岑认为有两个原因。一是北京话的"您"最早出现于通俗文学，而不是经、史、子、集。在现代汉语中"你"更富于北京方言色彩。知识分子受书面语的影响，在口语上更接近普通话，而体力劳动者较少受书面语的影响而倾向于说地道的北京话。二是"您"常用于权势关系中的非权势者对权势者的称呼，体力劳动者长期处于非权势地位，养成了用"您"称呼他人的习惯。①

第二节　寒暄

　　寒暄是人们见面后嘘寒问暖的应酬话，应酬话可以沟通感情，创设和谐的谈话气氛。寒暄语有三种功能。一是敬慕表现。如"李先生，久闻大名"，"见到您，不胜荣幸"。二是攀认表现。如"你是大连人，哟，我们是同乡"，"你上外毕业，我曾在那儿工作过，算是校友喽"。攀认表现往往是利用"同乡""同事""校友""亲友"等沾亲带故的关系来沟通心理。三是问候表现。如"你好""你早""晚安"之类的问候语。寒暄语能产生认同作用，体现人的亲近要求，在言语交际中起情感同化和拉近心理距离的作用。

　　现代日常交际中，语言社会提倡使用各种礼貌用语，这些礼貌用语在言语交际中起很大作用。有一位留学生到英国求学，由于英语基础差，难以与英国人交际。但他凭几句简单的礼貌用语，再加上耐心地听，满脸的笑容，终于使人际沟通产生了良好的效果，并逐渐学会了英语。

　　汉语的礼貌用语有尊敬与谦让之分。在运用谦让语时，"对不起"和"没关系"是结伴而行的。"对不起"是致歉用语，"没关系"表示谅解。例如，我国足球队进军罗马失利回国，某报报道球队回到北京机场的情景，文章标题是《没有眼泪，没有鲜花，没有领导……就是少一句"没关系"》，不说没关系表示缺少谅解，文章读后令人涕下。又如，一位小伙子在公共汽车上踩了一位小姐的脚，小姐骂道："德性。"小伙子回答说："小姐，不是德性，是惯性。"小姐满脸怒气，小伙子连声道歉："对不起，

---

　　① 陈松岑《北京话"你""您"使用规律初探》，《语文研究》1986 年第 3 期。

对不起"。小姐一声不吭，小秋子诙谐地说："小姐，你如果不肯原谅我，你也踩我一脚，一比一平。"小姐这才说一声："没关系。"车厢里发出一阵笑声。再如，一位男士在百货商店选购商品，不小心用手臂擦了一下中年妇女的前胸，男士连忙说："对不起"。中年妇女非但没说"没关系"，反而大喊："抓流氓啊！"一声喊叫引来众多围观者。男士对围观者说："我刚才一不小心碰了这位女士，实在对不起。"接着指了指身边的漂亮少妇说："这是我太太，我们结婚才一个月，我有这么年轻漂亮的太太，难道会在光天化日之下耍流氓吗？"围观者点头称是，一笑了之。这些例子说明礼貌用语是平凡的，但在言语交际中是神奇的。在研究汉语的礼貌用语时，可以适当地吸收古汉语中的寒暄用语，以丰富其内容，增进言语交际效果。

第三节　客套

客套话的使用依赖于言语环境。它随着交际的时间、地点、场合、对象、目的、交际者思想的变化而变化，讲客套话要得体。

语体按其社会功能和语言材料可分为谈话语体和书卷语体两大类。我们曾利用语体研究的成果分析过客套话的语体类型。[①]

客套话有语体的分别。谈话体适用于随意的日常交际领域，如："这诗写得实在不像样子，你们不要笑话我，等我有空慢慢改。"书卷语体运用于庄重的、正式的言语交际领域，如："资质虽钝，但不敢偷懒。倘有余暇，定当在诗海中继续扬帆。"（肖文苑《唐诗琐语·后记》）正式场合讲的客套话带有"慎言性"，即使诙谐风趣也十分注意分寸。而随意场合的客套话，除生疏的谈话者之间较谨慎之外，一般带有随意性或戏谑性。谈话语体涉及面广，交际双方直接接触，表情、态势均可助说话，可省略一些语言上的重复，句子较短，语速较快。而书卷体则较少谈话体中活跃

---

① 孙汝建《客套话的语体类型》，《演讲与口才》1985 年第 12 期。

的因素，较少受特定语境的限制。比谈话体更加简洁、严密、完整，长句多，完全句较多。例如："对不起，我不小心跌了一跤，右腿受伤，走路不便。这次不能到南京参加会议了。你们多次来电请我去，让你们失望，实在抱歉。请大家原谅，向大家问好。"这是用随意谈话的方式对不能参加会议表示歉意。"欣闻江苏省召开语言学会成立大会，并蒙来函邀请参加，不胜欣喜。我因从武汉训诂学会回来后，卧病兼旬，至今尚未痊愈，精神衰弱，故不能参加盛会，至为愧憾。只能请假，至乞垂宥……遥望南国，立树依稀，欲归不得，奈何奈何！"这是朱星教授给江苏省语言学会成立大会的贺信，是典型的书卷体，包含"欣闻""愧憾""至乞垂宥""奈何"等书卷词语，以及"遥望南国，立树依稀，欲归不得，奈何奈何"等书卷语句。

书卷语体中包含几种分体。艺术语体通过各种修辞手段和艺术手段来创造生动形象的话语。其客套话也有文艺色彩。例如："当然我既不能像本领高超的潜水员，入千尺深渊去采撷稀世之珍；也不能像巨舰，按一定的航向去穷搜冥索。我这里所记录的，只是珊瑚的断枝，水族的小贝，一鳞半爪，浮光掠影。十分肤浅和片面。"这是肖之苑《唐诗琐语·后记》中的一段客套话，情调浓郁，颇具文彩。

科学语体是论述自然、社会、思维等的规律，很少使用客套话，即使前言、后记中讲几句客套话，也以平实的说明为多。

事务语体是处理公文事务的语体，客套话多半程式化。例如"简撰""为歉""鉴谅"等。

政论语体是一种宣传鼓动性的语体，较少使用客套话，但有时可用议论的方式讲点客套。如："改订重订自己过去写的一本书，感到愉快，也感到抱歉。愉快，因为看到若干年前的旧作今天还能为社会的需要尽点微力；抱歉，因为若干年过去了，而自己没能在这个领域里拿出新东西贡献给读者，愧对增添的白发，流逝的时光。"（张志公《修辞概要·前言》）

第四节　对答

对答的技巧性直接影响交际效果，美国明尼苏达大学拉尔夫·尼科尔斯博士制定了一套提问与答问的技术要点。提问：忌提明知对方不能或不愿作答的问题，用对方较适应的"交际传媒"提问，切不可故作高深，卖弄学识；适当运用默语，一开始提问，不要限定对方回答，不要随意搅乱对方的思绪；力避你的发问引起对方"对抗性选择"，即要么避而不答，要么拂袖而去。答问：如果没有弄懂对方的问题，可将对方的问题复述一遍；不要把根本不存在的含意硬加在回答中；如果想澄清对方问题的含意或目的，可反过来向对方提出问题；如果回答对方的提问有为难之处，就婉言相告。

对答特别是答话艺术能使心理相容，使谈话气氛和谐。常见的答问方法有以下几种。

1. 以矛攻盾

抗战期间，国民党人问周恩来："三民主义就是三民主义，为什么要加上'革命的'三个字。"周恩来答道："孙中山先生在《建国方略》这部书的开头就说'余所著之三民主义乃革命之三民主义'，我们把'之'改成的'的'有什么不对？"他们又说："你们信仰马克思主义不好，马克思是外国人、是舶来品，不合中国国情。"周恩来回答："你们说马克思是外国人不合国情，这就大错特错了，日本在天空扔炸弹，地上老太婆听了念阿弥陀佛，这里的'飞机''炸弹''阿弥陀佛'都是外国货，从来没有人说不合情的。"

2. 歪问怪答

1935 年，巴黎大学举行博士论文答辩会，法国主考人向陆侃如提出一个问题："《孔雀东南飞》这首诗里，为什么不说'孔雀西北飞'？"陆侃如对这一怪问题作了怪答，他想到古诗十九首中有"西北有高楼，上与浮云齐"的诗句，答道："西北有高楼。"意思是西北有高楼，高耸入云，孔雀只能往东南飞。这是一种歪问怪答。

3. 出奇制胜

陈浩泉在小说《选美前后》中写"香港小姐"选美时应答的技巧，司仪问参赛的杨小姐："假如你在下面的两个人中选择一个做你的终身伴侣，你会选谁呢？这两个人一个是肖邦，一个是希特勒。"杨小姐回答："我选希特勒，我希望自己能感化希特勒，如果我嫁给希特勒，肯定二次大战不会发生，也不会死那么多的人。"这种回答出乎人们意料之外，但又在情理之中。

4. 避实就虚

周恩来在一次答记者问时，有一个西方记者问他："中国发行了多少人民币？"这一问题涉及机密，他避开实质，诙谐地回答："拾捌元捌角捌分，一张拾元的，一张伍元的，一张贰元的，一张壹元的，还有伍角的、贰角的、壹角的，伍分的、贰分的、壹分的，加起来是拾捌元捌角捌分。"

5. 巧妙反问

1972年5月27日，美苏关于限制战略武器的四个协定刚刚签署，基辛格向随行的美国记者团介绍情况。当他谈到苏联生产导弹的速度每年大约是250枚时，一位美国记者问："我们的情况呢？我们有多少潜艇导弹在配制分导式多弹头？有多少'民兵'导弹在配制分导式多弹头？"基辛格回答说："我不确切地知道正在配制分导式多弹头的'民兵'导弹有多少。至于潜艇，我的苦处是数目我是知道的，但我不知道是否保密。"记者说："不是保密的。""不是保密的，那你说有多少呢？"这一反问，十分巧妙，把难题自然地踢给对方。

6. 旁敲侧击

一位中国女作家访美期间，有一位美国记者问她："听说你还不是中共党员，你对中共感情如何？"女作家回答说："是的，我不是共产党员，可是我和我丈夫的感情一直很好，我丈夫1948年入党，我们1950年结婚，30多年来未红过脸吵过架。"这里，女作家旁敲侧击地做了恰当的回答。

第五节　交谈

俗话说，"言为心声"，"话无定格，水无常形"。交谈是使用语言沟通心灵的方式，它没有太多的固定格式，但它应服从心理沟通的需要。交谈时应该用语言去拨动对方的心灵之弦。人有各种各样的需求，如生存的需求、安全的需求、归属的需求、自尊的需求、求美的需求、求知的需求、自我实现的需求，等等。交谈者应该具备健康的心理，要乐观不要悲观。有人请教一位哲学家乐观和悲观有什么不同，哲学家指着面前的半杯水回答："乐观的人会高兴地说'我又有了半杯水'，而悲观的人则失望地说'我失去了半杯水'。"乐观的人说起话来总会给人以一种积极的情绪感染，而悲观的人总会给交谈带来灰暗的色彩。要豁达不狭隘，豁达大度的人猜疑少，能坦诚地与他人沟通。要热心不冷漠，热心能形成和睦的交谈气氛，冷漠的人用灰色眼镜看世界，与人交谈时心理上总有一座无形的墙。只有公正不偏见，不以势取人，不以貌取人，不以偏概全，才能平等交谈。交谈中故作谦虚、滔滔不绝、牢骚满腹，都会影响到言语交际效果。总的说来，交谈应该讲究得体性和策略性。

1. 交谈的得体性

交谈的得体性是指有的放矢，看对象说话，看场合说话，使交谈适合语境。

与女性交谈应考虑女性的心理。有人做过一次有趣的实验：冬天电影院里常有女观众戴帽子，影响后面的观众看电影。放映员多次打出字幕"放映时请勿戴帽"，但无济于事。有一天，银幕上出现了一则通告"本院为了照顾年老的女观众，允许她们戴帽看电影"。通告一出，所有的女观众都摘下了帽子。男女双方交谈时似乎有一种维护各自性别利益的倾向。有这样一项试验：对"女人如果没有了男人就恐慌了"这句话，男生标点成"女人如果没有了男人，就恐慌了"，而女生标点为"女人如果没有了，男人就恐慌了"。这个带有戏谑性的例子说明了男女有维护各自性别利益的倾向。

　　与儿童交谈则应考虑儿童心理。儿童的语言可塑性强，最善于模仿。我们应该在交谈中积极引导。根据儿童语言的特点加强心理沟通，比如运用重叠词、拟声词，围绕他们的学习生活展开交谈。

　　与有官僚习气的人交谈，要特别留心他的弦外之音，透过话语的迷雾，捕捉真正的话语信息。这些人爱用"考虑考虑、研究研究"之类的词语，往往使你"丈二和尚摸不着头脑"。他们还爱讲套话，例如，《风息浪止》中周长胜对下级的谈话："对于她的材料，还是要核实一下，该肯定八十条的，不要说成八十一条，也不要说成七十九条。""二二得四，不是三，也不是五。"（屠格涅夫《烟》）"同志们，我们一定要努力工作，就是说第一要努力，第二要工作，第三要努力工作，只努力不工作不行，只工作不努力也不行，既不努力又不工作更不行。"（王蒙《听同义反复万无一失的谈话》）

　　与教师交谈常常会有"胜读十年书"的感受。古往今来对教师语言的要求一直很高。可惜有些教师言语干瘪，不能吸引学生。陈建民在《说话艺术》一书中讲过一则笑话：小学一年级有篇课文《祖国的森林》中有一句话："你看，黄莺在愉快地歌唱"，有个小学生问老师："老师，这里为什么用'愉快'而不用'高兴'啊？"教师对这突如其来的提问一时慌了手脚，就问学生："同学们，你们说这里用'愉快'还是用'高兴'啊？"同学们异口同声地说："用'愉快'！"教师对提问的小朋友说："你看，大家都说用'愉快'，还是用'愉快'好吧！"教师本人没有讲清道理，而是用表决的方式来解决问题。这类情况在小学的讲台上时有发生，在交谈中也屡见不鲜。

　　与外国人交谈就应该考虑他的文化背景。中国人见面用"你吃了没有？"作为招呼语，这是由于中国人打招呼时注意与即时情景相结合。"小姐，你长得很漂亮。"外国女郎听了会感到格外高兴，中国姑娘听了就会认为不够庄重。西方人对你说"You are a Luke dog"时，你千万别以为他在骂你，他是在说你是一个幸运儿，因为"狗"在西方是一种宠物，"狗"

往往用于褒义。西方人比较强调自我意识，常用"I"（我），中国人提到自我时，往往用"我们""我以为""我们以为"以表示谦虚。有一次，一位西方记者问刘晓庆："你认为中国最优秀的电影演员是谁?"刘晓庆说："我。"对此，西方人赞扬她勇敢，中国人批评她狂妄，反映出中西方语言文化的差异。

2. 交谈的策略性

为了提高言语交际的效果，要注意交谈的策略性。

（1）要有诚实之心

诚则灵，如果无诚意甚至带有恶意，非但难以沟通感情，还会破坏交谈气氛。20世纪50年代初北京大学校长马寅初访问西欧，有个资产阶级政客向他提出一个挑衅性的问题："听说你们国家青年男女结婚前没有见过面，是吗?"马寅初从容回答说："是的，我们国家青年男女结婚前未见过面，那时农村还有包办婚姻，可是结婚后是天天见面的；你们国家呢，结婚前是天天见面的，结婚后是天天不见面的，是不是呀?"

（2）要多关心和考虑对方

交谈时要多从对方的角度考虑问题。1953年中苏会谈时，苏军中尉在翻译周恩来的讲话时，译错了一个地方。在场的苏军司令大为恼火，要撕下中尉的肩章和领章。周恩来温和地说："两国语言要做到恰到好处的翻译是很不容易的，也可能是我讲得不够完善。"周恩来从对方的角度给予关心，缓和了当时的紧张气氛。

（3）要考虑对方的心境

清代朱柏庐在《治家格言》中说："莫对失意人，而谈得意事。"在失恋者面前不宜多谈恋爱的欢愉；要善于倾听别人的诉说，以排解忧愁。例如，有一位斯特劳医生接到一位陌生人打来的电话：

"对不起，太太，您是谁? 我好像不认识您。"

"我实在受不了了。我要和他一刀两断，这个无赖。"

"我是斯特劳医生，请问您找谁?"

　　"这个混蛋骗了我好几年，背着我和另外一个女人睡觉，把我和孩子丢在一边不管。"

　　"对不起，太太，您是谁？我好像不认识您。"

　　"他挣的钱一分也不往家里拿，叫我们娘儿几个用什么过日子？"

　　"太太，我不认识您，您拨错了。"

　　"什么，我错了，我根本没错。"

　　"太太，我不认识您。"

　　"对不起，我知道你不认识我，但我心里的话总得跟人说啊！谢谢您听完了我的话，我的感觉现在好多了。"

　　原来这位太太和丈夫不和，怨气无处发，随便拨动了一个电话号码排泄一下怨气。斯特劳医生耐心听完了她的诉说，她感觉好多了。在交谈中如果能为对方分忧解难，一定会引起心理上的共鸣和感情上的沟通。

　　此外，还要注意几项交谈原则。交谈时不要使对方难堪，不要当众说对方的短处或隐私，要诚恳地赞扬对方的优点，认真倾听对方说话，讲究言语的幽默感。这样做了，交谈就可沟通心灵。

第六节　推销

1. 推销和语言

　　"推销"一词在商业经济中原指推销员推销商品。在现代市场经济中，推销的含义正在拓宽，它不仅仅是指推销有形的产品，还包括推销无形的作为潜在生产力的科技以及个体和社会组织的社会形象。

　　推销具有互利性、关联性、技巧性的特点。互利性是指推销方和接受推销的另一方能双方有利，关联性是指推销是一个与社会经济背景、市场预测、产品计划、价格核定、促成销售、售后服务等因素相关联的活动过程，技巧性指推销的方法、手段和技巧。

　　推销有面对面的直接推销，包括柜台推销、超级市场开架销售和送货上门。还有通过广告、商品命名、包装、招牌来间接地向社会推销产品和企业形象。两种方式结合效果更佳，如消费者通过电视展销会的推销形式就汇集了两种推销形式的长处。推销不仅有追求经济效益的利润导向，而且有追求社会效益的形象导向。无论是何种形式的推销，无论是推销产品还是推销形象，都离不开语言这一重要的工具。

推销语言具有情感性、激励性、对象感、语境感。推销语言的情感性，是指通过语言沟通双方的情感。语言是表情达意的工具，推销过程中的礼貌语言是最明显的情感化的语言，情感化的语言是促使推销活动正常运转的"润滑剂"；推销语言的激励性是指语言在推销过程中具有激励力量，引起信息的互动。例如，日本一家冷饮店在出售饮料的同时推销鸡蛋。起初，推销人问客人："要不要鸡蛋？"结果有一半人不要，后来一位心理学家建议改用另一种问话方式："你要几个鸡蛋？"问话方式改变后，鸡蛋销售量猛增。这是利用心理定式激励顾客。推销语言的对象感是指要针对特定的消费对象，分析不同消费者的需求情况和消费心理，对不同"角色"的消费者，进行不同的语言诱导。这种"见什么人说什么话"的艺术在推销过程中就是对象感的体现。推销语言的语境感，是指在不同的言语环境中说恰当的话，推销的语境不同，推销语言的特点和说话方式也不同。

推销语言总的要求是：必须准确传递推销信息，以满足消费公众的需求和消费心理。消费公众有多种多样的需求，如饮食需求、着装需求、居住需求、乘车需求、娱乐需求等，消费公众同时还有各种各样的消费心理，如求廉心理、节时心理、健美心理、色彩心理、攀比心理、求名心理、时尚心理、优越心理、猎奇心理，等等。消费公众根据自己的需求和心理筛选推销语言中的信息，对与之相关的信息加以注意并发生兴趣。这时，推销语言要发挥充分的诱导作用，对商品作中肯的评价并让消费者信服，促使其购买，并引起消费公众的愉悦反应。白云山制药厂在广告中声称实行五包：一包产品质量造成的问题，二包产品运输中的损耗，三包产品降价后销售商的经济损失，四包药品被淘汰后销售商的经济损失，五包超过有效期后的库存损失。他们说到做到，1984 年，国家公布了 136 种药品降价，该厂主动包赔了 100 多万元。消费者对此举十分赞扬，该厂产品更为畅销。声誉对企业的形象至关重要，推销语言要能树立声誉，引起消费者购买时的愉悦，并能引起售后愉悦。

2. 价格语言

价格的高低是推销活动中最敏感的心理问题，它是双方经济利益的核心。我国目前的价格体制，除统一定价外，还有浮动价格、工商协商价格、议价、集市贸易价等多种形式。商品的价格要充分考虑消费公众的心理承受。消费者对价格具有感受性，一种价格往往由于消费者的感受不同会出现不同的贵贱评价。价格上浮会引起消费公众的敏感和情绪波动，价格政策的变化会带来一定程度的人心浮动。另外，消费者还根据价格推知产品的档次，或根据档次推知产品价格。因此，价格语言应针对价格心理的这些特性，使其在推销过程中发挥调节消费者心理的作用。

（1）标价语言

标价语言能影响购买者的价格感觉。为了让购买者对价格有一种信任感，标价时可以采用以下几种方法。

①非整数法。就是给商品价格标一个非整数价格。例如，笔者曾与李树平合作撰写《取名的学问》一书，1989 年 8 月由江苏人民出版社出版，第一次印了 1.5 万册，第二次印了 2.6 万册。本书标价 0.98 元，在顾客心理上会觉得"连一块钱还不到"，感到很便宜。另外，非整数价使消费者感到定价是认真的，对价格有信任感。

②谐音法。我国广东和港澳市场，消费者对用 8 标价的商品尤为偏爱。因为 8 和"发"谐音，有"吉祥""发财"之意。这种企求吉利的消费心理在内地市场也有程度不等的反映。

③价格对比法。这是一种与正常价格比较的标价方法。例如一件衣服，标上原价 128 元，现价 112 元，会引起消费者的购买欲。当然，商品的降价幅度一般控制在 10%—30% 为宜，大幅度降价反而会使消费者产生怀疑，"一分价钱一分货"，"好货不便宜，便宜无好货"就是这种心理的

反映。有时服装市场上会有一种反常的趋贵心理，160元一件的衣服无人问津，标为1600元，却有可能变滞销为畅销。

④内容显示法。这是以多项内容来显示商品价格的做法。例如："成套化妆品，每盒60元。内有胭脂、口红、眉笔、香水、洗面粉、润肤膏、指甲油等"，使消费者感到60元能买到这么多的东西，从而减轻了价格昂贵的心理压力。

（2）报价语言

自从市场上有议价和集市价，购买过程中的讨价还价就经常发生。成功的推销或销售往往是先诱导、吸引、刺激顾客，然后用巧妙的语言报价。人们有时逛商店并无选购商品的明确目的，他们是潜在的消费者。他们是诱导、吸引的主要对象，售货员可说："您需要什么，请随便看看。""你可以试试，说不定很合身呢。"等等，先把顾客吸引住。如果顾客拿不定主意，可以用激励、劝说的方法："这种款式不多，别错过了机会。"接着详细介绍商品的款式、质料、做工等优点。当顾客问价时，推销者的报价语言就发挥作用了。一般报价采用下列方法。

①化整为零法。将总价格化成零价报出。例如，订一份杂志，不讲一年120元，而报一个月10元，给人以便宜的印象。

②比较报价法。例如，"每月少抽两根烟，就能买下这本书了"。企业百科全书中的推销语言"书与酒，价格相同、价值不同"。就是用了比较的方法。

③反问求证法。当顾客问价时，你可反问："您愿出多少价钱呢?"对方报价后，你再权衡。

④强调好处法。报价前多强调好处，减少对方的价格心理压力。例如，对方问价："羊毛衫多少钱一件?"这时你可以回答："正宗纯羊毛标志，189元一件。"这时顾客的注意力被吸引到"正宗纯羊毛"上，会觉得价格合理。

3. 柜台语言

柜台语言是一种服务性的礼貌语言，在销售过程中，见顾客要招呼，接待要有解说，售后要道别，这是柜台语言的基本要求。

招呼语言要讲究礼貌原则。如顾客排队买彩票，等到他排上号时，彩票卖光了。营业员应该用同情和安慰的口吻致歉："对不起，今天彩票卖光了，请您明天再来看看。"这比硬邦邦的"没有了""卖完了"要容易接受得多。当顾客询问价格时，如果冷冷地回答："自己看价格表！"这种拒人于千里之外的接待语言是很难引起顾客的购买欲的。

接待顾客要耐心解说，避免刺激性的语言。例如，一位中年妇女跑了许多鞋店，得到的回答大多是："你这么胖的脚，哪能穿中跟鞋。"但是，有一家鞋店的营业员说她的脚"丰满了些"，并建议她是不是买一双低跟鞋，中年妇女便乐意地买了。

道别是售后服务的重要一环。道别时可以真诚地祝愿，说一声"一路平安"。对购买结婚用品的顾客说一声"祝新婚快乐"。还可以关切地提醒，如"请带好自己的东西"。可以热情地指明购买其他配套商品的地点。用得最多的道别语是向顾客表示感谢，欢迎他（她）下次再来。

4. 命名语言

企业或商店的名称，也是推销商品的宣传手段。"金字招牌"为消费公众所接受，也是推销活动成功的奥秘。从传递信息的效果来看，招牌名称要做到易听、易说、易读、易写。从社会心理来看，还要注意到名称的寓意、个性、音韵、联想等。有一家监狱工厂，生产的针织内衣质量好，价格合理，因内衣上标有"监狱工厂"字样，引起消费者的忌讳。后改了厂名，并配以"蓝质牌"商标，产品才得以畅销。

招牌命名可以根据经典文献命名。江苏如皋市一家饭店命名"尔雅饭店"，取汉代《尔雅》书名，"尔"者，"接近"也，"雅"者，"正"也，即饭店价格近于公正。上海杏花村酒家源于"借问酒家何处有，牧童遥指杏花村"。可以用地名取名，如"金陵饭店"，其名源于南京古称"金陵"。可以借传说取名，如西安"贵妃饺子店"，传说杨贵妃在华清池沐浴后吃了鸡翅膀肉馅的蒸饺赞不绝口，据此取名。可以取吉利之名，如上海"永安"公司、南京的"李顺昌"西服店。可以以愿望取名，如"利民皮鞋厂""龙门酒家""健步皮鞋店",等等。

中国人给产品命名有自己的传统特色,常见的命名方式是:以产品的性能和功能命名,"生发油"表示促进头发生长,"爽身粉"表示此粉能使皮肤干爽;以产品的产地命名,如"川贝液""龙井茶""茅台酒";以产品的发明者命名或以对该产品喜爱的名人命名,如"张小泉剪刀""东坡肉"等;根据商品的形状命名,如"宝塔糖""八卦丹""水仙牌洗衣机"等。产品的命名要注意可读性、首创性,并富有联想性。奥琪是英文 AN-GEL(安琪儿)的谐音。使用这种美容霜的顾客会联想到天使。

第七节　演说

1. 演说传播

演说传播是演说者通过话语把信息传递给听众,并使听众产生反应的言语交际过程。演说传播的实现离不开四个条件。一是信息代码具有共享性。演说者使用的语言等信息代码应该是听众所能理解和接受的。二是依赖于一定的人际关系。没有人际关系做背景,信息就不可能传播。演说者在演说过程中与听众构成何种人际关系,相吸还是相斥等是影响演说传播的直接因素。三是传播媒介。听众是最直接的最活跃的传播媒介,广播电视是跨时空的传播媒介,但最终要通过人起作用。四是传播方式。包括单式传播和根式传播。演说传播是向听众传递信息的过程,这个过程必须有演说者、听众和信息场三个因素相互作用,演说的功能在三要素的相互作用中才得以实现。

演说者是演说活动的主要因素。演说者必须具备洞察民心、收集信息、创作演说辞、表达、吸引听众和论辩的能力。除了这些之外,还应具备政治、心理、语言、艺术等素养。还要善于叙述、描写、议论、抒情、说明、演示、组织、修辞。

演说者的能力、素质、技能有以下要求。

第一,能力要求。①洞察民心的能力:演说者要捕捉舆论热点,从群众心理中提炼时代精神。②信息收集能力：信息是演说的资源，演说者要善于捕捉社会信息核心。③演说创作能力：演说者要勤于积累素材，善于构思演说计划，巧于艺术表现，创作出感人的演说辞。④演说表达能力：演说者要有较高的语言表达能力，选择语言材料，组织话语，传递话语信息。⑤演说吸引能力：演说要讲究事实，使话语具有逻辑性。语言生动活泼，充满感情，能吸引听众。⑥论辩能力：演说者要善于运用逻辑规律，富于雄辩才能。

第二，素质要求。①政治素质：演说者的政治方向和品质是演说成功的本质因素。②心理素质：演说者要具有良好的认知品质，有敏锐的观察力，集中的注意力，牢固的记忆力，丰富的想象力，良好的思辨力，还要有高尚的情操，坚定的意志和健全的性格。③语言素质：语言是演说的工具，演说者是否熟练掌握语言知识和言语技巧是演说成功的关键。④艺术素质：演说者要善于运用幽默、讽刺、白描等艺术表现手法。⑤知识素质：演说者要博学多识，融会贯通。

第三，技能要求。在使用语言时要善于运用叙述、描写、议论、抒情、说明多种表达方法，讲究修辞。听众是演说的接受者。他们接受演说中的知识信息和感情信息。听众有各种各样的类型和层次，但他们都会对演说的深度、演说者的态度等做出评价。演说者的思想与听众有无距离，听众听了演说后产生什么效果，演说者的演说是单向灌输还是双向交流，这些都直接影响听众对演说的接受。

2. 演说的效应

演说效应分"凤头""猪肚""豹尾"三种。分别表示演说开头、中间段落和结尾的艺术效果。

凤头效应。凤头效应是指与他人接触时，最初得到的信息对印象的形成所产生的作用。听众是通过演说的开头语来形成第一印象的。开场白能给人以深刻的第一印象，演说在最初几分钟内，听众最容易集中思想，由无印象到有初步印象。所以说"欲察演说家是否善辞令之才能，只听其发端数语，即可知之"。演说开头的常见方法有：从演说的题目讲起，从演说的缘起讲起，从演说的主题讲起，从当时形势讲起，从具体事件讲起，从小故事、寓言、童话、笑话、名人警句、意外情况讲起。凤头效应在演说中要求产生良好的第一印象。或开宗明义，揭示论题；或渲染气氛，沟通感情；或提出问题，启发思考；或交代背景，说明情况；或喻之以理，赋之以美；或风趣诙谐，引人入胜，这些都会产生演说的"凤头"效应。

"猪肚"效应。"猪肚"效应是说演说的中间段落内容要丰富，有如猪肚应有尽有。演说的中间段落在内容方面要达到：材料真实可信；立意新颖；主题鲜明集中；思想深刻，情理交融；有的放矢，对症下药；具有启发性和鼓动性。在形式方面要达到：条理清楚，合乎逻辑；交代照应，过渡自然；生动形象，亲切感人；起承转合，造成气势；语言精练，自成风格。

"豹尾"效应。拿破仑说："兵家成败取决于最后五分钟。"演说也是如此，演说的结尾应给人以回味，有"余音绕梁三日不绝"之妙。演说的结束语能给观众以最深的印象。据心理学研究，一段话的最后一句往往能给人以深刻的印象。美国作家约翰·沃尔夫说："演讲最好在听众兴趣未尽时戛然而止。"演说结束语的安排，常见的方法有：用比较的方式结尾，用赞语结尾，用鼓动语结尾，用誓言结尾，用幽默语结尾。以诸如此类的方法结束演说，所收到的效果犹如豹尾，给人无穷的回味。

3. 演说与信言

《老子》曰"信言不美，美言不信"，意思是说"真话不漂亮，漂亮非真话"。我们认为，信言和美言并不矛盾，真话和巧语互不排斥。在演说时，"信言"往往比美言效果更好，因为人们喜欢真诚。英国伦敦广播电台在第二次世界大战中如实报道英军在各个战场上节节败退的消息，让人民知道事实真相后，激发人民同仇敌忾奋起反抗。1952年尼克松到处进行副总统竞选演说，正当投票时，新闻界披露了尼克松曾经接受加利福尼亚州某些商人的贿赂。社会舆论一致认为，尼克松不能担任总统。尼克松发表了电视演说，叙述了"贿赂"事实："在竞争开始，我们的确得到一件礼物。一位住在得克萨斯州的人听到帕特（尼克松夫人——引者）在广播中提到，我们两个孩子希望有一条狗。信不信由你，我们进行这次竞选旅行动身的前一天，得到火车站的通知，说那里有我们一件包裹，你们知道这是什么东西吗？它是一只西班牙长毛小垂耳狗（电视上出现了这只狗），身上有黑白斑点，它装在一个板条箱中，从得克萨斯州远道送来的。我们六岁小女儿把这只狗叫切克尔斯。你们知道，孩子们是喜欢这样的小狗的。正好在此刻我要讲这件事，不管他们对此说了些什么，我们一定要养这只狗的。"尼克松没有为维护自己的"光辉形象"而抵赖和辩护，而是和盘托出事实真相，尼克松的坦诚演说，赢得了选民的信任。

4. 演说与美言

演说不仅要"信言"，同时还需要"美言"。李燕杰在《演讲美学》中总结了他的演说艺术：相声般的幽默，小说般的人物形象，戏剧般的矛盾冲突，蒙太奇的手法，诗朗诵般的激情。这五个因素是演说语言达到美言境界的必备条件。

幽默。幽默可以缓和紧张严肃的气氛，营造轻松愉快的氛围。美国人对美国选民的民意调查表明，有77%的人认为总统应富有幽默感。美国总统里根有一个由6位幽默大师组成的幽默智囊团。休斯敦的一位演说家、作家兼演员约翰·沃尔夫说过："据我所知，使用幽默力量的一个重要目的，是让听众喜欢演说人及其演说。"例如，有一位青年正准备演说，主持人问："你叫什么名字？""德克。""哦，你是得克萨斯来的？""不，我来自路易丝安那。""那么你为什么叫德克？""唔，我宁可叫德克，总比叫路易斯好。"德克开始演说时讲道："朋友们，我把自己出卖一下，我叫德克，不过我不是得克萨斯州人。"幽默的开场白产生了凤头效应，情趣盎然的开头能引人入胜。如，一位黑人对白人演说，他的开场白是："女士们、先生们，我来到这里，与其说是发表讲话，还不如说是给这一场合增添一点颜色。"幽默的话语使听众兴趣盎然，如果演说过程中出现人为的干扰，就可以用幽默的话语来解围。如演说家麦法伦在演说结束后让听众提问题，有一个人挤上前来发表了滔滔不绝的讲话，讲完后麦法伦问他："你是否可以将刚才的话重复一下？"一句话引起一阵哄笑。如果在演说中出现非人为的干扰，如突然灯灭了，你可以说"我们这个月可能没付电费"以缓和会场情绪。运用幽默时应注意：不要事先暗示听众"我给你们讲一个笑掉牙的故事"。这样做不会带来意外的惊喜与欢笑；应根据不同类型、不同文化层次的人以及不同情境来讲幽默故事；应该紧扣演说的主题，使幽默故事和幽默语言完全为演说主题服务。

人物形象。演说中对人物的描述可借用小说中人物形象塑造的方法。

矛盾冲突。没有冲突就没有戏，人物形象应该在戏剧性的矛盾冲突中站立在听众面前，闻一多的《最后一次演讲》中，对李公朴形象的塑造，《永存的慰藉》中对蒋筑英形象的塑造均采用了这种方法。

蒙太奇手法。蒙太奇是材料的剪接、组合和跳跃，慢镜头、大特写、近镜头、远镜头，等等。这里借用电影术语来说明演说的穿插方法。演说开头可以用楔子建立同听众的联系，所谓楔子就是在演说前先加上一些能使听众感兴趣的语料。1954年8月7日，法国总理孟杰斯·法朗士在一次广播演说中用了一段楔子："八月中旬正是你们中间很多人休假的时候，我想我如果打断你们片刻的休息时间，说几个跟你们关系重大的问题，你们是不会对我反感的，因为这些问题事实上与大家都是休戚相关的。"在衔接过程中，你可以利用幽默故事、名人警句、寓言典故等，还可以穿插一些个人经历、轶闻趣事，要学会使用应变的方法。传说有一个军阀对下属训话时，把"文墨之士"念成"文黑之士"，秘书给他纠正后，他继续说："难道我不知道你们是文墨之士吗？我嫌你们太土了，特意去掉这个土字，让你们都做气派的文墨之士。"

激情。演说的激情要诗化，这样才有鼓动性，才有审美价值，这就要求演说语言既要口语化又要有意境，林肯《葛底斯堡演讲》中有十个句子，600余字，全部演说不到三分钟，但博得在场1.5万听众经久不息的掌声。演说具有强烈的激情，手稿被藏入国会图书馆，演说辞被铸成金文放在牛津大学，作为英语演说的最高典范。1904年英国首相丘吉尔在议会上的就职演说以诗化的激情和意境成为不朽文献。再如《高山下的花环》中的雷军长"甩帽"式的演说，也以令人难忘的激情使人激动不已。

第八节　谐音

1. 不懂谐音就不懂得汉语

谐音作为一种语言现象普遍存在于各种语言中，汉语中大量的同音字词和近音字词，为谐音的产生提供了语音基础。潘文国指出："如果考虑到汉字形音义一体的本质，我们马上会发现同音字多的问题不仅不是汉语的一个弊病，而且是汉语的一项重要特色。整个汉语文化，甚至可以说是一种谐音文化；整部汉语使用的历史，可以说离不开对同音字现象的妙用、巧用。可以说不懂得汉语的谐音之妙，就不曾真正懂得汉语。"① 所谓谐音，是指语言运用过程中借助于音同或音近的语音特点来表达意思，从而产生一种特殊效果的语言现象。如：

> 口湘糖饭店，谐"口香糖"
> 优视眼镜，谐"优势"
> 睛喜眼镜，谐"惊喜"
> 睛益眼镜，谐"精益"
> 睛之彩眼镜，谐"精彩"
> 好饰多饰品，谐"好事多"
> 爱不饰手，谐"爱不释手"
> 饰觉，谐"视觉"
> 珠宝饰界，谐"珠宝世界"
> 我的饰界，谐"我的世界"
> 风靡衣室，谐"风靡一时"
> 衣生美丽、有衣家外贸、衣见钟情、从衣而终，这里的"衣"均
> 谐"一"

---

① 潘文国《字本位与汉语研究》，华东师范大学出版社 2002 年版。

衣衣不舍，谐"依依"

丝念发型，谐"思念"

食全食美，谐"十全十美"

非尝6＋1，谐中央电视台"非常6＋1"节目

姻为有你婚姻中介，"姻"谐"因"

常来常网网吧，"网"谐"往"

美家美户环保科技有限公司，谐"每家每户"

　　谐音是一种艺术形式，它源于语音相同或相近的特点，同时又基于特定的民族心理。

　　2. 谐音中的避邪祈福心理

　　每逢春节前，人们将大大的"福"字倒贴于门上，曰"福到了"。

　　天津杨柳青、苏州桃花坞的木刻年画，用"鹿"谐"禄"，用"鱼"谐"余"，用"冠"谐"官"，用"猴"谐"侯"。

　　闻名于世的北京恭王府，和珅曾在他的恭王府门廊边框上雕刻了九千九百九十只蝙蝠，建有形似蝙蝠的池塘，名曰"福池"，又建有"蝠厅"，皆用"蝙蝠"的"蝠"谐"福"。

　　打碎了东西时，会说"岁岁（碎）平安"。行船的人吃鱼不翻鱼，"翻"与"翻船"的"翻"同音。

　　汉民族乃至整个人类，自古以来认为语言有着超自然的精神力量，它们能降福施吉，也能招灾引祸。他们企图借语言的为善能力求吉祈福，对语言的为恶能力，则用禁忌加以回避。

　　3. 谐音中含蓄内敛的审美心理

　　"东边日出西边雨，道是无情却有晴。"以天气的"有晴"与"无晴"来暗示人与人之间的"有情"与"无情"，巧妙地运用双关和谐音，把两种并不相干的事物巧妙地串联在一起，从而造成一种旖旎妩媚的诗美。"乘月采芙蓉，夜夜得莲子"以"莲"谐"怜"，"莲子"即"怜子"。此外，还有以"仁"谐"人"，以"丝"谐"思"，以"篱"谐"离"，以

"柳"谐"留"。这些谐音的运用避免了单一意义表达的直白与单调。借所谐之音，虚实相生，所表之义，含蓄雅致。

4. 谐音引发的丰富联想

无论是"鹿"谐"禄""鱼"谐"余"，还是"晴"谐"情""丝"谐"思"，其间都是由此及彼的关系，与汉人善于联想的民族特性是密切相关的。心理学家认为：任何两个在意义上距离遥远的概念，只要经过不多几步的中间联系，便能从一个概念过渡到另一概念，由此而及彼。谐音表达中的两种事物或行为，本来都是毫不相干的，就因它们之间的语音相同、相近，汉人丰富而奇特的比附联想便能借"语音"这座桥，使其"天堑变通途"，妥帖自然地暂时联系到一块儿，从而曲折地反映客观现实。①再如：

> "屋美价廉"，"屋"谐"物"
>
> "尚街"，谐"上街""时尚之街"
>
> "享寿药店"，"享寿"谐"享受"
>
> "蒸霸天下"，谐"争霸"
>
> "蜀一蜀二"，谐"数一数二"
>
> "来湘惠"，谐"来相会"

按照认知心理，谐音所蕴含的语义，会激活人脑中一大片相关语义节点，激活复杂、多样的语境假设，调动关联联想来满足人们对谐音意义的理解。

5. 谐音中的好奇心理

> 名洋烟酒，"洋"谐"扬"
>
> 杨名电动车，"杨"谐"扬"

---

① 王苹《汉语谐音表达的客观基础》，《修辞学习》2000 年第 2 期。

最爱衣尚，"尚"谐"裳"

伊库，谐"衣裤"

鑫旺酒馆、鑫邦钢构，意为财源滚滚，也谐"兴旺""兴邦"

顺鑫酒店，谐"顺心"

伊加伊布艺、依嘉伊精致婚典、伊嘉伊服饰，"伊"谐"一"，意思为"一加一"

喜得好洗衣中心，"喜"谐"洗"，又有喜庆之意

海市盛楼，"盛"谐"蜃"，又有盛大之意

喜善佳喜婚庆公司，"喜善佳喜"谐"喜上加喜"

中依推拿诊所，"依"谐"医"，同时"中依"谐"中意"

霖珑阁私房菜，"霖珑"谐"玲珑"

国燕小吃，"国燕"谐"国宴"

在这些谐音中，标新立异心理可见一斑，谐音的运用满足了人们的好奇心理。

公众对谐音现象一直有不同的看法，反对者有之，赞同者亦有之。谐音在某些广告或标语中的使用显得低俗、让人不悦，引起了很多人的不满与反对。谐音是一种手段，运用得当，会产生积极的修辞效果，当然，某些低俗的、过于牵强附会的谐音现象应杜绝。

第九节 骂詈

1. 行为与心理是一张纸的两面

骂詈就是骂人。骂人是一种行为，但这种行为也是心理的折射，因为行为与心理是一张纸的两面。

自古至今许多人喜欢骂人，不开心要骂，开心也要骂，上阵打仗前骂一阵叫"骂阵"。骂人的方式也是五花八门的，有絮絮叨叨的骂，有破口大骂，有一把鼻涕一把眼泪的骂……骂人已经渗透到社会生活的各个方

面。但骂詈语既可以是恶意的，也可以是无恶意的。

中国人骂人，核心是骂娘，但又不局限于此，中国人骂人有以下四种方式。

一是贬低别人的才能或诋毁别人的缺点。如"冻""三刀拳高"；

二是贬低别人的出身、人格和社会地位。如"婊子养的""下三流"；

三是诋毁女性的贞操，或者把女性比喻成雌性动物。这也是中国人骂人时用得最多的。

四是无恶意的骂。无恶意的骂人常常用口头禅、玩笑式招呼的方式。

"骂"与"詈"是同义连文，"詈"是个文言词，是"骂"的意思。"骂詈"是指用粗野或恶意的话语侮辱人。"骂詈语"就是骂人的话。如果在说话时夹着骂人的话、边说边骂、信口谩骂，这就是骂詈行为。

"骂詈语"不完全等同于"粗话脏话"。首先，"骂詈语"是骂人的话，骂人的话自然不干净，属于"粗话脏话"类；其次，"骂詈语"是用"骂詈"的方式来表达的，"粗话脏话"是就话语的内容健康与否而言的；再次，"骂詈语"的表达形式可以是词、短语，也可以是句子，还可以是一段话，"粗话脏话"的表达形式可以是荤笑话、荤短信、荤歇后语、荤故事、荤顺口溜、荤对联等。

2. 骂詈行为的性别歧视

汉语的骂詈语存在着严重的性别歧视。"由于男女两性存有性别差异，在人类社会中一直扮演着不同的社会角色。阶级社会男尊女卑的观念影响深广，现代社会虽说女性的社会地位得到了较为明显的提高，但是历史遗留下来的男女有别、男尊女卑的观念意识并没有完全消声匿迹，仍像一个幽灵一样游荡在许多人的思想深处，特别是在一些经济不发达的落后偏僻地区更明显。这种心理观念反映在詈语的运用上就是骂詈语的性别歧视，尤其是对女性的歧视。"①

---

① 邱庆山《汉语詈语致詈方式的文化心理》，《安庆师范学院学报（社会科学版）》2004 年第 7 期。

　　在骂詈语中出现频率较高的词语，与女人有关、与性有关。如，少女思春骂之为"浪"，即孟浪；主动求爱求婚骂之为"贱"，即贱坏；要求丈夫给予性爱斥之为"骚"；获得丈夫的性爱骂之为"淫"；性爱不满足骂之为"悍"；反对丈夫花心被骂为"妒"。

　　这些都是被封建道德所约束而产生的骂詈语。而男子的行为无论多么荒唐，也只是轻描淡写的戏谑为"花心大萝卜"或美化为"英雄气短，儿女情长"。女性就更谈不上有主动表达爱与美的权利了。女性带有不正当的目的主动爱异性叫"勾引"，女性被爱也被骂詈为"红颜祸水"。女性之美被形容为"貌可倾城""貌可倾国"，但是，女性从启齿一笑到衣着艳丽都被骂为"招蜂引蝶"，而那些侵犯女性的男人则可坦然自辩"苍蝇不叮无缝的蛋"。女子应该少言寡语、温驯如羊，否则，就被骂为"河东狮""母夜叉""孙二娘"等。

　　在骂詈语中女性注定是受损者。日常用语中的粗话、脏话、骂人的话多用来骂女性，很少用来骂男性。如他妈的、他娘的、奶奶的、姥姥的、放他娘的狗屁……类似的骂詈语很少用来骂男性，很少用"他爸的""他爷的"等来骂男性，只有少数方言中才会用来骂男性。

　　3. 骂詈行为的性别差异

　　（1）男性的骂詈比较粗俗，女性的骂詈比较委婉

　　男性使用骂詈语时肆无忌惮，粗俗，常取人体生殖器名称或其他最恶毒的脏话骂人。如：

　　　　每逢它不肯走，汽车夫就破口臭骂，此刻骂得更厉害了，骂来骂去，只有一个意思："汽车夫愿意跟汽车的母亲和祖母发生肉体恋爱。"（钱钟书《围城》）

　　随着时代的变迁，有些最初是用来骂人的动词，词义也发生了演变。如江苏如皋话中有"炜逸"一词，"炜"本指长时间用文火即小火煮食物，后来"炜"相当于慢慢"泡"，"炜"的过程和结果就产生了"逸"的感

受。"逸"就是安逸、快乐。在"炜逸"一词中，"炜"是动作动词，"逸"是结果，"炜逸"是动补结构。因此在研究与性动作有关的动词时，还要研究与性动作有关动词的引伸义、比喻义、转移义以及方言中的骂詈动词。

与骂詈动词搭配的往往是与被骂者有直接亲属关系的女性。如"祖宗、奶奶、闺女、娘、妈妈、婶子、老婆、姐妹"等，都有可能成为被骂的对象。

女性使用骂詈语时隐晦、含蓄、遮遮掩掩，很多词羞于启齿，而且与骂詈有关的词汇也略显贫乏，尤其是年轻的未婚女子，在骂詈语的使用上更是有所选择，特别是涉及与性有关的骂詈语，更是她们所避讳的。大多数女性在骂人时往往使用那些伤害程度不太严重的词语。如《西厢记》中的红娘骂人"木寸马户"，将"村驴"这一颇粗俗的骂詈语化为几个日常普通字，避免了直露粗野之嫌。再如：

想到丈夫竟会背着自己做出如此下流的事来，她伤心得无以复加，泪水不住地在脸上肆虐着，嘶声道："你这个没有良心的东西！"（霍达《穆斯林的葬礼》）

柔嘉不愿意姑母来把事闹大，但瞧丈夫这样退却，失望鄙夷得不复伤心，嘶声说："你是个 Coward! Coward!（懦夫），我再不要看见你这个 Coward!"（钱钟书《围城》）

博雅早已厌恶透了他那副谄上媚下的嘴脸，因此当他今天又到自己面前卖乖时，恶心得几乎要吐出来，遂冷冷地笑道："请您下次再站到我面前时，随身带个垃圾桶或方便袋什么的，我近来胃口不太好……"（李林《喝茶》）

"没有良心的东西""懦夫""恶心"这些骂詈语正体现出女性的柔弱和克制。

假如有一个妇女满嘴脏话，骂得极其下流粗野，人们常常会送给她一个"泼妇"的名号，心理上也十分鄙夷她，认为这是一种没修养的表现。相反，如果骂人者是男性，人们可能会觉得他没有修养，但有时又会觉得他有血性，是男子汉的一种表征。

当然，如今一些属于男性专利的骂詈语也开始越来越多地被一些妇女所使用。如：

> 她看他气得头上的青筋根根暴起的样子，心里也着实有些发毛，但嘴上还是想逞强，于是一边骂，一边偷偷地往门口挪去，"我就是骂你这个饭桶，废物，软蛋包……你敢怎么着？"（刘恒《菊豆》）

这与男女社会地位的变化不无关系，更主要的是与女性的个人修养、性格、心情、说话情境有关。

一般说来，潘金莲式的妇女骂人最粗俗，已婚女性次之，未婚女性再次之。从文化素养看，同样是有文化素养的女性，未婚女性骂人比较委婉，已婚女性次之。此外，女性骂人还与性格、职业、情景有关。

（2）骂男人诋毁其能力，骂女人诋毁其贞操

男性享受权利，担负责任，因而其能力是第一位的，所以对男性的骂詈语就集中在对其能力和社会地位的诋毁上。"饭桶""废物""软蛋包""绝户头""呆子""蠢材""乌龟""王八蛋""窝囊废"等骂詈语就集中在对男性的能力和社会地位的诋毁上。男性没有能力就会被社会排斥，自然被人瞧不起。因此，诅咒男性吃官司就颇能发泄咒骂者的愤懑，这类骂詈语如"吃枪子儿""打枪毙""杀头""死囚""恶囚"等。对女性化的男性，骂詈语中就有"娘娘腔""娘儿们""吃软饭"等。

对于女性，一般无需骂她的才能如何，而注重诋毁她的品行。以前社会认为"女子无才便是德"，无"才"并非坏事，但对"德"的要求却很严格。"德"的关键是贞操，因此，对女性的骂詈语基本上是对其贞操的诋毁。

封建社会要求女子"从一而终"，即一生中只能与一个男性发生性关

系，否则便是大逆不道，要遭到社会的唾弃。在这方面，咒骂女子的贞操就最能切中要害，所以这类骂詈语很丰富。如"娼妇""淫妇""荡妇""破鞋""婊子""开窑子店的""窑姐儿""坐台小姐""卖淫的"等。

社会刻板印象要求女子端庄守礼、温柔贤惠，故"长舌妇""母老虎""河东狮""母夜叉"等便成为骂詈女性的"专利"；基于"男尊女卑"的观点，女人总是与"贱"联系在一起，"贱人""贱货""臭娘们儿"等一般也都是用来骂女性的。"丫头"指女奴才，古称"婢"，是低贱的象征，北京土语里就有"丫""丫的""丫挺的"等骂法，是骂对方为"丫头生的"而不是明媒正娶，身份低贱，同时影射其母行为不轨，可谓刻毒至极。又如：

> 这个臭娘们就是个养汉精，破罐罐破摔，一破到底儿，臭骚骚的，成日价勾三搭四，好男人也叫她拖下水作畜生了！（余言《小镇婆娘》）

> "啧啧，你有什么好羞人的哟，"海英撇着薄嘴唇："不就是养了几个丫头片子么，一个一个的赔钱货，一辈子挺不起腰杆的绝户头！"（周信哲《天生我女必成才》）

"臭骚骚""赔钱货""丫头片子"等都是詈骂女性不正派、卑贱。

（3）女性害羞时用"假骂"，男性舒心时用"假骂"

骂詈语在特殊语境中不一定是"真骂"而是"假骂"。俗话说"打是亲，骂是爱"。女性在害羞时往往通过"假骂"来示爱，而男性往往在高兴时用"假骂"来表现这种心情。如：

> "你坏，你坏死了，你是大坏蛋！讨厌死了！再也不睬你了！"李白玲假模假样地说。（王朔《橡皮人》）

> 马缨花看着我这样死勾勾地盯着她，羞得不知如何是好，猛地把头扎进我的怀里，嘴里边却骂着："你这个死肉肉，臭肉肉！"（张承

志《绿化树》）

　　翌日清晨，五点半整，小闹钟把她从香甜的梦中唤醒，她立刻下床，开门，猛然，她看见他那铁塔般魁梧的身躯正堵在门口，就一头扑进那厚实的胸膛，嘴里喃喃地叫道："我的大傻瓜！"（程枫《睡》）

　　老马看见儿子真的拿了个第一回来，顿时觉得在全院人面前长了不少光彩，呵呵大笑道："他妈的，这臭小子还真有两把刷子！"（林曼殊《小户人家》）

　　大发还从未见过这么高级的按摩椅，像害怕他那"瘦小"的身躯能把那憨实的按摩椅压坏一样，他小心翼翼地坐上去，把头慢慢地放在靠背上，闭上眼睛仔细地享受着那按摩的滋味，顷刻，他嘴里喃喃自语道："他妈的，真舒服！"（李林《心跳》）

　　对于这样一位阔别十多年的老朋友，我自然应该把那瓶已被我珍藏了多年的茅台拿出来，林强如同那刚从监狱里放出来的好久都没碰过水的劳改犯一样，用舌头舔了舔那酒杯后便一饮而尽，眯上眼睛，陶醉般地说道："我把他娘的，够味。"（王蒙《活动变人形》）

（4）女人骂人常用咒骂，男人骂自己常常诅咒发誓

从奴隶社会到漫长的封建社会，性别歧视一向较为突出，对妇女的道德约束特别严酷，律条也尤为繁杂，最终目的在于不允许女性有半点生活的主动性，女性作为人的独立自主权被剥夺殆尽，长期的性别歧视使妇女完全处在等同于"物"的屈辱地位。为什么"挨刀的""当炮灰""吃枪子的""挺尸""杀千刀""千刀万剐""天打五雷轰""该死""短命鬼"等这些带有诅咒性质的骂詈语常见于女性口中呢？女性苦于自身的能力有限，心理上希望通过诅咒使对方遭遇不幸，于是便在臆想中呼唤某种外力来帮助她们来实现自己的愿望，使心理上得到平衡和满足。如：

　　"你丧尽天良，衣冠禽兽，欺负我寡妇！你心如蛇蝎，煎炒烹炸，五毒俱全，杀人不眨眼、杀人不见血！……我叫你乱箭钻身，大卸八

块，大清早出门汽车轧死，天打五雷轰，脖子上长疔，吸干你的脑髓，叫你死无葬身之地！"周姜氏的声音不太大，她似乎还清醒地掌握着自己的音量，使其不超出"自言自语"性音响的通常量之外，但她的表情却是疯狂的，沉醉的，忘我和非理性的。（陈方《坚硬的碎石》）

男人骂自己喜欢诅咒发誓。如：

"我没有碰她，不然，我不得好死！"

"我没有做那伤天害理的事情，不然的话，天打五雷轰，绝子绝孙。"

4. 骂詈行为的深层原因

骂詈行为为什么会存在严重的性别歧视和明显的性别差异？其中有着深层次的原因。

（1）贞操观

骂詈语大多针对女性，以女性为侵犯对象，其实质就是一种性别歧视。这与传统道德中的封建贞操观息息相关。在中国封建社会的中前期，道德中的性别歧视并不是很严重。《诗经》作为中国最早的诗歌总集，收录了包括《静女》《关雎》等在内的许多描述男女爱情的诗篇，而且语言直白。秦国宣太后在外国使节面前公开谈论性，这说明当时传统的性观念还没有形成。最有说服力的是汉武帝的母亲是在生下一个女儿以后才入宫的。后来随着封建社会的日益发展，女子逐渐丧失了社会地位，沦落为生儿育女的工具。封建的贞操观逐渐形成和发展，并在此后的千百年中不断得到强化，并逐渐渗透到社会阶层的每一个角落，潜移默化地影响着每一个人。一个女子只要触及了这条道德底线，将受到世人的唾骂和排挤。这种男尊女卑的思想，一直影响着人类的社会生活，于是骂詈语中关于女人的词汇越来越多，一代代沿用并发展，便形成了中国特有的骂人话。

（1）祖先崇拜

祖先崇拜在封建道德中是一个重要的内容。在骂人时若把别人的长辈也骂进去，那就更加能侮辱别人了。因此"他妈的"这句中国"国骂"，并不是直接侮辱对方，而是侮辱对方的母亲。在传统的思想观念中，母亲是最重要的长辈，伤害他人最好的方法就是伤害他心中最重要的人，尤其是母亲。

（3）人的动物性

在自然界残酷的生存死亡法则下，哺乳动物中除少数几种以外，大多是以占有更多的配偶、繁殖更多的后代为生存目标，这可以进一步理解为以抢夺更多同类的配偶为荣。在中国漫长的封建社会中，女子习惯于遵从"三从四德"的道德观念。中国人的骂詈语大多是出自男性之口并为社会使用。这也可以从骂詈语中的省略主语看出，如"（我）日你祖宗"，骂詈语中省略的主语都是第一人称代词的单数形式，就像祈使句中省略的主语都是第二人称代词的单数形式一样。众所周知，人类是由猿猴进化而来的，所以身上的动物特性只是隐藏着，并未褪去，更没有消失，所以当男性骂人时，往往会从"性"的方面去攻击。

男性以标榜自己的强壮为荣，在动物世界里，最强壮的自然是那个族群的领袖，享有族群中最多的配偶。在封建社会里，配偶最多的自然是拥有至高无上权力的皇帝，然后是士大夫以及各阶层的官员，最后才轮到处在社会底层的百姓，百姓恰恰是骂詈语的主要创造者。由于生存状态的限制，他们在现实社会中得不到配偶，或是不可能有几个配偶。所以他们只好用思维去强占别人的配偶，在对女性的谩骂中，往往使他们处于一种较高姿态的幻想中。当矛盾发生时，双方便不知不觉地把心中所想的说出来了。同时由于"性"具有巨大的诱惑力和新鲜感，用来骂女性的表达方式也越来越丰富。这是骂詈语得以传承和发展以至流行的一个重要原因，这也可以用来解释当今流行的荤笑话、手机荤短信得以流行的原因。

（4）把骂詈作为玩笑式的招呼习惯

骂詈语既可以是恶意的，也可以是无恶意的。无恶意的骂詈语是熟人之间亲昵的招呼方式，它是有骂詈习惯者的一种交际手段。使用条件是：交际双方都必须非常熟悉乃至是好友，且双方都有骂詈的嗜好或习惯。把骂詈作为玩笑式的招呼习惯是恶意骂詈的弱化与延伸，具有俚俗性。当然，有的骂詈语已经成为某些人的口头禅。如：

啊，是老王啊，我们天天想您。您永远活在我们心中。您最近都在忙些什么？

第一批胶卷冲扩出来，古副司令有几张很像回事，迷彩服色彩斑斓，臂章上的徽标和"北方－968演习"的字样清晰在目，尤其是侧逆光的面孔很有力度。老头乐坏了，亲自骂我："妈了个屁，秀才就是行。"我说："妈了个屁，你要是再长得高一点，壮实些，妈了个屁，我能把你老人家照成巴顿、朱可夫。"何秘书等一行随行人员俱绷紧了脸。（张卫明《英雄圈》）

（5）塑造人物形象的需要

骂詈也有积极作用，作家塑造人物形象，很注重人物语言的设计。人物语言是一把了解他性格的金钥匙。斯科佩克认为，"一个文化存在的最明显的标志是独特的或具有特异性的语言形式"。电视连续剧剧《亮剑》之所以有很高的收视率，主要是剧中李云龙等一大批鲜明的形象抓住了观众，这些形象特别是主人公李云龙的鲜活个性，既有军人那种不服输的血性，打仗善于动脑子，置生死于度外的玩命精神，又有农民式的狡猾，特别是他张嘴老子闭嘴骂娘的语言习惯给观众留下了深刻的印象。

李云龙这类人物形象的粗话连篇可谓是剧作家的刻意所在，以李云龙为代表的这批中国军人，如孔捷、魏和尚等都是没有接受过教育的农民，他们身上有着天生的农民习气，性格粗犷豪迈，他们的语言就深刻地表现了这一点。纪律严明的军队并没有使他们改变自己的语言习惯，从将领到士兵无一不说粗话脏话，这似乎已经成为当时军队的一种普遍现象，电视剧《亮剑》在处理这些军人的语言以及对他们进行描写时巧妙利用了这一点。

李云龙以"大老粗"自居，在称呼上，自称"老子"，称别人为"小子""兔崽子""泥腿子""鬼子（日本兵）""小喽啰（土匪）""娘们儿""婆娘"。如：

> 他（对炮手）："娘的，你个败家子，咋不省着点用？你小子还敢发牢骚，小心老子揍你！"
>
> 他（对张大彪）："你个兔崽子，咋心眼儿那实诚，让你喝意思意思就行了，你还都喝啦。"
>
> 他（对战士）："说到白刃战，拼刺刀，我们是小鬼子的祖宗，如今小鬼子不敬祖宗还行？"
>
> 他（对友军联络官）："没有我们团长的命令，天塌下来，也要用脑袋顶住，就算是进了老虎嘴，老子也能掰下它两颗牙来！"

不只是李云龙这些没有文化的农民军官、士兵满嘴粗话，就连赵刚、丁伟这样接受过教育的知识分子到了部队里，也变得粗话连篇。都梁在小说《亮剑》中这样描写："赵刚是个知识分子，在进入八路军正规部队之前，他已经是'一·二九'运动的负责人之一了，北平燕京大学的学生。如此高的学历，在当时的八路军部队中当属凤毛麟角了。"他进入部队，与李云龙朝夕相处之后，就渐渐地被草莽英雄李云龙所征服、改造，他学会喝酒、说粗话甚至是骂人。如：

> "站住，把烧鸡放下，老子提心吊胆了一天，你狗日的该给我点儿精神补偿。"
>
> "你他妈怎么这么多废话，先坐下来不行吗？"
>
> "老李，你装什么蒜？有话说，有屁放。"

电视剧《亮剑》中这些语言贯穿始终，虽然有点夸张，令人捧腹，但不失为一种风格。这种粗迈豪放的语言把李云龙等军人的性格刻画得淋漓尽致，这种大胆之举着实令观众震惊并为之吸引。近年来，像这种语言风格的影视作品大有星火燎原之势，比如《激情燃烧的岁月》《狼毒花》《我的团长我的团》也是这方面的代表。

第十节　人称

1. 两种人称代词与两种句子

人称代词有两种：语言的人称代词和言语的人称代词。语言的人称代词只有形式和意义，如"你"的形式是 nǐ，意义是第二人称单数。而言语的人称代词除了形式和意义之外还有内容，作为言语的人称代词，其内容就是所指。如"赵大爷，冯狗子来过了，给疯哥赔了不是，你看他能改邪归正吗？"（老舍《龙须沟》）这儿"你"的指称内容就是"赵大爷"。

人称代词的意义和内容是什么关系？"意义"是语言的，是概括义；"内容"是言语的，也就是具体的"所指"。如"他现在饿了"。"他"的意义是"第三人称单数"，是概括义；1806 年 1 月 6 日下午 2 时，约瑟芬在谈到拿破仑时说"他现在饿了"。"他"是指拿破仑。1920 年 1 月 7 日下午 3 时，克鲁普斯卡娅谈到列宁时也说过"他现在饿了"。这两例中的"他"，其内容分别是拿破仑和列宁，这是具体所指的不同。

人称代词的意义是怎么转化为内容的？这主要看人称代词是出现在语言的句子里还是出现在言语的句子里。从语言和言语区分的角度，可以把句子分为语言的句子和言语的句子，语言的句子是抽象的，言语的句子是具体的，两者的差别主要表现在："具体的句子和现实的联系是实现了的，抽象的句子与现实的联系是隐含的、尚未实现的。或者说，具体的句子是形式、意义和内容的'三位一体'，抽象的句子只有形式和意义，没有内容。"① 具体的人称代词在具体的句子中会发生指称变化。

---

① 张斌，胡裕树《汉语语法研究》第 71 页，商务印书馆 1989 年 5 月版。

2. 人称代词的指称变化

（1）人称意义的消失

人称代词的基本作用是替代人或事物。但是当人称代词进入具体的句子后，有时会失去特定的人称意义。

①指代作用消失。如：

> 不管柴米账，玩他几天，名称又好听，叫作"养病"。（鲁迅《病后杂谈》）

这里的"他"没有实际的指称内容，只有协调音节的作用，这种用法的人称代词仅限于第三人称的"他"，有时也用"它"。

②表示泛指。人称代词并非指某一具体的人，而是指称适应于某一情况的所有人。如：

> 我清楚地知道，任何新的局面，都不是任何一个人的力量所能够打开的。如果他没有群众的支持，那么他就什么都作不成。（峻青《黎明的河边》）

这里的两个"他"都是泛指。

③表示任指。如：

> 你端起酒碗来说几句，我放下筷子来接几声。（叶圣陶《多收了三五斗》）

"你""我"无特定的称代内容，"你"与"我"（或"他"）经常配合使用，构成固定格式。如：你来我往；你一言我一语；你瞧瞧我，我看看你；你走你的，我走我的。

（2）人称的变换

①用第二人称代词指称第一人称代词的内容。把说话人自己放在对方的地位上，拉近说话人与听话人的心理距离，使听话人认同自己的感受。如：

你这样穷酸，别人才看不起你呢。

这里的两个"你"实际上是指说话人自己。

②用第三人称代词指称第一人称代词的内容。如：

那天在汽车站给你指路的是我，他是你的新邻居；

写你人民来信的是我，你能把他怎样？

这儿的两个"他"都实指"我"。

③用不定指代词指称定指的内容。

"人家"本来表示除说话人以外的人，是不定指的。但有时是定指的，用来指代说话人自己，相当于"我"。如：

我就是和他见了一面，怎么啦，你也不能打人啊，人家嫁给你，生儿育女，没有功劳也有苦劳，怎么能动手呢，真是的。

（3）单复数的变换

①用代词的单数形式指称复数内容。如：

"形势有利于我而不利于敌。""我"相当于"我方"。又如"我校""我厂""我国""我党""我军"中的"我"相当于"我们"。

②用复数形式指称单数内容。如：

我们要介绍的祥子，不是"骆驼"，因为"骆驼"只是个外号；那么，我们就先说祥子，随手儿把骆驼与祥子那点关系说过去，也就算了。（老舍《骆驼祥子》）

在这里，说话人把"我"说成"我们"。"我们认为""我们以为"

"我们觉得"都是谦逊的口吻。

影响人称代词内容变化的因素有多种，如年龄大小、体力劳动者还是脑力劳动者等。其实，性别因素也会影响人称代词的所指变化，这主要表现为性别差异和性别歧视。

3. 人称代词的性别差异

女性使用人称代词，有与男性不同的特点，这主要与女性说话的委婉、害羞、同情心理以及合作、谦让的行为品质有关。具体包括三种情形。

①女性喜欢用第二人称代词去指称第一人称的内容。

> 石清嫂子不禁黯然地说："家乡没田没地，早就养活不起我们了，不然的话，哪个还想赖在这个地方？"
>
> "你不是还有亲戚本家吗？"
>
> "十多年了，你晓得他们还在不在？你这样叫化子似地回去，他们才爱理你哩！"（艾芜《石清嫂子》）

这里的三个"你"实际上都是指石清嫂子自己，完全可以用"我"来替换。这是把说话人把自己放在对方的位置上，拉近说话人与听话人的心理距离，使听话人认同自己的感受。

②女性喜欢用第三人称代词来指称第一人称的内容

> "那天你在会馆义地上遇见的蓝衣女子便是我。她是你的一个学生。"（巴金《雨》）

这里的"她"是指"我"，也就是"蓝衣女子"。

男子也有类似的用法，但仅限于"提你意见的是我，你能把他怎么样？"之类的表示"无所谓"的疑问句。与"提你意见的是我，你能把我怎么样？"相比较，前者口气缓和，说话人有回避心理。后者口气生硬，说话人没有回避心理。

③女性喜欢用不定指的人称代词来指称定指内容。

"你别跟我闹了，不看见人家正忙着？"

"人家"本来表示除说话人以外的人，是不定指的。但在这里是定指，用"人家"来指称说话人自己，相当于"我"。如：

你写信给我的时候，人家对你还不怎么了解呢；

别闹了，别闹了，不看见人家正忙着吗？

"人家"的这种用法是女子最常用的，男性如果这样用，就会被认为带有"女人腔"。

当然，"人家"的这种用法也不是女性的专利。男性在与儿童交际时也会使用。如：

（与儿童捉迷藏时男性说）别看，别看，人家还没有准备好呢。

"人家"的这种用法还可以用于友善而缓和的劝说。如：

> "小二黑发疟是真的，不是装病，至于跟别人恋爱，不是犯法的事，不能捆人家。"（赵树理《小二黑结婚》）

这里的"人家"是指小二黑，可用"他"来替换。

这种用法的"人家"，是女性度较高的人称代词。性度是话语的男性特点和女性特点的配比度。话语的男性特点多，话语的男性度就会高。话语中女性特点多，话语的女性度就高。男性度高的话语也可以是女人说出来的，女性度高的话语也可以是男人说出来的。但是，在一般情况下，男性的话语男性度高，女性话语的女性度高。

④美好的比喻用"她"不用"他"

"丝绸之路，中华民族的骄傲，她是华夏悠久历史和灿烂文化的象征。"这类美好的比喻常常是用"她"。人们之所以将美好的事物与女性联系在一起，是因为女性有时是以富饶之神、大地之母的形象出现的，女性的繁殖作用在充满着对富饶女神和大地之母崇拜的神话中得到了赞美。也正因为如此，人们常将"祖国""故乡""大地""本族语"与女性联系起来，于是产生了"祖国母亲""大地之母""母语""母校"等词语，这是语言社会赋予女性的专利，汉语中没有"祖国父亲""大地之父""父语""父校"等说法。

4. 人称代词的性别歧视

"他"和"她"是现代汉语中唯一能显示性别特征的人称代词。在语用上，对"他"和"她"的使用存在着性别歧视。

①在泛指时往往使用具有男性特征的"他"来指称。

如果一个人从来未经历过危险，我们不能担保他有勇气。

当一个人不能在自身找到他的安宁时，在其他地方寻找也是枉然。

②对不明性别或无必要指出其性别的一群人同样是用具有男性特征的"他们"去称代。

自爱即对自己以及适合于自己的所有的爱，它使人们成为他们自己的偶像的崇拜者。

由于社会的急速转变，一般人只想让儿女受到更好的教育，他们没有经历过任何挫折，因为父母都为他们承担，当面临挫折时，他们常常以逃避、抱怨的方式对待，他们的容忍度十分低。

③对男性占少数、女性占多数的一群人也同样是用具有男性特征的"他们"去称代

洪常青和娘子军的女战士们星夜兼程，在山头上筑起阵地，他们日夜固守着山头。

④"他或她"语序上男先女后

为了消除"她"在语用上的性别歧视，有人采用"中庸"的办法，把"他"与"她"并列使用，汉语中有时就出现了"他或她"的用法。① 如：

　　一定要问清他或她姓什么叫什么哪儿来为了什么，并且最好请他

---

① 也有用"他（她）们"的。

或她留下来等一等，给他或她沏一杯茶，倘若他或她又不等到主人回来便走掉，那么一定提醒他或她别忘了带走上次留下的那把黄伞，并且应当记住他或她大约多高大约多大是胖是瘦穿着打扮有什么特点说话有没有口音。(《黄伞》，《北京文学》1988 年第 11 期)

对"他或她"的这种用法，多数人不习惯，常常是用具有男性特征的"他"来代替"他或她"的用法。即使大家适应了"他或她"的用法，也会有问题，"他或她"在语序上仍是男性在前女性在后，"男先女后"的语序仍然存在着对女性的性别歧视。在语序上，"他"始终是老字号，"她"永远是分店。①

---

① 吕叔湘《他或她》，《未晚斋语文漫谈》语文出版社 1992 年 6 月版。

第十一章

话语的社会心理基础

第一节 话语交际是人的心理需求

人际关系是社会关系的一种，人们在物质交往和精神交往的过程中彼此结成了各种复杂的社会关系，其中社会心理层面上的关系就是人际关系。话语交际是维系人际关系的重要手段，话语交际的目的在于传达信息、沟通思想、交流感情、满足心理需要。

话语交际能满足下列心理需要。①互动的需要。人具有社会属性，人需要在人际互动中认识自我，认识他人和社会。②影响他人的需要。人不仅仅要表现自己，还要影响他人。③表达情感的需要。

话语交际是通过编码和译码来传递信息的过程。所谓编码是指表达者将传递的信息符号化，变成言语形态。它既受表达者思想、观点、立场、经验等因素的制约，更受表达者语言能力的影响。一个思想贫乏、胸无点墨的人不可能有较强的言语能力。译码是接受者将话语信息符号转化成意义，信息的传递最终要在接受者身上发挥作用。表达者传递的信息要能引起接受者的关注并让接受者理解，能否引起接受者的注意，取决于信息的内容和形式。信息的内容涉及一个人的思想、理想、文化修养、价值标准、道德观念等相对稳定的因素，还涉及一个人的需要、情绪、精神状态等临时性因素。能引起注意的信息形式要有一定的刺激强度、刺激对比度、刺激的重复率和刺激的新鲜度。接受者的理解并不是对表达者所传递信息的全盘接受，而是具有一定的选择性。接受者根据自己的理解接受对方的信息，言语交际的关键是信息等值，听到的越接近于说出的，信息差越少，交际效果就越好。言语交际具有信息交流的一般特性，但言语交际双方都具有主观能动性，都投入了积极的心理活动。交际双方不和谐的心理关系会造成言语交际的心理障碍。

话语交际有广义和狭义之分。广义的话语交际有四种基本类型。①人的内向交流。内心的"主我"与"客我"的交流。②人际交际。即个人之间的交际。③群体交际。群体内成员之间以及群体与群体之间的交际（一般称为公共关系）。④大众传播。借助印刷媒介、报刊书籍、电子媒介、广播电视进行的信息交流。广义话语交际的特点可从四种类型来分析，从①到④反映了这样几个特点：一是人数越来越多，二是信息的个性越来越不明显，三是表达者和接受者在距离和感情上越来越疏远，四是组织系统和传播技术越来越复杂。狭义的话语交际是指个人之间直接进行的交际。在人际交往中，以上交际方式不是孤立存在的，它们相互补充，从它们的关系中可以看出话语交际的一些特点。

第二节　话语的 PAC 分析

PAC 分析理论由心理学家柏恩提出，又称相互作用分析理论。这种理论认为：人类个体的人格特征由三种心理状态构成，即父母、成人、儿童。P 是英语 Parent（父母）的第一个字母，A 为 adult（成人）的第一个字母，C 是 child（儿童）的第一个字母，故简称 PAC 分析。

P 型（父母）状态以权威和优越感为标志，通常表现为统治、支配、教训以及其他权势作风，常说"你必须""你应该""你不能"。A 型（成人）状态表现了客观和理智。待人接物冷静，慎思明辨，尊重别人，言语谦逊。C 型（儿童）状态表现为服从、冲动和任意。一会儿逗人喜爱，一会儿又突发脾气。无主见，遇事退缩，感情用事，易激怒，常说"我猜想""大概是""恐怕是这样"。

话语交际是人们相互作用、相互影响的过程，必然受到 PAC 三种人格特征的影响。理想的言语交际是 A—A 型即成人对成人。话语交际有时是对等的，P—P 或 A—A 或 C—C，即父母对父母，成人对成人，儿童对儿童，这种交谈会有共同的心理，交谈很融洽，因为双方的人格特征相近。

从人格特征的相互作用来看，话语交际有如下类型。

P 对 P。交际双方的行为都比较武断。一个说："老周太不像话了。"另一个说："应该警告他一下。"

A 对 A 式。双方的交谈是理智的。一个问："这篇稿子今晚能完成吗?"另一个回答："如果没有其他事，我想问题不大。"

C 对 C 式。交际双方凭感情说话。一个说："我结婚时花了 50 万元。"另一个说："这有什么了不起的，我结婚时花了 80 万元呢!"

P 对 C 式。交际时呈现权威与服从的关系，长辈对晚辈的交谈常出现此式。一个说:"你还不复习功课?"另一个回答:"打完游戏马上就复习。"

C 对 A 式。交谈中，一方表现为小孩儿脾气，另一方表现为理智行为，恋人之间的交谈常出现此式。一个说："我要去看姥姥嘛!"另一个回答："时间太晚了，明天去吧。"

P 对 A 式。交际中一方表现为理智的权威，另一方表现为理智的尊重。双方有一定的防范性。一个说："你今天把发言稿写了。"另一个回答："一定完成任务。"

PC 对 AA 式。这是父母·儿童状态对成人的交际，后者希望前者理智地对待他，而前者以高压的方式与之交际。

PC 对 PC 式。这是父母·儿童状态对父母·儿童状态的交际。

CP 对 CP 式。双方都喜欢夸大、自傲。

在话语交际中，交际双方在特定的言语环境中以特定的人格特征出现，但最佳状态是成人状态。例如，在一部影片中，一位女售票员正在接待几位顾客，后面一位女顾客等得不耐烦，出言不逊："你同男人谈恋爱吗? 没完没了，让顾客久等。"这位女顾客处于"儿童"心理状态，并以一种恼火的"父母"姿态出现，是一种 PC 型的状态。这时售票员用"成人"状态说："对不起，让你久等了，你需要什么?"问题就顺利地解决了。因此"成人"的心理状态是言语交际中解决问题的根本途径。

第三节 话语的社会心理效应

人际关系是一种社会心理关系，言语交际应借助社会心理学的研究成果，揭示社会心理效应的内涵。言语交际中普遍存在的社会心理效应主要包括但不限于以下十一种。

1. **熟人链效应和角色丛效应**

据社会心理学研究，如果在世界上随意挑出甲乙两个人来，他们相识的可能性只有 1/20 万，甲认识乙，乙认识丙，丙又认识丁，这就是所谓的熟人链效应，人际关系网络就是由一根根大小不等的熟人链组成的，现代社会有各种横向联系和新陈代谢的纵向联系。

熟人链实际上是一种角色链，社会是个大舞台，个体在社会舞台上扮演着不同的角色，于是社会对他们提出一整套的关于言行模式的角色要求，如性别角色、职业角色、观众角色、顾客角色等，其角色的社会期待和角色要求各不相同。在社会生活中，人人都是身兼数职的，一个男人（性别角色）在学校里是教师（职业角色），在家庭是丈夫和父亲（家庭角色），他时而是公园的游客（游客角色），时而又是商店里的顾客（顾客角色），时而又是电影院里的观众（观众角色），社会心理学将这种身兼多重角色称为"角色丛"或"角色综合体"。角色丛效应要求个体除了学习各种角色期待的行为之外，还要求学会角色语言。一个男教师，不仅仅要学习和掌握教师语言，同时还需要掌握其他角色语言，即作为父亲、游客、顾客、观众等角色必备的语言修养。因此作为性别语言、售货员的语言、教师的语言、宣传员的语言、司机的语言、领导者的语言、律师的语言、导游的语言、采访语言、外交语言以及夫妻交谈、父子交谈、班主任与学生谈心、恋人情话、作报告、答记者问、与罪犯谈心等角色语言，都是现代修辞学应该研究的。

2. 苏东坡效应

同一种角色期待只是规定了一个共同的言行轮廓要求，但不能决定每一个扮演者的个体言行。换言之，同一种角色的扮演者，其扮演的水平和质量因人而异。师范院校的首要任务就是教育学生怎样言行才能成为一个合格的教师，但培养出来的教师德识才学各不相同，因为他们内化教师角色期待的程度不同，而内化的过程又受角色扮演者个人的自我认知、自我态度、自我心理素质的影响，这就要求研究"自我"。

对"自我"的认识，并不是人人都非常清晰的，大多数人对"自我"只有一个模糊的认识，用苏东坡的话说就是"不识庐山真面目，只缘身在此山中"，这就是社会心理学上讲的"苏东坡效应"。人们对自我的认识似乎既是清晰的又是模糊的，克服"苏东坡效应"的办法是深入"此山中"探幽微，跳出"此山外"览全景。那么如何深入"自我"的此山中呢？这当然要借助语言。内心的矛盾斗争可以引出无意识的自言自语，这是借助内部言语展开的自我内向交流，"主我"和"客我"即是内心矛盾斗争的两面，它们的内向交流状态应引起现代修辞学的关注。

3. 名片效应

名片是向交际对方进行自我介绍的小卡片，名片的作用是为了让对方了解自己。心理学家纳季拉什维利由此提出了"名片效应"，它实质上是一种"自我暴露"。推而广之，自我介绍的言语艺术会产生最直接的效应。比如在对话中，自己观点的表露速度，必须缓慢到使对方不感到惊奇的程度为宜。自我暴露过早、过深有时会影响自我形象。例如，恋爱双方因自我暴露个人隐私的速度过快而导致感情决裂者时有所闻。因此，在言语交际中要足够重视言语的名片效应现象。

4. 他人在场效应

这是由社会心理学家茅曼提出的。他人在场效应有两种情况：一种是社会促进，由于他人在场引起强烈的竞争心理，能力得以充分发挥；一种是社会促退，由于他人在场心理上形成干扰，导致怯场，从而影响水平的发挥。

5. 共生效应

他人在场效应是指他人在场如何表现自我而言的，共生效应则是指立足于一个系统，如何表现整体而言的。人类社会的活动带有群体性的特点。人际交往绝大多数是靠语言来完成的。最佳共生效应的取得，需要双方协作，友好交往，互相激励，从而增进信息交流。人际交往中应该借助语言进行信息交流，充分发挥共生效应。

6. 关系场效应

关系场效应是由不同的角色扮演者组成的群体产生的内聚力或摩擦力。"三个臭皮匠，合成一个诸葛亮"，这是"群体的增力作用"。"一个和尚挑水喝，两个和尚抬水喝，三个和尚没水喝"，这是"群体的减力作用"。在群体交往中，个体过分依赖群体，对个体智慧的发挥不利；但个体可以接受群体的影响，产生归属感、认同感，并得到群体的支持。处理得好更利于发挥个体的智慧，这对群体性的言语活动，如学术讨论、小组辩论、演讲竞赛、群体对话、双方谈判等有启迪作用。此外，在言语活动中，要在遵守语言规范的前提下，不失个人的言语特色。

7. 从众效应

从众是言行随众的一种心理现象，即所谓"人云亦云"。每个人都从众人中获得信息，因为众人提供的信息可靠；同时又担心脱离群体，超出群体的规范，因此，从众言行就产生了。在说服性言语活动中利用从众心理，往往会达到说服的效果。这在劝说性的谈话、演说、谈判、推销、广告等方面均有参考价值。

8. 安慰效应

人际交往中的相互安慰，会使心理得到愉悦和满足。例如，对住院的亲友说一番安慰的话，对遭到不测的同事说一番同情的话，对名落孙山的考生寄一封劝慰信，对失去亲人的朋友说一番安抚的话，这些都是利用语言这副安慰剂去医治人们心灵的创伤，或减轻内心的忧郁和痛楚。在人际交往中，人们渴望交际，渴望心理沟通，渴望被信任、被理解，对自己的被肯定存在着积极的心理期待，这种由信任、关心、激励构成的期待所引起的心理变化就是"安慰效应"。

对他人的积极赞扬、鼓励和劝慰是产生"安慰效应"的根本方法和原因。说赞扬的话和鼓励的话大有技巧：有求于人的时候，别当面说赞赏的话，以免被误解为动机不纯，奖赏时不妨指出他无伤尊严的小毛病或非常明显的缺点；对他人已经明确的品质少奖赏，对他人未知的品质应多奖赏；在别人得意时少奖赏，在他失意时多奖赏；甲乙两人情况相当时，不要在一方面前过多地奖赏另一方；对有教养的人，奖赏不必太直截了当，可委婉含蓄一些。总之，安慰性的话语，表扬性的话语在人际沟通中是经常出现的，运用适当，对改善人际关系大有好处。

9. 心理相容效应

所谓心理相容是指人际互相吸引、相互信任。交友是人际关系需求的一种深化反映，朋友是分层次的，有一般的朋友、好友、挚友，对他们应采用不同的交往方式，包括言语的语调、语气、遣词造句、表情、谈话涉及的范围等都要因对象而论，掌握分寸。即使是挚友之间，也要保持一定的心理距离，因为每个人都有"心理敏感区"，都有自己的隐私，不可轻易点破。由于频繁的交往，人与人的态度和价值观趋于相似，情感趋于相悦，相互之间具有吸引力。在这一过程中，语言是人际吸引的"润滑油"。

10. 权威效应

名人名言的大量被引用，是权威效应的映照。人们对权威具有崇拜心理，把名人名言当作楷模，信服它，感到安全。名言往往是千锤百炼的，符合社会规范，容易获得社会的赞许。恰当引用名言可增强话语的说服力，但引用不当或滥用名言也会使话语陷入套话，影响交际效果。

11. 批评效应

言语交际中难免有批评性的话语，交际者既要敢于批评又要讲究批评的艺术。在批评的方式方法上有直言或婉言、直接或间接的差别，善于使用恰当的批评方法，考虑受批评者的社会心理，就能收到好的交际效果。

社会心理效应是现代修辞学的社会心理底盘，对运用语言来协调人际关系有着重要作用，也会影响修辞效果。①

---

① 孙汝建《话语交际的社会心理基础》，《香港现代教学论坛杂志》2001 年第 5 期。

第十二章

话语与环境社会心理

语言的使用离不开语境。语境包括主观语境和客观语境。主观语境包括言语表达者、言语接受者。客观语境包括说话的时间、地点、场合、时代、社会文化背景等具体情境。言语环境的上述构成因素影响话语的产生和话语的接受。

第一节　表达者诸因素对话语的影响

言语交际的规律之一就是使话语与表达者诸因素相协调，这些因素是身份地位、性别、年龄、职业、籍贯、思想性格、文化修养、经历、处境、心绪、说话目的等。

1. 身份地位

身份地位是表达者的社会属性之一，它往往制约着言语交际。下级对上级、晚辈对长辈多用敬称谦辞；上级对下级、长辈对晚辈常用含爱抚关怀之意的词语。古汉语中的"汝"，只能用于长辈对晚辈或平辈之间，晚辈对长辈忌用。称呼是身份地位的体现，上级对下级可以直呼其名，长辈对晚辈甚至可称小名，反向相称则不恰当。贾母可以称王熙凤为"凤丫头"，如果黛玉这样称呼，王熙凤会大发雷霆的。"嘛""啊"之类的语气拖腔，"研究研究"之类的官用词语，"亲自"的滥用，都反映了为官的特定身份地位。

2. 性别

性别差异也反映在话语中，如女性喜欢使用"吧、吗、呢、啊"之类的语气词。有人曾作过统计，女性 82 句话中语气词出现 69 次，平均为 72%，男性 141 句话中出现了 46 次语气词，平均 33%。男女的言语差异主要表现在语音、用词、交谈、体态方面。

3. 年龄

表达者的年龄因素制约着话语，儿童喜欢用叠词和摹声词。如"饼饼、糕糕、小猫喵呜喵呜叫"，幼儿园里的老师和少儿节目主持人针对儿童心理特点，使用儿语和小朋友们沟通情感。如果成人之间也用儿语交际，大学里用儿语讲课，都会令人捧腹。

青年人有青年人的言语，北京青年常用的"盖帽儿，一张分"，上海青年流行的"不要太潇洒哦！"反映了青年人追求新奇、着意创新的心理，而老年人喜欢用通俗的大众化的词语，这反映了老年人力求稳妥的心态。

称呼也反映年龄的差异。同是称呼自己的父亲，不同年龄的人有不同的称呼法。儿童无论在什么场合都称"爸爸"，青年人则在父亲面前称"爸爸"，在他人面前称"老头儿"或"父亲"。中老年人对别人称自己的父亲一般不称"爸爸"，而用"家父、父亲、家严"等庄重的词语。同是称呼自己的妻子，老年人常用"老伴、内人、老太婆、孩子他娘"，而青年人喜欢用"爱人、老婆、我那位"。电影《爱情啊，你姓什么》中，一位老年知识分子和一位青年人在一起谈"怕老婆"问题，青年人用"怕老婆"，而老年人用"惧内"。

4. 职业

"三句话不离本行"讲的是言语的职业特点。例如一位冠军运动员因感冒卧床不起，医生告诉他发烧了。他问："体温多少度？"答："41 度。"又问："那么世界纪录是多少？"这里的"世界纪录"是体育术语，运动员脱口而出用于体温，显示出职业特色。又如，一个律师的儿子回家晚了，邻居问他："你回家晚了，会挨爸爸的打吗？"他回答："不会的，我爸爸是律师，如果他要打我，我妈妈就会申请缓刑，再向奶奶提出上诉，就可以宣判无罪。"儿子生于律师之家，他的言语感染上了律师的职业特点，这真是"兵家的孩儿早识刀枪，木匠的孩儿会玩斧凿"。

5. 籍贯

籍贯对话语的影响主要表现在方言上。方言伴随人的一生，正如贺知章所云："少小离家老大回，乡音无改鬓毛衰。"一般人对乡音都有特殊的感情，在言语交际中，我们凭口音就能辨别说话人的籍贯。方言的差别主要表现在语音、词汇、语义和语法上。上海人常常学苏北人的口音说，"小三子，你家妈妈在哪块？"以造成诙谐的气氛。在闽方言中"客人"称"人客"，"拖鞋"称"鞋拖"。"们"作为名词复数的后缀，在普通话中只用于人，如"学生们、我们"，而河北藁城话有"树们、衣服们"的说法，广州话有"书们、米们、肉们"之说。在广州话中把"我先走"说成"我先行"，浙江温岭话说"我走开先"。这些方言在语音、词汇、语义、语法上的分歧势必会反映到言语交际中来。我国公安机关在案件侦破中已经采用言语鉴别的新技术，包括利用方言特征侦查罪犯。

6. 性格

著名戏剧艺术家坦尼斯拉夫斯基说："人用以说话的语言就是一把了解他的性格的钥匙。"老舍说过："一个老实人，在划火柴点烟而没有点燃时，便会说：'唉，真没用，连根烟也点不着！'一个性格暴躁的人呢，就不是这样，而也许高叫：'他妈的！'语言体现了性格，属于人物自身的'印记'，这就是性格的语言。""多乎哉，不多也""君子固穷"是孔乙己迂腐书生的性格化语言。阿Q和秀才同是骂人，秀才用官话骂"王八蛋"。而阿Q用俚语骂"妈妈的"。阿Q的求爱语言也是个性化的："吴妈，我和你困觉，我和你困觉。"如果阿Q像现代青年那样说："亲爱的密司吴，你是我心中的月亮。"他就不是阿Q了。

7. 修养

表达者的修养充分反映在他的话语中。《红楼梦》中，宝玉和薛蟠就同一话题"女儿悲"吟诗。宝玉吟道："女儿悲，青春已大守空闺。"薛蟠却吟道："女儿悲，嫁个男人是乌龟。"显示出两人文化教养的差别。

　　修养的高低不仅表现在话语的文雅和粗俗上，还反映在一般的用语差异上。某医院的大夫告诉患者，有一二十种副食品应少吃，工人听了说："这也不能吃那也不能吃，这不是叫我等死嘛。"知识分子听后说："这也忌口，那也忌口，这不是叫我坐以待毙嘛。"表达同样的意思，用语显著不同，前者口语味浓，后者书卷气足。又如马烽在《刘胡兰传》中有一段描写：玉莲不懂什么是持久战，她悄悄地问金香："金香，顾县长说的是什么'吃酒战'？金香自以为是地说道："你真是个笨蛋！连个'吃酒战'也不知道，就是喝醉酒打架嘛！喝了酒打人最厉害了，我后爹喝醉酒，打起我妈来没轻没重。"玉莲和金香都不了解什么是"持久战"，都将"持久战"理解成"吃酒战"了，这也从一个侧面反映了说话人的文化修养。

　　8. 经历

　　经历不同，话语的特点也不同。《水浒传》中林冲接管草料场时，老军对林冲说："火盆、锅子、碗、碟子都借与你。"林冲回答说："天王庙内，我也有在那里，你要便拿了去。"老军终年守护草料场，孤陋寡闻，一个"借"字透出小家气。而林冲虽然落难，但毕竟见过大世面，阅历深，见识广，一个"拿"字表现了他的豁达大度。再如，阿Q进了一回城，见识大增，说起话来，与贵同乡颇不相同，什么"条凳"，什么"革命党"，什么"小鬼见阎王"，辞藻比过去丰富多了。

　　9. 处境

　　处境不同，话语也有差别。同是赵老太爷，同是对阿Q说话，革命前后大不一样。革命前赵太爷对阿Q说话是声色俱厉的："阿Q，你这浑小子！你说我是你的本家么？""你怎么会姓赵？……你哪里配姓赵？"革命起来后，处境不同了，赵太爷对阿Q说："老Q……现在……""现在……发财么？"契诃夫小说《变色龙》中围绕"狗"的主人的变化，那个"变色龙"式的警官的话语出现了多次反复，倨恭无常。

　　10. 心绪

　　说话人心绪的好坏也会影响自己的话语。苏联小说《战争》中有一个情节，莫洛托夫等人获悉斯大林的儿子被德军俘虏的消息后向斯大林作了汇报，斯大林听了默不作声，毫无反应。莫洛托夫激动地大声发问："你怎么啦？你听见了没有？"斯大林答道："斯大林不是聋子。"可想而知，斯大林听到儿子被俘的不幸消息，心情很沉重，对莫洛托夫的催问感到烦躁而又不便直接表明，故而给出"斯大林不是聋子"这种异常的回答。人的情感往往最直接地反映在话语中，恩格斯在马克思墓前的讲话，闻一多的最后一次演讲，《高山下的花环》中雷军长对全军战士的严厉讲话，无不受到说话者心绪的影响。

11. 说话目的

说什么往往受制于为什么说，话语是围绕着说话目的而展开的。例如，求人帮忙或劝告他人，言语就要委婉些。为了达到预期的说话目的，常常要调节言语。比如，在公共汽车上。你想要对方向里移一个座位，如果以命令式的语气说："坐过去！"对方难以接受。如果改用商量的口吻说："您能不能向里移一移？"这样的言语会使你达到预定的说话目的。在一家餐厅里，顾客对女服务员说："你把大拇指伸进我的面汤里去了。"女服务员回答说："没关系，不烫。"显然，服务员误解了顾客的说话目的。再如公安人员和小偷说："当你偷窃时，你难道一点都不为你的妻子和孩子想想吗？"小偷回答说："想是想了的，但那个服装店没有女人和孩子的衣服。"清朝的徐骏写了"明月有情还顾我，清风无意不留人"的诗句。该诗系闲适之作，并无深意，有人歪曲他的言语目的，上奏皇上，说他"思念明代，无意本朝，出语诋毁，大逆不道"。皇上听信谗言，传旨将徐骏斩首，造成千古冤案。难怪古人云："出言陈辞，身之得失，国之安危也。"

表达者在言语交际中起着相当重要的作用，对此，古今名人雅士多有论述。冯时可在《两航杂录》中云："文如其人，人如其文。"《周易》曰："将叛者其辞惭，心疑者其辞歧，诘人之辞寡，躁人之辞多，诬善之人其辞激，失其守者其辞屈。"清代学者章学诚在《文史通义·文理》中说："富贵公子虽醉梦中不能作寒酸求乞语，疾痛患难之人虽置之丝竹华宴之场，不能易其呻吟而作欢笑，此声之所以有其心，而文之所以不能彼此相易，各自成家者也。"鲁迅在《花边文学·看书琐记》中曾说，写人的对话时，须达到这样的境界，"使读者由说话看出人来"。

第二节　接受者诸因素对话语的影响

就表达者而言，言语表达既要"自适"即适合表达者自身的因素，又要"他适"即适应接受者的因素；就接受者而言，接受者要主动接受对方的话语信息，并作适当调节，动态地理解话语。

"说话要看对象"这是从表达者的"他适"要求研究语言表达的基本规律：说话要充分考虑接受者的身份地位、性别、年龄、职业、籍贯、性格、修养、经历、处境、心绪、说话目的等因素，否则就是无的放矢。有个托儿所的阿姨教孩子学唱《四季歌》，当阿姨念歌词"郎呀，咱俩本是一条心"时，孩子提出异议："狼是坏东西，不能同它一条心！"阿姨教唱歌，忽视了儿童的年龄特征。阿Q不喜欢听"光"之类的字眼，这和他头上的癞疮疤有关。黄济人的小说《将军决战岂止在战场》中，写我军干部对国民党战俘们讲话："你们要放下包袱。"这时一个战俘诚惶诚恐地说："请贵军体察，我是火线上被俘的，除了一件大衣，别无行李，实在没有什么包袱可放呀！"我军干部没有考虑听话对象的身份和经历，他们对"包袱"一词的引申用法不熟悉，因而造成误解。朱元璋当了皇帝以后，从前结交的朋友纷纷求见，有的因此当了大官，一位穷朋友也来求见说："我主万岁！还记得吗？从前你我都给人看牛，有一天，我们在芦花荡里把偷来的豆子放在瓦罐子里煮着，还没等煮熟，大家就抢着吃，把瓦罐子都打破了，撒下一地的豆子，汤都泼在泥地里。你只顾从地下满把抓豆吃，却不小心连红草叶子也送进了嘴里，叶子梗在喉咙口，苦得你哭笑不得。还是我出的主意，叫你用青菜叶子放在手上拍一拍吞下去，才把红草叶子带下肚子里去了。"话没说完，朱元璋连声大叫："推出去斩了！"那位穷朋友之所以送了命，是因为他讲话不看朱元璋现在的身份和地位，触犯了皇上，招来杀身之祸。

第三节　客观语境对话语的影响

　　话语的表达和接受是在客观语境中进行的，客观语境包括言语交际的具体时间、地点、场合、时代、社会、文化背景等因素。

　　"文革"时期的话语，由于受到时代因素的制约，有其鲜明的特点。如：一位老太太春节前到副食品商店去买猪肉，老太太说要买五斤，售货员说"要节约闹革命"。这时老太太也应该回答"要节约闹革命"，售货员才好切猪肉给她。老太太不懂这个规矩，便改口说买三斤，可售货员仍旧说"要节约闹革命"，老太太又改口说买一斤，可售货员还是说"要节约闹革命"。老太太生气了。售货员解释说，我说"要节约闹革命"。你也应该说"要节约闹革命"，我就好给你卖肉了，而不是要你少买。今天看来，这好像是一个笑料，实际上这就是"文革"时期对言语交际的要求。"文革"语言已成历史的陈迹，那些政治标签式的话语，今天已不合时宜。

　　在言语交际中合理地利用时间、地点等情境因素，就会提高言语交际的效果。邓小平在卡特总统为他举行的宴会上说："我们来到美国的时候，正好是中国的春节，是中国人民自古以来作为'一元复始，万象更新'而欢庆的节日。此时此地，我们同在座的美国朋友有一个共同的感觉：中美关系史上的一个新时代开始了。"邓小平在致辞中利用春节这个特定的情境，表达了中美关系开创新时代的美好愿望。1923 年，鲁迅在北京女子高等师范学校作题为《娜拉走后怎样》的演讲，时值寒冬，听讲的女学生大都围着紫红色的绒线围巾，鲁迅因境设辞，借题发挥道："她除了觉醒的心以外，还带了什么去？倘若只有一条像诸君一样的紫红绒线围巾，那可是无论宽到二尺或三尺，也完全是不中用。她还须富有，提包里有准备，坦白地说，就是要有钱。"

　　言语交际不能离开文化背景。各民族语言反映了不同的民族文化，比如言语禁忌。西方忌"十三"，忌"星期五"，广东忌"猪舌"，说话时不能触犯当地的忌讳。我国生产的紫罗兰牌内衣，曾出口某国，出口后销路不畅，原来"紫罗兰"在那个国家的语言中是暗喻同性恋和性变态者。

言语交际也不能离开话语的背景知识。在《六十年的变迁》中，季交恕问方维夏："你知道这个消息吗？"方维夏："什么消息？"季交恕："蒋介石开刀了！"方维夏："什么病开刀？"季交恕："你还睡觉，杀人！"这里的"开刀"是指蒋介石的"四·一二"反革命大屠杀，而方维夏不了解当时的背景知识，闹出了笑话。又如刘克在小说《古碉堡》中写程副司令员向群众挥手致意，针对平息叛乱，百万农奴彻底解放，他欣然地说："乡亲们，天亮了！"农奴们并未理解："天本来就没黑，太阳刚偏西，怎么又亮了？"一句极易理解的话，这里的乡亲却不知所云，原来他们从来不知道"天亮"一词蕴含的比喻含义。

言语还必须注意场合。电影剧本《十五桩离婚案的调查剖析》中有一段对话，老年妇女："我说这位大姐呀！我说话不到的地方你有文化，能听明白，我说大姐呀……"审判员："别叫大姐，称同志，或者叫审判员，法庭开庭，别叫大哥大姐的。"法庭是庄严的场合，不能将日常生活中的称呼拿到法庭上使用。反过来，用于庄严场合的词语也不适用于日常谈话。在路遥的小说《人生》中，高加林支支吾吾地对亚萍说："有时间，我一定去广播站拜访你。""外交部的语言！什么拜访？你干脆说拜会好了！我知道你研究国际问题，把外交辞令学熟练了！"亚萍一语中的，外交辞令用于此时此刻，反而疏远了两人的关系。

第四节　语境中的说话策略

古今中外，人们对说话策略持有不同态度。英国谚语说："沉默中才有黄金"；俄罗斯谚语说，"人为什么有两个耳朵而只有一张嘴？上帝让人多听少说"。意大利人说，"维纳斯雕像之所以有千古美的魅力，是因为她从来没说过一句话"。中国人说，"草多的地方庄稼少，话多的地方智慧浅"。这些谚语无疑透露出对话多的厌恶。不切实际的空谈，巧言令色，花言巧语，油腔滑调，套话连篇等，理所当然会令人生厌，但是语言的社会功能应该得到充分的发挥，言语交际应该取得良好的效果。所以，话不在多少，而在于有用，在于说话的策略。这就要处理好下面几对关系。

1. 精确和模糊

精确和模糊各有其独特的语用场合。平常说的"大雨"是模糊词语，而气象学中指 24 小时内雨量累计达到 40—79.9 毫米。二级风在气象学中指 1.6—3.3 米/秒的风速，而在日常生活中则称清风徐来，微风轻拂。十一级风指 28.6—32.6 米/秒的风速，而生活中称作大风呼啸，狂风大作。

科学概念常用精确的表达，日常谈话则不必处处精确。如果你托人到会场上去找人，你不必精确描述此人 32 岁零 8 个月加 10 天，身高 1.675 米，体重 62.51 公斤，脸长 6.32 寸，宽 5.25 寸，根据这样精确的表达是难以找到人的。如果你用模糊的表述："此人 30 岁左右，中等身材、微胖、长方脸，戴眼镜"，倒反而容易找到这个人。在外交场合，一方向另一方发出邀请："希望在您方便的时候到敝国访问。"如规定精确的时间，就有最后通牒的意味。当然，在一些原则性的条文上不宜出现模糊表述。20 世纪 90 年代一所大学的《学生守则》中规定"不提倡谈恋爱"，学生在讨论时发生争执，有的说："不提倡就是不禁止，就是允许。"有的说："不提倡谈恋爱就是既不赞成也不反对，就是弃权。"有的说："不提倡就是禁止。"后来校方解释说："不提倡就是希望同学们将精力放到学习上。"最后又给出明确的解释："不提倡就是反对。"当然，这种解释是经不起推敲的。可见，条文中，特别是法律条文中出现似是而非的话语，条文就难以被遵守。

2. 直言和婉言

说话时所用词语的意思与所要表达的意思一致叫直言，是否直言取决于交际情境。汉语中常说"恕我直言"而不说"恕我婉言"。可见婉言比直言更能得到汉语社会的认同。同样表达"耳朵听不见"，说"耳聋"是直言，说"耳背、重听"是婉言，"生病"是直言，"不适"是婉言。词语中有直言义和婉言义，话语中也有直言表述和婉言表述。在真诚的人际交往中，还是"直言相告""实话直说"为好，感情融洽的人之间交谈不必有过多的委婉。

3. 简略和啰唆

简略和啰唆是就信息的冗余程度而言的。话语过分简略，意思容易被误解；冗余信息太多，会产生理解障碍。一般来说，"有话则长，无话则短"，话语简繁适度，才能更好地完成交际任务。当然，繁简要看具体情况，有难言之隐时，或服务性的言语中常常会有更多的冗余成分。

第五节　语境中的听话策略

善于说的人不一定善于听，听的目的在于获得信息从而理解信息，因此，准确地听就成为一种技巧。古希腊一位青年去拜苏格拉底为师，学习演讲术。他滔滔不绝地夸耀自己的口才。苏格拉底说："你必须交双倍的学费。"年轻人问："为什么？"苏格拉底告诉他："因为在我教你如何讲话之前，必须先教你如何听别人讲话。"

听话需要专心和敏感。专心倾听是对说话人的尊重和信任，是沟通与合作的基础。它可以减轻说话人的心理压力，可以使紧张气氛得到缓和。一位哲学家说过："二人合作——一个说，一个听，才能表达出真理。"我们也可以说，"一个说一个听，才能接受真理"。目前研究说话的论著很多，而探讨如何倾听的文献较少，这种重表达（说、写），轻接受（听、读）的现象是不合理的。下面粗略地提出关于听话的几种策略。

1. 要做到全身心地听

听话过程是注意和理解的过程。全身心地听要求听话时专心致志主动作出相应的听话姿势，不受分心因素的干扰，将注意力集中在对方的话语上，不打岔，不改变对方的话题。

2. 无反射的听

无反射的听就是善于沉默，很少反馈，不干扰对方讲话。说话人想讨论一些急于解决的问题，而你又无思想准备，这就要先静听；对方表态或提出见解时，要虚心倾听；对方讲话不太流畅时，要耐心听，让说话人减轻心理负担。当然，当你不同意对方的观点时，不能无反射地听，否则会被对方误解为你同意他的观点。当说话人力求得到支持和赞赏时，你应该即时表态。

3. 有反射的听

有反射的听是增加反馈联系。如果说无反射的听是"消极的听"，那么，"有反射的听"则是一种"积极的听"。由于语言具有多义性，说话又具有模糊性，听话人不理解话语时会提出一些问题来核实对方话语中的观点，就会对话语发生积极反馈。反馈方式有以下四种：

一是核实，就是向说话人问明白他讲话的确切意思；

二是套用，是听话人顺着说话人的讲法来证实他的讲话内容没有被误听，如"如果我没有理解错的话，你刚才是否说……"；

三是归纳，将说话人表述的意思做个小结，如"如果把你所说的话总结一下，那就是……"；

四是提问，即向说话人提出问题。

提问常常用于下列情况。

（1）当对方讲了你听不懂的话，你可以问："请你解释一下刚才那个术语，好吗?"

（2）当对方讲到一个棘手的问题而停下来时，你可以提问："你说的这件事有些麻烦，是不是由于……?"

（3）当对方换了话题而你又想听原来的话题时，你可以问："你刚才谈什么来着?"

（4）对方话语杂乱无章时，你可以问："你的主要意思是1……2……3……还有其他吗?"

（5）当对方话语中有言外之意时，你可以问："你是否认为我太草率了?"

（6）当对方前言和后语有矛盾时，你可以问："你刚才说的和现在说的，是不是有点不一样?"

（7）当你听懂了他的话，并想将这层意思告诉他时，你可以提问：

"你是在非常困难的条件下完成了书稿，是不是这样？"

（8）当你提出意见或解决问题的方案时，你要征求他的意见就可以问："我这个办法能不能试试？"

（9）你从对方的动作表情中发现不同意你的观点时，你可以问："你有什么不同的看法吗？"

（10）你希望对方从所谈的建议上加以选择，可以问："这些建议你认为哪一种可行？"

（11）对方不完全同意你的见解时，你可以提问："你认为如何改进才好呢？"

（12）对方的表述较笼统时，你可以提问："你能否一项项地说清楚？"

如此种种，积极的反馈提问，能使交谈顺利展开。

4. 听的态度要积极

听话时态度积极，能提高倾听效果。为了达到有效地听，必须在倾听时表示鼓励和称赞。对对方的话语热烈响应，创造交谈的和谐气氛，并对对方话语作出情感反应。

5. 听的姿势要正确

在倾听时，听话人有一些下意识的举动和表情，直接影响倾听效果。交谈时双方的目光应该平视，身体平直，态度和蔼，用面部表情配合，并作出"对、好、哦、是嘛"等口头反应。

听是一种积极能动的接受话语信息的过程，善听者应该做到：善于从对方的话语中寻找自己感兴趣的内容，听话时全神贯注，把听话看成是了解情况、增长知识的机会，避免主观臆断和偏见，避免让对方的话语影响自己的情绪，重视对方独到的见解，在谈话后理清所听内容的逻辑关系。

第十三章

婉曲批评的方法与原则

婉曲是通过恰当的措辞把原来令人不悦或比较粗俗的事情说得中听。婉曲的目的是为了避免刺激对方。渴望被肯定、被尊重是人类普遍的心理需求，婉曲批评就是适应这一心理需求而产生的言语技巧和艺术。委婉批评是用迂回曲折的言语来表达批评之意，让被批评者在比较舒坦宽松的氛围中接受批评。在彼此都比较了解的情况下，直言批评是应该提倡的，但是一般人却爱听婉曲的话，心理学的研究表明，当人在听到直言批评时，身心往往处于收缩状态，并产生消极的防御心理。如果采用婉曲的批评方法，会使受批评者放松并能冷静地听取对方的批评意见。难怪生活中有"恕我直言"而无"恕我婉言"，因此在运用语言这把双刃剑进行婉曲批评时就大有方法技巧可言。

第一节 婉曲批评的方法

比喻式。比喻式就是用比喻的方式来婉曲地批评对方。戴尔·卡耐基在《语言的突破》中谈到林肯，说林肯一直以具有视觉效果的词句来说话，当他对每天送到白宫办公室的那些冗长复杂的报告感到厌倦时，他提出批评意见，但他不会以那种平淡的词句来表示反对，而是以一种几乎不可能被人遗忘的图画式字句说出："当我派一个人出去买马时，我并不希望这个人告诉我这匹马的尾巴有多少根毛，我只希望知道它的特点何在。"林肯运用了以甲喻乙的方法，对报告的冗长提出了婉曲批评。

双关式。双关即言此而意彼。有一段时间，宋庆龄经济拮据，宋美龄亲自登门送上一沓钞票，宋庆龄婉言说道："这钞票被人用手拿过，太脏了，你知道我是有清洁之癖的。"这里的"钱脏"暗指蒋介石品质肮脏，蒋介石的脏钱宋庆龄当然是不会要的，一语双关更显其话语的分量。

藏词式。藏词即话留半句。郭沫若的话剧《屈原》中有一个楚怀王的近臣名叫靳尚，有一次靳尚想批评南后，就用了藏词式批评法："唉，南后，你怎么聪明一世……唉，不好说得。""聪明一世"的藏词是"糊涂一时"，靳尚不敢说出是怕犯上，因而只好用藏词式的婉曲批评方法。

类比式。毛泽东同志当年曾对那些刚愎自用、脱离群众的领导干部进行善意批评："我们现在有些第一书记，连封建时代的刘邦都不如，倒有点像项羽……有出戏叫《霸王别姬》，这些同志如果总是不改，难免有一天要别姬就是了。"听众哈哈大笑，并在笑声中领悟到批评的含义，这就是类比式批评的效果。

虚拟式。邓小平同志审阅了《关于建国以来党的若干历史问题的决议》后很满意，他是这样来表述他的批评意见的："要说有缺点，就是长了点。"他将客观存在的缺点用虚拟的语气表达出来。

折绕式。中央某领导同志得知蒋筑英、罗健夫病逝的消息深为痛惜，认为有关单位关心不够，并公开批评："我们不能过多地责怪长春机电所和骊山微电子公司没有照顾好蒋筑英和罗健夫。但是痛定思痛，我们仍然不能不想到，在这些方面未必没有许多欠缺。"这种批评是在跌宕顿挫中说出，让人在折绕中领悟批评之意。

模糊式。1872 年，周总理在欢迎美国总统尼克松的宴会上致祝酒词："我们两国人民一向是友好的，由于大家知道的原因，两国人民之间的来往中断了二十多年。"这里的"大家都知道的原因"是指过去二十多年美国政府对中国的不友好行为。

自贬式。将对他人的批评用自我批评的方式来表现。加拿大有位经理发现秘书经常写错字，一天，经理指着一个错字对秘书说："这字好像少了点什么，我也常常将它拼错，拼错字会显得我们不够内行，别人常常由此来评断我们。"经理明说自己，实为批评秘书。

鼓励式。1984 年，曹禺观看了中央实验话剧院演出的讽刺剧《劳资科长》后给予了充分肯定，在提批评意见时采用了鼓励式："必须注意一个问题，那就是夸张与过火的区别。我们舞台上的喜剧，应当是夸张的艺术，同时又是有分寸感的艺术，有风格的艺术。我相信《劳资科长》这个戏，会在这方面继续做出尝试和努力。"

商量式。几年前有个自称名人卫士的骗子，游遍名山大川，新闻界为此发了许多消息和专访，事实大白于天下之后，有人提出："新闻界是不是应该有所反思？"这是用商量的口吻来善意批评。

点悟式。1937 年冬天，刚从济南回到武汉的老舍在冯玉祥将军家的底楼房间创作，刚从德国回来的冯玉祥将军的二女儿与人在二楼上踩脚取暖，干扰了老舍的文思，吃午饭时老舍笑着问："弗伐，整整一个上午，你在楼上教倩卿学什么舞啊，一定是从德国学回来的新滑稽舞吧。"老舍的话引起哄堂大笑，对方领悟了老舍先生的话外音言外意。

幽默式。一位顾客到饭店吃饭，饭中砂子很多，顾客把它们吐出来一一放在桌上，服务员见状抱歉地问："净是砂子吧？"顾客摇摇头，微笑着回答："不，也有米。"这种幽默式的答话对服务马虎的作风提出了婉曲的批评。作家冯骥才访美期间，一位美国朋友带着儿子前来看他，他们在谈话时，那小孩儿爬到冯骥才的床上捣乱，老冯觉得不宜直接批评，就说了一句："请你的儿子回到地球上来吧！"那位朋友哈哈大笑并说服了儿子。

暗示式。一位大娘在百货店里买了牙膏和牙刷忘了付款，女服务员追出门外，微笑道："大娘您先别急着走，我还要给您塑料袋呢。"说着将大娘请回柜台前，一边用小塑料袋装牙膏、牙刷，一边对大娘说："大娘，这牙膏是两元一支，牙刷是九毛钱一把，一共是两元九毛钱。"大娘恍然大悟，拍着自己的额头说，"唉，我真老糊涂了，谢谢您提醒。"

婉曲批评的方式是多种多样的，婉曲批评的目的是充分考虑被批评者的心理，让被批评者接受自己的意见，语言的交锋最终是心理的撞击，在批评时是直言还是婉言，所起的效果是不一致的。例如，儿子数学不及格，父亲非常生气，连珠炮似的批评儿子："你真不争气，上次不及格，这次又不及格，你这样下去，爸爸的脸往哪儿放？你的头脑是不是木头做的，我讲了那么多遍，也该开开窍了……"如果改用婉曲的方式批评："来，儿子，考试不及格，爸爸知道你心里非常难过，不过不要紧，要紧的是应该知道是哪儿错了，我们一起查一查，下次不出错就是了。"这样批评儿子易于接受，而前一种批评方式易于在父子之间筑起心理上的防线，以至于产生逆反心理。

第二节　婉曲批评的原则

在批评他人时应该注意几条原则。

一是不要当众揭对方的短处，以免使对方感到难堪。当众批评人，最大的心理学错误在于：损坏了被批评者的社交形象，极大地损伤了他的自尊心，当众批评人，往往会使被批评者驳斥批评者对他的指责，并找出种种理由来为自己辩护。最好是找他个人谈话或在批评时无第三者在场，这样容易使被批评者心理上放松，易于接受批评意见。

二是不要故意渲染对方的错误。人有失手，马有失蹄，人无完人，金无足赤，对那些无关大局的小过错，不要张扬或故意渲染，否则会损坏批评者和被批评者双方的形象。

三是批评人时不要侮辱对方的人格。批评的目的是为了让对方改正错误，如果批评者控制不住自己的情绪，用尖刻的话语来贬低对方的人格，直接的人身攻击会使对方愤怒。

四是批评人时不要算老账。感谢他人时应顺带提及对方过去对自己的帮助，而在批评时则不可算旧账，否则对方会认为你是在找他的岔子，反抗情绪会油然而生，即使批评意见百分之百的正确，也难以收到预期的效果。

五是批评人时切忌只讲缺点不讲优点，人人都有优点和缺点，要批评一个人时，如果用"赞赏——批评——激励"的方式，会使对方口服心服，因为渴望被肯定，是人的基本心理需求，如果只讲缺点不讲优点，缺少心理上的平衡和缓冲，会使对方产生对抗情绪。

六是切忌以"老子天下第一"的方式批评人，如果在批评他人时目空一切，处处显示自己，或者处处以长者自居到处教训人，都会受到对方的蔑视和厌弃。

第十四章

劝说理论与技巧

第一节 态度及其相关的问题

态度是指人们对某一特定对象所持有的评价系统和行为倾向，它既是一种心理倾向，又是一种行为反应。态度是由过去的经验构成的，是人类个体在社会化过程中不断受到社会的潜移默化影响而逐渐形成的，它随着周围环境的变化而变化。

1. 与态度相关的四个概念

态度与意见、偏见、信念、价值观不是同一概念，但有着紧密的联系。

意见是用语言表明的态度，是个体对某一对象的解释和评价。如果从操作层面上讲，意见就是个体对某一对象的看法所作的回答，而对某一对象具有接近或回避性的倾向则是态度。

偏见是不正确的态度，是个人对他人或其他事物所持有的缺乏充分事实根据的消极态度。

信念是认知成分特强而情感成分特别弱的态度，它分为描述信念（北方人个子高大，南方人个子相对矮小）、评价信念（我相信吃瘦肉比吃肥肉好）、惯常信念（我认为不论在什么情况下，小孩总要听从父母的话）。无论信念的性质如何，总有一定的行为趋向。

价值是指态度的对象对人们具有的效益意义。态度的核心是价值，态度来自价值。人们对某个事物所具有的态度取决于该事物对人们效益价值的大小。价值观念与对客观事物意义的评价相联系，价值观的基本依据是衡量客观事物的价值标准，而价值标准与人们所处的社会文化背景密切相关，也和人们各自的需要、志趣和个性特点有关。

2. 态度的三种成分

态度有三种成分：认知成分、情感成分、意向成分。认知成分是指对事物的认知、理解、信念和评价；情感成分是对事物的情绪体验，包括尊敬、轻视、喜欢、厌恶等；意向成分是对事物的反应倾向，即行为的准备状态，也就是说态度具有完成某种行为的趋向。

3. 态度得以形成的五种环境

态度是在后天的社会生活中，通过联想、强化和模仿而逐渐形成的。其主要社会环境有以下五种。

情境。生活在一定文化环境中的儿童，与生活在同一环境中的父母、朋友等会形成相似的态度。"近朱者赤、近墨者黑"就是讲情境对态度的影响。

家庭。父母的影响和家庭的熏陶对子女的态度起着重要作用，父母与子女信息交流的明确性和恒常性对孩子会产生重要的影响。从小就生活在一个民主、和睦家庭中的孩子，由于家庭成员间平等的信息交流，态度与父母容易趋于一致。

伙伴。随着年龄的不断增长，与父母的信息交流不断减少，与伙伴的交往渐渐增多，伙伴的态度会对他的态度产生一定的影响。

团体。个人的许多态度是由所属团体影响的，同一个团体容易产生相似的态度，这是由团体文化、信仰、价值观及团体规范的长期影响决定的。

学习。学习理论中的三个原则——古典制约、工具制约和观察学习在态度的形成中具有重要作用。古典制约是说某一刺激反复出现，就会形成某种态度（主要是影响态度中的情绪因素方面）。在日常生活中，由古典制约方式所学到的态度通过类化作用往往形成非理性的态度和偏见。乡下人土里土气被称为乡巴佬，这是由于"土里土气""乡巴佬"等词语已具有引起不良情绪反应的功能，一旦这些词语反复与乡下人相联系，对乡下人就会产生不良的态度。工具制约是说对合理的态度予以奖励，受奖励过的态度出现的频率就会增大。因此，父母应经常用物质的、精神的奖励来强化子女的积极态度。观察学习又叫模仿，是指从观察他人的言行来学到同样的或类似的言行。在态度的形成过程中，父母往往成为子女最早的模仿对象。

4. 态度与行为的关系

态度是人们的一种心理倾向，是一种行为的准备状态。行为则是个体的外显活动反应。那么态度与行为的关系如何呢？一般认为，一个人的行为取决于他的思想、信仰、价值观与态度倾向，换言之，人们的态度决定了人们的行为。如果要改变一个人的行为，最好是先改变这个人的态度；反之，我们如果了解了某人的态度，就可以预测他的行为表现。

5. 语言与态度的关系

语言与态度有着密切的联系。意见作为对客观事物的解释和评价，就是用语言来表述的。偏见、信念、价值观的形成都要借助内部言语，并通过外部言语来表述。态度中的认知成分、情感成分、意向成分的产生离不开语言。

态度决定着对外界信息的判断和选择，拉姆伯特等人曾做过实验，实验开始时告诉学生："这次实验的目的是想了解大家只凭声音判定人的性格，请大家特别注意倾听说话人的语音和语调。"然后让他们听一段录音，录音带上录有10个人念同一篇文章的声音，其中5人用英语念，5人用法语念（实际上是5个人分别用英语和法语念，学生不知真相）。实验表明：同一个人，当他用英语说话时，其性格评价比用法语说话时获得的评价好。比如，在说英语时，学生评价他"个子高，风度较好，比较聪明可靠，亲切，有抱负"，等等。当他说法语时，评价稍差些。这个实验表明，人们会根据语言来判别人的性格，形成态度。又因为语言的不同，而引起判断的差别。对一些配音演员，我们往往是通过语言来形成对他们的评价和态度，像刘广宁、童自荣、乔臻、丁建华等就是靠配音塑造了良好的语音形象，使观众产生良好的态度。偏见作为不正确的态度，也反映在语言文字中，如在汉语中表现为对女性的偏见，汉字中存在对女性的歧视，等等。

第二节　影响劝说效果的因素

态度是可以改变的，引起态度改变的因素可以是直接的说服教育，也可以是间接的宣传。态度改变的过程是宣传说服的过程。在社会生活中，许多活动都包含着某种程度的说服，劝说、推销、演讲、论辩、谈判、广告等都具有改变态度的作用，这里仅对劝说加以分析。影响劝说效果的因素是：劝说者、被劝说者、劝说环境、劝说效果。

1. 劝说者

劝说者要具备下列条件。

劝说者要具有权威性。劝说者在某些领域要具有一定的学识水平和资历条件。著名法官比一般法官更能左右人们对少年犯的看法，著名语言学家比一般人更能左右人们对语言观的评价，德高望重的政治家更能左右人们对海湾战争的看法，国家防汛指挥部的水利专家更能左右人们对汛情和灾情的见解，这些就是权威效应在起作用。在日常生活中，人们对权威人士往往具有崇拜心理，一些广告利用名演员、名运动员来做，这就是利用权威效应。一位美国心理学家在给心理学系的学生讲课时，做了一个实验。开始讲课时先向学生介绍一位客人，说这位客人是一位著名的德国化学家。这位客人德语口音很重，说他发现了一种新的化学物质，并拿出一个小瓶说，这种化学物质有一股强烈的气味，对人无害。他打开瓶盖，让学生一个一个地闻过去，请闻到气味的举手，闻过的学生纷纷举起了手。其实，瓶里装的是普通的蒸馏水。这位"化学家"其实是从校外请来的一位德语教师，并非化学家，这说明是权威效应在起作用。亚里士多德说得好："与其他人比较，人们更容易和更坚定地相信完美的人。无论在什么问题上都是这样。而且为一个问题意见分歧又不能确切断定时更是这样。"亚里士多德讲的"完美的人"在生活中是不存在的，但权威人士是最接近"完美"的人，因此，劝说者具有的权威性会影响劝说效果。

劝说要具有信赖价值。信赖价值是与劝说者的学识无关的一些个人品质因素，即劝说者能否给人以公正无私的印象。如果劝说者的劝说并非出于私利，他就具有信赖价值；反之，说服力就会明显下降。

劝说者要具有吸引力。吸引力是指劝说者应具有讨人喜欢的内外特质，即劝说者和被劝说者具有相似的性格特征、生活经历和价值观念，使劝说者对被劝说者产生吸引力。吸引力取决于相近因素、相似因素、互补因素、互悦因素。俗话说，远亲不如近邻，这是指空间距离上相近，在人际关系的初期，相近因素会起一些作用。如果劝说者和被劝说者处于相近关系，且交往不太深，劝说者就具有一种天然的吸引力，易于产生"邻里效应"。相似因素是指劝说者和被劝说者的文化背景、民族、年龄、学历、修养、地位、职业、兴趣、观念、性格等不同，形成互为补充的关系。互悦因素是指劝说者和被劝说者在谈话中产生愉悦感，因此，劝说者的真挚性和技巧性都会影响互悦因素。

劝说者要使对方产生归属感。归属感来源于群体或团体。团体能使被劝说者产生归属感。如果被劝说者对他所属的团体十分信任，团体的代表作为劝说者会影响他人态度的改变。如果不改变态度，就不符合团体的标准和规范，就会失去归属感。事实上，团体也是一种特殊的权威，和团体保持一致可以获得一种安全心理和认同心理，最终获得归属感。

2. 被劝说者

被劝说者能否改变态度，与他原有的信念强度和人格因素有关，也与劝说的方法和技巧有关。

影响信念强度的因素主要有以下四种。一是既成事实。假定你看中并买下了一本喜爱的书，尽管有人说这本书太贵，劝你别买，但也无济于事。二是公开声明。自己的态度是否公开声明过，对自己的信念强度会产生很大影响，变更公开声明过的态度有很大困难，因为这意味着自我否定。三是自由选择。自由选择的信念比被迫选择建立的信念更难改变。改变自由选择的态度，也意味着自我否定。四是涉及程度。即个人在某种观念中涉足的深浅，对某种观念涉足越深，就越难被说服。

被说服者的人格因素包括性格和智能两个方面。性格与年龄、个性等相关，不同年龄组的人性格不同，不同的个性如胆汁质、多血质、粘液质的人在性格上也在差别。缺乏判断力，依赖性强，容易信服权威的人，很容易接受他人的劝告而改变自己的态度。自我防卫机制强烈的人，其态度很难改变，他会尽力保护自己已有的态度以增强自尊。智能水平高的人理解力强，态度难以改变，如果要改变他的态度往往也是主动的。而智能水平低的人缺乏判断力，易受团体态度的压力，经说服会被动地改变自己的态度。

3. 劝说环境

劝说是在一定的言语环境中进行的，环境因素主要是预告、分心、重复劝说、团体归属、差异、畏惧程度。

预告。实验表明，劝说前先让对方知道内容的要点，即让被劝说者接受预告，会增强被劝说者的抵制力。因为，被劝说者接受预告后，会利用从预告到劝说之前的缓冲阶段思考一些问题，以致形成必要的反论证，以增加对劝说的抵制力。

分心。分心的实质是为了影响被劝说者的注意力。实验表明，当被劝说者本来就反对某一说服性意见时，用分心来干扰他的反论证，会促使其态度的改变。否则，分心反而会削弱说服的效果。

重复劝说。一般情况下，重复劝说会促使态度的改变。但重复过多会"物极必反"。

团体归属。被劝说者所属的团体与态度的改变有密切关系，当劝说者对团体有认同感、归属感和忠心时，团体或团体代表的劝说，容易改变他的态度。

差异。差异是指劝说者所维护的观点和被劝说者原有态度之间的差异程度。差异越大，态度改变的可能性越小。

畏惧程度。人们在劝说时往往将行为的不良后果作为劝说的理由，目的是引起他的畏惧感，使其改变原有的态度。畏惧程度越高，改变态度的可能性越大。

4. 劝说效果

劝说的效果有五种状况：一是使被劝说者对劝说者的劝说内容产生共鸣和关心，二是使被劝说者依照劝说者的劝说内容采取行动，三是使被劝说者与劝说者采取同一步骤，四是使被劝说者赞成劝说者的意见和行动，五是使被劝说者重视劝说者的立场和信念。

20世纪20至30年代，在劝说问题上曾风行一种"枪弹论"。认为被劝说的对象只是一群毫无防御能力的"固定靶"。只要劝说者去瞄准他们，就会说服他们。事实上被劝说者有思想、有感情、有信念，如果在劝说过程中不考虑被劝说者的因素，这就像"飞去来器"这种弯棒武器一样，抛出去仍会飞回来，就会产生"飞去来器效应"。因此说服性交际首先要有正确的动机和出发点，使劝说不违反言语修养标准，要恰当选择话题和组织话语，实事求是地提供信息，使劝说保持健康的情调，把握好劝说对象的心理状况，并讲究劝说的技巧和方法。《芝加哥太阳时报》"忠告专栏"作家莱法勒30余年中，收到8万多条忠告，涉及各个方面。她写的忠告能针对对方的特点和社会心理因素，使被劝说者在被说服过程中得到心理满足，因而取得了理想的劝说效果。

第三节　劝说技巧

1. 巧用数字

心理学的研究表明，数字可帮助人们形成可信度，劝说时可以利用数字来增强可信度。一位教授乘飞机出差，听说前不久发生了劫机事件，后悔没有乘火车。航空公司的一位职员笑道："先生太胆小了，统计学家计算过，劫机事件的成功率只有1/100万，就好像是中彩票一样。"教授反驳说："即使是买彩票，还是存在中奖的机会呀。"职员又劝说道："我告诉你一个大大减少劫机成功率的方法。现在我们假定这架飞机上有一个劫机者，它的可能为 1/100 万，现在你认为自己也是个劫机者，两个劫机者不约而同碰到一起的机会就变成了 1/10 亿了，这是一种微乎其微的可能，可以说是一生中也难中到的一张彩票。"经过职员略带诙谐的论辩式劝说，一串串的数字终于使教授悬起的心又放下了。在说服过程中，我们可以用数字作为论据。但这种数字既要准确又要精确，并且要信手拈来，随口说出，必要时可作数字对比。美国 350 多家"市场调查"公司作过一次联合调查，发现人们对数字有一种"迷信"心理，劝说过程中我们可以有效地加以利用，如有些医药广告所讲的 98% 以上的治病率，就是利用了人们对数字的"迷信"心理。

2. 借助权威

为了增强说服力，可以借助权威人士的言行来增强说服效果。某大学生物系在进行爱国主义教育时，有的学生提出"科学没有祖国"的观点。为了让学生全面认识这个问题，老师引用了法国微生物学家巴斯德的名言"虽然科学没有祖国，但是科学家是有祖国的"。并讲了巴斯德在普法战争中把德国科学院颁发的荣誉证书退回去的故事，使那些学生有所醒悟。在引用名人名言、名人轶事时应考虑与话题的紧密联系以及劝说对象的可接受性，切忌拉大旗作虎皮，以权威吓唬人。

3. 事实说话

事实胜于雄辩，在劝说中运用无可辩驳的事实，可以收到较好的说服效果。先秦时，秦王讨厌各国来秦游说，下了逐客令，李斯亦在其列。李斯上书秦王说，泰山不拒勺土才能成其高，河海不择细流才能成其深，王者不却庶众才能成其德。过去秦穆公称霸，从西方的戎得到由余，从东边的宛得到百里奚，迎来宋国的蹇叔，从晋国求得公孙支和丕豹。秦孝公用商鞅之法，惠王用张仪破坏六国合纵，昭王用范雎"远交近攻"的谋略。这四位国君都是依仗客卿才取得成功的。客卿有什么对不起秦国的，大王一定要驱逐他们？这样一来，客卿一定离开秦国为他国所用，再想求得为秦国效力的人恐怕就难了。李斯在《谏逐客书》中用一件件历史事实，使秦王醒悟，下令废止逐客令，找回被逐的客卿，李斯的劝说收到了较好的效果。

4. 情理相济

"感人心者，莫先乎情。"动之以情，晓之以理，情理相济是很好的劝说技巧。情理相济就是将情感的劝说和理论的劝说糅合在一起，既动之以情，又晓之以理。比如劝人戒烟，可以将吸烟对健康的危害和短寿结合在一起加以宣传，再加上情绪的感染：抽一根烟，缩短六分钟的寿命，为了您的身体健康长寿请戒烟！同时还可以分析香烟所含的各种化学成分，从医学的角度使吸烟者在理论上认识吸烟的危害性，从而自觉戒烟。在劝说中，被劝说者往往会受到劝说者的情绪感染而动摇原有的态度。

5. 曲线救国

要想说服对方，有时可以来一点"曲线救国"。比如，售货员热情地向顾客介绍某个新产品，有时顾客反而拒绝接受。如果这位售货员当着顾客的面，巧妙地电话通知自己的知心朋友赶快来买这个新产品，那位顾客可能会立刻改变原来的态度而买下原先不想买的商品。这种曲线说服的方法如能运用，往往会产生意想不到的效果。

6. 征服其心

"攻心为上"是《孙子兵法》的谋略之一，征服其心就是攻心术在劝说中的运用。诺贝尔奖获得者、美国医学家卡雷尔到欧洲讲学，欧洲医学界极力劝他留下。法国里昂大学专门为他兴建了研究所，卡雷尔动心了。卡雷尔的美国同事却正等待他返美。同事们给他发了一封电报："几颗心还活跃在玻璃瓶子里，等待着你的归来。"卡雷尔收到电报的第二天便返回美国，原来同事们抓住了卡雷尔的心，采用的是一种攻心术：卡雷尔当时正在研究心脏移植，"那几颗心"是为了搞试验用营养培养素泡在试验瓶里的鸡心，电报抓住了卡雷尔的心，产生了神奇的劝说效果。

7. 层层剥笋

劝说时为了减轻对方的心理压力，可以将劝说者的观点产生的副作用或危害性用"微分"的办法逐一加以排除。例如，美国兵役局心理学家说服那些不愿服兵役的青年："战争期间当兵，的确会给生命带来一定的威胁，但是危险性究竟有多大呢？一个青年一入伍，便有两种可能：一是被派往作战部队，一是被派往后勤部队。派往后勤部队的人可以说没有什么危险。派往作战部队的人也有两种可能：一是被派往前线，一是被派往后方。留守后方的人便没有什么危险。即使派往前线也有两种可能：一是战斗中受伤，一是战斗中没有受伤。即使受伤也有两种可能：一是受轻伤，一是受重伤。受轻伤的住院一段时间就会康复，受重伤的人也有两种可能：一是救得活，一是救不活。救得活的当然就没有什么危险了，救不活的，由于已经没有知觉，所以也就不存在什么安全和危险的问题了。"这种劝说似乎荒谬离题，但它采用了由大到小的剥笋式劝说术，富有一定的启发性。

8. 得寸进尺

如果说层层剥笋是由大到小的"微分"法，那么，"得寸进尺"就是由小到大的"积分"法。要说服对方，应该分阶段分步骤提出要求，一步一步地有顺序地说服对方，不能急于求成。这种方法被行为心理学派称为系统脱敏法，这种心理治疗的手段，也可用于劝说。美国社会心理学家弗里德曼曾做过一项对比实验，他以家庭主妇为被试，向一组家庭主妇先提出在家门口挂块牌子的要求，获得同意后，又提出在她家院子里竖一个架子。而向另一组主妇同时提出挂牌子和竖架子的两项要求。结果，前一种做法比后一种做法更易于为家庭主妇所接受。这是因为，劝说者劝说的内容和态度，要经过被劝说者的认知判断。劝说者的态度即内在定锚点与被劝说者原来的态度即内在定锚点有一个差距，差距小就会被同化，差距大就不能被同化。被劝说者对劝说者的态度有一个接受或容忍的范围，即"接受纬度"。同时也有一个不愿接受或排斥的范围，即"拒绝纬度"。对被劝说者的劝说应控制在"接受纬度"之内，两步法比一步法的好处就在于将有可能达到"拒绝纬度"的劝说信息分两次由大化小地纳入"接受纬度"，使被劝说者分步接受。

9. 退后一步

美国独立战争以后在费城召开了历史上著名的制宪会议，在宪法草案表决前，人们对条文发生了激烈的争论，第一部宪法有可能流产。独立战争中卓越的领导人富兰克林焦虑万分，他用平静的语气劝说道："老实说我也不赞同这部宪法。我想出席这次会议的各位也都和我一样，在一些细节问题上还有争议。但我认为这是正常的，正如我富兰克林活了这么大还有许多缺点一样，我们怎么要求刚诞生的宪法就完美无缺呢？假如不完善就不能签署，那么我得认真考虑一下，我是否应该在草案上签名，因为我本身就不是一位完人。"富兰克林平静的劝说，终于促成了被称为"民主宪法之祖"的美国宪法的诞生。富兰克林的劝告采用了退后一步，承认自己有错的做法。"人非神仙，孰能无过"，以此类推宪法，产生了很好的说服效果。

10. 变换角色

有时为了使被劝说者同情和理解劝说者的观点，可以让被劝说者变换角色，充当劝说者来理解劝说者的观点。假如被劝说者比劝说者的地位高，这种劝说方法效果较好。一位美国陆军上将回忆说，青年时期他报考西点军校，按规定，申请读该校必须要持有当地社会名流的推荐信，他没有这样的人事关系，于是，只好硬着头皮去劝说名人帮忙。他设计了许多劝说辞，最后选中了"先生，如果您也是一位渴望进入西点军校的优秀青年，您会怎样呢？"这关键的一句话使他的劝说获得成功，他所崇拜的名人，都欣然为他写了推荐信。这种变换角色，让被劝说者设身处地站在劝说者的角度来思考问题的方法就是"将心比心"，它最能引起双方的心理沟通。

11. 提问劝诱

提问劝诱是通过一连串的提问，让被劝说者放弃自己原来的态度和观点。药剂师走进附近的书店，从书架上拿下一本书问道："这本书有趣吗？"书商说："不知道，没读过。"药剂师说："你怎么能卖你自己未读过的书呢？"书商说："难道你把药房里的药都尝过吗？"书商用提问劝诱的方法使药剂师放弃了原有的看法。

　　以上各种劝说方法都是巧妙运用语言的结果。语言是劝说信息的载体，要准确得体地传达劝说信息，就必须字斟句酌、灵活恰当地使用语言。例如，少用"我"多用"我们"强调伙伴关系，使被劝说者产生归属感；话语要留有一定的余地，不把话说死，等等。只有运用得体的劝说技巧，才能收到理想的劝说效果。

第十五章

流行语与流行心理

流行语是指在一定时期、一定社群内被人们普遍使用的话语形式，一般为口语，可以是词、短语、句子。流行语能否进入语言系统，要靠时间去过滤。流行语主要流行于当代大中城市的青少年群体，也影响到其他社会阶层，带有社会方言色彩。

第一节　中学生流行语

中学生是流行语的最易接受者，这在某种程度上反映了他们热衷于追求新奇的年龄特征。尽管他们内部各个群体常用的流行语不完全一样，在内容、风格等方面也存在某些细微差别，但他们在流行语的使用上都体现出一种团体意识和创新心理。

20 世纪 80 年代至 90 年代中期，改革开放带来国产片的繁荣，中学生用当时流行的影片名称拈出了一篇短文：

课堂提问：《哑女》《哑姑》

老师来了：《这里的黎明静悄悄》

班主任：《垂帘听政》

数学课：《R4 之谜》

化学课：《精变》

语文课：《老北京的叙说》

外语课：《天方夜谭》

美术课：《赤橙黄绿青蓝紫》

生物课：《血疑》

自习课：《大闹天宫》

考试前：《顾此失彼》

考试后：《莫斯科不相信眼泪》

宣布成绩：《悲惨世界》

家长会后：《今夜有暴风雪》

转学后：《勿忘我》

　　流行是一个时间概念。今天，当你走进中学校园时，中学生的话语可能有些很难听懂了。

　　某日在学校门口，一个男生不小心踩了一位女生的脚，男生说："sorry!"女生说："TMD! 道歉有用的话，要警察干吗?"男生说："蛋白质呀你! 道歉你还不高兴?"女生怒气冲冲地说："BT!"然后扭头走了。旁边的围观者说："哇噻! 真衰! 遇见这么不讲道理的人。"也有人说："那男生真够286了。"

　　这些流行词语是不是够让人琢磨的? 其中"TMD"（他妈的）是网上流行的骂人话；而"道歉有用的话! 要警察干吗!"是台湾电视剧《流星花园》中主人公道明寺用来要派头的话；"蛋白质"是骂人"混蛋、白痴、神经质"；"BT"则指变态，如"你个BT"（名词，表示变态的人），"你BT啊"（动词），"你太BT了"（形容词，表示惊讶）；"衰"是指太笨、差劲的意思；"286"原本是指电脑分级，以"286""386""486""586"来区别速度的快慢和功能的优劣，"286"引申过来骂人"反应迟钝"。

　　有关专家曾对近千名中学生进行了一项调查，排列出中学生最常说的流行语：真酷、酷毙了、去死吧、我去、哇噻、恶心、也不行、帅呆了、白痴、上网去、变态、有没有搞错。

　　"青少年最擅长使用、创造流行语。这大概源于青少年追求时髦，乐于创造，喜欢标新立异；同时，他们之间交往频繁，生活和学习压力大，容易产生群体认同的交际符号；相对而言，他们没多少社会、政治权利，他们用流行语作为一种反主流文化的工具，作为反权威和传统的武器，作为发泄的方式。"① 另外，网络文化以其独有的魅力也引发了一些中学生对流行语的追逐和迷恋，他们在网络中创造着、表达着、娱乐着、宣泄着。你说，我说，大家说，自然就流行了。

中学生使用流行语在性别上的差异并不大。因为年纪小，无论是男生还是女生，求新、猎奇是他们的共同特点。而且女生还没有产生那种性别上的顾忌，在使用流行语方面并不比男生弱，有时甚至表现得更积极。这也许是因为女生语言接受能力更强的原因。像"酷""帅呆了""哇噻"等目前较为流行的词语进入口头禅中，这一现象在女生中较多，一些女生为了追求与男生平等，在流行语的使用频率和用语上都有意识地向男生看齐。

第二节　大学生流行语

大学生思想活跃，接受能力强，迷恋新奇。面对繁重的学习压力和复杂的成人世界，他们往往用一种戏谑的态度缓解压力，用一种玩笑的方式解构社会的严肃。

有一则短文题为《八十年代情话录》，写的是 20 世纪 80 年代的大学生谈恋爱时使用流行语的情形：

"我得到一条信息：听说你爱我，是吗？"

"这条信息反馈得真快！"

"太好了！我……我恨不得……恨不得承包……"

---

① 李丹《浅析中学生言语社区流行语》，《淮北煤炭师范学院学报（哲学社会科学版）》2003 第 4 期。

"承包什么？"

"承包您的全部爱情。"

"妈妈原来说由我自己做主的，就怕到时不给我落实政策。"

"我们不需要父母的赞助。"

"小声点！你的喉咙立体声似的，又不是做广告，要搞得人人皆知。"

"不会有人听到的，这儿是公园里最幽静的地方，是恋爱的特区！"

男女大学生在对话中使用了"信息、反馈、承包、落实政策、赞助、立体声、广告、特区"这些充满新时代气息的流行词语。

时代在变化，当时的大学生已经走向社会，今天大学校园的"新生代"有着自己的流行。

大学生＝吃饭＋睡觉＋谈恋爱

猪＝吃饭＋睡觉

所以：大学生＝猪＋谈恋爱

大学生－谈恋爱＝猪

即：大学生不谈恋爱的都是猪

同理得出：猪只要谈恋爱就可以变成大学生

所以：大学＝大型猪圈

老师＝养猪专业户？

在大学校园里，男女生交际时出现的新的称呼语也很时尚：

男生一毛不拔，就叫他铁公鸡。和他在一起的女生，叫鸡舍清扫员。

男生趁火打劫，就叫他土匪。和这个男生在一起的女生，叫压寨夫人。

男生脸上沟壑分明，就叫他作战地图。和他在一起的女生，叫战地指挥员。

男生长相惨不忍睹，就叫他车祸现场。和他在一起的女生，叫救死扶伤。

男生脸皮太厚，我们就叫他太后。和他在一起的女生，叫皇阿玛。

男生娘娘腔，就叫他东方不败。和他在一起的女生，叫笑傲江湖。

男生在网上惹人呕，就叫他青蛙，和他在一起的女生，叫恐龙。

男生不分好歹就掏钱，就叫他甲鱼。和他在一起的女生，叫马家军。

男生随叫随到，就叫他外卖。和他在一起的女生，叫老板娘。

男生爱管闲事，就叫他莫须有。和他在一起的女生，叫满江红。

男生脾气火暴，就叫他霹雳雷火弹。和他在一起的女生，叫她忍者神龟。

男生弱不禁风，就叫他一根蔗。和他在一起的女生叫护身符。

男生爱打小报告，就叫他逐屁之夫。和他在一起的女生，叫麦田里的守望者。

男生脚踏几条船，就叫他挪威的森林。和他在一起的女生，叫天龙八部。

男生孤僻愤世，就叫他百年孤独。和他在一起的女生，叫爱相随。

男生见钱眼开，就叫他猫眼。和他在一起的女生，叫007。

男生死气沉沉，就叫他敦煌石窟。和他在一起的女生，叫她古墓丽影。

1. 大学生是流行语的"创造者"

大学生创造流行语主要有以下几个特征。

一是专业术语通用化。大学生正在接受专业性比较强的高等教育，受所学专业的影响，专业术语自觉或不自觉地在日常口头交际中广为运用。如：

> 286：计算机术语，电脑中相对运行速度比较缓慢的机型，指行动迟缓的人。如：这人真286。
>
> 内存：计算机术语，电脑内部存储信息的容量，指人的知识水平。如：他内存不够。
>
> 死机：计算机术语，电脑程序运行中止，无法继续往下进行。指正在做的事因思维障碍等原因，无法继续往下进行。如：这个问题想不出来了，死机啦！
>
> Copy：计算机术语，"复制"，指考试或练习抄袭他人。
>
> Delete：计算机术语，"删除"，指彻底完蛋了或取得完全胜利。
>
> 垃圾股、绩优股、崩盘：经济学术语，分别指没有前途的股票、前景光明的股票、股市行情暴跌。分别指不优秀的人或没人爱的人，优秀人物或可爱的人，分手。如：他们俩一个垃圾股，一个绩优股，凑在一块儿，哪有不崩盘的？

二是异语。异语是指两种以上的语言混合，多数是汉语和英语的混合。如大学生流行中英文混合的流行歌谣：

> 本人今年刚 twenty，有幸进入 university，考试只求 sixty，没钱只管找 daddy，生活本来不 happy，因为学习不 easy，何必整天去 busy，不如找个好 lady，回家去抱胖 baby。

三是词语别解。

打土豪、放血：让得了奖学金的同学请客。

半夜鸡叫：夜里BP机、手机响了起来。

黄昏恋：大学快毕业了开始谈恋爱或黄昏时锻炼身体。

九三学社：指早上9点上床睡觉，下午3点起床者。

武大郎：武汉大学的男生。

老生常谈：老生给新生介绍学习经验。

后起之秀：后起床的同学。

补充能源：吃夜宵。

中奖：课堂被老师提问。

可爱：可惜没人爱。

偶像：呕吐的对象。

捧场：上课时给老师捧场。

上班：同恋人约会，每日时间长且有规律。

铁托：铁了心考托福（"铁托"是南斯拉夫一位总统的中文译名）。

托福：托美国的福。

神童：有神经病的儿童（大学生）。

冒号：冒充病号。

早睡：早上已经上课了，还在宿舍睡觉。

迷信：迷恋着、盼望着来信。

天才：天生的蠢材。

四是创造新词语。

校草：大学学院里最帅的男生。

被挂、被卡：考试不及格。

网虫、书虫：对电脑或书很痴迷的人。

重修专业户：多次重修的人。

舍撮、班撮：以宿舍或班级为单位的聚餐。

五是辞格造词。

（1）比喻。如：

葛朗台：以小说中的贪婪人物喻指小气的人。

孔雀开屏：喻指人自作多情。

花间派：以文学派别喻指对异性泛爱不专的男生。

鸳鸯蝴蝶派：以文学派别喻指恋爱的同学。

山水派：以文学派别喻指热衷于游山玩水的同学。

笨鹅：喻指比较笨拙但又比较可爱的女生。

名捕：喻指考试或阅卷中铁面无私、坚持原则的老师。

（2）双关。如：

多媒体：以电脑术语谐音双关"多没体面"。

太监：谐音双关，指太奸诈。

三味书屋：充满各种气味却又摆满了书的男生宿舍。

1.414：谐音双关"意思意思"；也有谐音双关个子矮，身高只有
1.4 米。

-7：谐音双关"夫妻""恋人"。

早恋：早锻炼。

大喜之日：完全彻底清洗一次的日子。

奋发图强：谐音"粉发涂强""涂脂抹粉"。

特困生：上课时特别爱睡觉的学生。

（3）仿拟。如：

卧谈会：仿"座谈会"，指躺在床上聊天。

麻派：仿"托派"（托福派，指沉湎于考托福的学生，而"托派"最初是托洛茨基派的简称），指打麻将的学生。

晒月亮：仿"晒太阳"，指月光下谈恋爱。

也有仿篇的。如：

酒醉不知归路，误入校园深处。呕吐，呕吐，惊起鸳鸯无数。（仿李清照词）

春花秋月何时了，往事知多少。教室昨夜又用功，考试不堪回首课堂中。（仿李煜词）

（4）反语。如：

好彩：指好出风头。

好白：指好白痴。

（5）拆字。如：

竹本一郎："竹本"是"笨"字的拆解，即"笨蛋一个"。

自大了一点儿："自""大""点儿"是"臭"字的拆解，即"臭"。

马叉虫："骚"字的拆解。

刀巴："色"字的拆解。

吐血、晕倒：指接受不了对方的观点呈惊诧状。

（7）借代。如：

n爽：用数学上表示多的"n"来代替多。

东1：用女生住的"东1号楼"指代女生楼。如，周末时未到，团团围东 1。

（8）异称。如：

班头儿：指班长。

六是选用书面词语。

他母亲的！（他妈的！）
你容我说。（容：容许）
你深刻地负了我！（负：辜负）
最近颇兴奋。今天颇冷。（颇：很）
我今天很愁苦。（愁苦：有点烦）

2. 大学生是流行语的最大"消费群"

大学生爱追随流行，使用流行语的形式多、范围广，这是其他群体无法企及的，而性别差异在这个群体中的表现较为突出。据研究，流行语的使用频率男生高于女生，男生和女生在词语选择上有差异。

大学生的口头禅中脏话占有较大比重。尤其是男生 193 个口头禅的脏话类就有 82 个，占 42.5%，并且脏话的相似性很高。主要有两类：一类是"国骂"；另一类是使用污秽词语，有的甚至不堪入耳。而女生的口头禅中除去"国骂"之外，几乎没有任何难听的脏话，更多的是表惊讶、表感叹、表亲昵的一般语词。

就口头禅使用的场合而言，女生在家中与亲人交谈时使用口头禅的比例明显高于男生。特别是对大学生在口头禅中不使用脏话的态度，59.2% 的女生持赞成，远远高于男生 25.8% 的比例。

从搜集到的语料看，女生的口头禅更加文明，她们在口头禅中极少涉及粗话、脏话，除了大家觉得可以接受的"国骂"之外。

有人进行了男女用语差异的调查，得出以下结论。

男性较女性常用的词语：废、磕、掐、找灭、找 cei、叫板、造、操、齐活儿、玩儿牵的、泡妞儿、不开面儿、雏儿、三八、零碎儿、操行、危、糙、牛。

女性较男性常用的词语：哇噻、省省吧、酷毙、帅呆、够档次、有没有搞错、冒泡儿、搞笑、泡吧、都是……惹的祸、都是我的错、哪儿凉快哪儿待着去、老爸、大腕儿、小 case。

第三节　流行语与流行心理

对于许多年轻人来说，流行语的使用是出于习惯，很多年轻人表示说流行语是因为"说来顺口"，但在其下意识中更多是出于一种不甘落伍，不愿在同辈人中显得不合群的心理，因为"我的同伴们都说"。在他们看来，流行语的使用不仅不显得"粗俗"，而且还是其社会身份的一种标志。因为他们有着相同的价值取向，共同使用具有代表性的语言模式有助于加强他们之间的伙伴关系，还能给他们带来心理上的满足和欢娱，很多年轻人表示说流行语"有意思""好玩儿"。

此外，流行语的使用也是年轻人逆反心理的反映。有相当一部分年轻人认为说流行语"有个性"。有人认为"精辟的流行语能更痛快地宣泄感情"。在学校环境中，传统价值（如要求学生服从、听话）在通常的教育中占据支配地位，流行语的使用可以说是学生对这种观念采取的抗衡反应，男生的抗衡意识强于女生。当然，还有其求新求异以显示自身价值的心理影响。流行语中有一部分是他们玩语言文字游戏的产物。随着年龄的增长，生活环境的改变，受其他社会因素的影响，人们开始具有按照不同的社会环境选择不同词语的能力，言语行为会逐渐明显地向权威的规范形式靠拢。

女性在男性社会中扮演着不同的性别角色，女性对于自身的认同往往需要借助男性视角才能完成，从而使女性中很多人趋向于反叛既定的角色。这种不满的冲突在语言使用中也体现出来。尤其是在对待大学生使用类似"国骂"的脏话的态度上，持理解态度的女生比例是 34.7%，高于男生的 26.9%；相反，反对女生口头禅中出现脏话的男生比例高达 44.7%，而女生中持反对态度的只有 38.8%，低于男生。不难看出，女性对自身的判断往往企求打破男女性别差异。

语言使用的偏好造成男女用语的风格差异，男性会尽量使用能够表现其集体归属的词语，女性则少有这种集体意识。女性更容易使用一些能表现其文化层次高和较为"女性化"的词语，一些强势方言如流行的言情影视作品中的词语更易为女性所采用。"情深深雨蒙蒙""没商量"等就是典型的例子，"你总是心太软""最近有点烦""都是……惹的祸"，这些都是女大学生爱用的流行语。

在女大学毕业生中流传着这样的流行语："看住你的男友"，"做男研究生的家属一同被招聘方接收"。如果说过去女生中还有一门心思读书的"书呆子"的话，那么现在，读书不忘交友已成为部分女生非常实际的人生态度。女生中甚至还流行"干得好不如嫁得好"的说法。在就业形势对女生不利的情况下，略带有功利性的爱情，没什么值得大惊小怪。

第十六章

话语与性差心理

男女的性别差异，可以从三个层面来分析：从生物学的角度看，男女在生理上存在的差异称为性别生物差异；从心理学的角度看，男女在个性心理的特征上存在的差异称为性别心理差异；男女在社会行为方式上存在的差异称为性别角色差异。①

传统语言学不研究语言的性别差异，到了社会语言学，才开始研究语言与性别的关系，但它只着眼于语言性别变异的研究，很少涉及性别心理差异和性别角色差异。

事实上，语言运用作为一种社会行为，的确存在着性别差异。奥斯卡·王尔德说过："妇女是妩媚动人的，她们可能从来不想说什么，但是她们一旦说起来却足以使人销魂荡魄。"女性的言语为什么会产生销魂荡魄的神奇魅力呢？这和女性的言语特点是分不开的。据切里斯·克雷默研究，女性言语所具有的特点是：絮絮闲聊、柔声轻语、急速流畅、礼貌友好、情意绵绵、唠叨不断、坦然无隐、多于细节、彬彬有礼、热情洋溢、词斟句酌，有时莫名其妙令人不得要领。而男性言语的特点是：傲慢自负、使用咒语俚语、盛气凌人、气粗声大、言语有力、直来直往、敢说敢道、不容置疑。这种评论有相当大的主观性，但也说出了男女言语表达的大致特点。男女在语音、用语、交谈三个方面存在着差异，形成这些差

---

① 本章主要内容，作者曾在上海人民广播电台 2000 年 10 月 30 日《推普乐园》节目中播讲。

异的原因可从生物、心理和性别角色等不同角度加以阐述。

第一节　语音差异

1. 女性发音的绝对音高高于男性

音高是声音的高低，它决定于发音体振动的快慢，人类的发音体是声带，声音的高低和声带的粗细、厚薄、长短、松紧有关。在物理学上，把发音体在一定时间里振动的次数称为频率，频率越高声音越高，频率越低声音越低。男性的声带长而厚，所以说话时声音比女性低。例如在发普通话的 a 时，成年女性的发音频率为 300—400Hz，而成年男性的频率在 160—200Hz 之间。语音的音高是相对的，不是绝对的，也就是说语义的表达是依据相对音高而不是绝对音高。如男女都用普通话发"妈、麻、马、骂"这四个不同声调的字，就绝对音高来讲，女性的发音往往比男性高，可是这种差异并不影响语义的表达，能影响语义表达的是相对音高的变化，无论是男性还是女性，如果"妈、麻、马、骂"的相对音高把握不准，就会影响语义的表达。

2. 女性的语音听觉比男性更敏感

女性的听觉感受比男性敏感，女性比男性更容易分辨声源的位置，更善于利用耳内音量的大小来判别声源距离的远近。女性听觉的绝对感受性比男性强，因此，她们辨别声音频率的能力强于男性。据研究，年轻女性对音高中每秒钟几次振动的差异都能觉察得出来，难怪生活中女性的窃窃私语可以在声音极低的情况下进行，而男性要做到这一点就不太容易。

3. 男性发音比女性含混

在随便的场合，北京男性青少年说话时，轻声音节特别多，而且常常把部分辅音发成卷舌元音，比如把"反正"发成"反二"，把"保证"说成"保二"，语音比较含混。这种现象在同龄女孩子中极少出现，也不大出现在 5 岁以下的男孩和中年以上的男子中。社会刻板印象认为女性讲话应该温文尔雅、合乎规范。如果女孩子带有这种语音特征，则被看成"有男孩子气"。

4. 年轻女子的发音比男性更娇柔

在北京的电车上，常常听到年轻的女售票员说："王府井到了，请下车。"将"井""请""下"中的声母 j、q、x 发成了类似于 z、c、s 的音，这就是所谓的"女国音"现象。"女国音"基本上和青春期共始终，据调查，现在北京初一的女学生中"女国音"现象很少，为 15.21%，因为她们当中有相当一部分尚未成年，但高一、高二的女学生正当 16 岁前后，"女国音"现象猛升，即由高一的 17.24% 猛升到 45.23%，大学一年级时，"女国音"现象又增为 66.66%，婚后或工作后的女性，"女国音"现象消退，只有少数人保留到中年，而老年妇女中几乎没有发现"女国音"现象。"女国音"是受社会心理因素支配的，一种由来已久的社会风气认为女孩子说话嘴巴不宜张得太大，血盆大口有伤风雅，樱桃小口发出轻声细语才符合女子的身份，还有人认为尖声娇气好听，因此有的女孩子在发音时就尽量让嘴张得小一些，声音尖细些，结果就使得 j、q、x 的发音部位尽可能靠前，直到有一部分成了尖音。

北京女青年一般认为：这样"嗲"着发音才显得娇柔，这样说话才好听，即使发音者本人没有明确意识到，也可能是受潜意识支配的，虽然将 j、q、x 发成类似于 z、c、s 偏离了普通话的标准音，但是长期以来，它获得了一种"娇柔"美的社会评价，因此继续受到女性的青睐，今天的北京年轻女子中仍流行"女国音"，以致中央电视台有的女播音员也偶有这种现象。这种"女国音"现象作为语言的微观变体是很值得研究的。

5. 男性发音的"元气"比女性更足

语音是由人的发音器官发出来的，肺是呼吸气流的风箱。呼吸的气流是语音的原动力。肺部呼出的气流通过喉部的假声带、真声带、会厌进入口腔、鼻腔、咽腔，经发音器官的动作可以发出不同的语音。在肺活量上，女性一般没有男性大，女性胸廓运动幅度较小，因而肺活量比男性小三分之一左右，呼吸频率也比男性稍快。女性肺活量的平均值小于同年龄的男性，而且差距随着年龄的增大而增大。另外，女性的肌肉收缩能力和运动能力比男性弱，女性全身血量、血液内的红细胞和血红蛋白的含量也都比男性低，运输氧和二氧化碳的能力也比男性稍差。

由于以上生理原因，致使女性的发音不及男性发音的"元气"足。此外，人们习惯认为，女性说话应该柔声轻语，不能气粗声大，受这种观点的影响，即使"元气"较足的女性也不得不有意识地节制自己的音量，以获得较好的社会评价。可见，生理的差异是男女语音差别的物质条件，是否有效地利用这些条件，则是由社会心理因素决定的。

第二节　用语差异

1. 女性颜色词语的掌握能力强于男性

语言中的基本颜色词是黑、白、红、黄、绿、蓝、灰、棕、橙等。这些颜色在不同的光线下会发生各种各样的色彩变化。阳光能使红色变成绯红色，使橙色变成红橙色。月光能使黑色变成淡黑，使灰色稍带黄绿味儿。基本颜色在各种灯光和玻璃下会发生不同的色彩变化。不同的色彩会给人以不同感受，如冷暖感、胀缩感、距离感、重量感、兴奋感等，因此各种色彩在语言中具有各自的象征意义。

一般说来，女性色彩词语的习得能力强于男性。加拿大语言学教授克洛科德博士1981年对约克大学的学生做过一次测验。测验包括两项内容，一是把有20种颜色的颜色板挂在黑板上，让学生写颜色名称，结果是女学生能写出71%的颜色名称，男性只能写出46%；二是提供五组相近的颜色。每组包括两种，让学生写出两种颜色的区别。结果，女生能写出颜色差异的占63%，男生只占40%。女性的颜色识别能力和色彩感受能力强于男性，这是因为女性用于观察自身衣着打扮的时间比男性多，从审美的角度看，她们对美的外在形式感受较男性深刻。拿衣饰来说，她们对社会上流行的样式、花色、颜色等的变化很敏感，对此她们能静观默察，注意细枝末节。这种生活特点是她们在长期的生活习惯中培养的。女性从孩提时代起就喜欢把自己（或被父母）打扮得漂漂亮亮，随着年岁的增大，外表在她们的生活中变得越来越重要，她们每每精心挑选各种颜色的衣料服装，与各种颜色直接接触的机会比男性多。女性在一起喜欢议论这种或那种颜色，如果一个女子不识颜色及衣饰的花色，社会上习惯于认为她不符合女性的性别角色，因而受到别人的轻视和嘲笑。加上女性胆小，害怕黑色，害怕血液，使她们对一些颜色特别敏感，久而久之，这一切就使得细心的女性比男性能更多更准确地使用色彩词语进行色彩的描绘。

2. 女性比男性更喜欢使用情感词

女性在言语活动中喜欢使用情感词，如语气词、感叹词、夸张性词语，善于使用语言的表现手段和描绘手段，她们的言语常常带有浓厚的感情色彩。据研究，女性使用感叹词的频率恰好是男性的两倍，女性比男性更多地使用形容词和副词以及起强势作用的词语。女性使用情感词的目的在于表达或抒发自己的情感，而男性更重视那些表达实在意义的实体词。这是由男女的情感差异引起的。男性和女性的情感表现方式不同。男性比女性虽然容易引起激情，但男性的激情来得快平息得也快，而女性的激情没有男性强烈，但持续的时间长，并且时有反复。女性比男性更易于产生情绪波动，也容易受情绪的感染而影响自己的言语行为。在应急状态下，女性情绪的自控力不如男性，加上女性的情感比男性细腻、深沉、敏感、脆弱，易于流露，就使得女性在言语表达中易于动情，更多地使用情感词。

3. 女性比男性更善于使用委婉语

委婉源于禁忌，对犯禁触忌的事物人们用其他词语来代替就产生了委婉语。对与性有关的词，某些特定人体部位的名称，某些生理现象的名词，女性不愿直说，而常常用委婉语来表述。例如，表示"月经"的委婉语有"老朋友来了""例假""这两天不好""在周期中""在花期中""忧郁的日子"，等等。如"上厕所"，女性多用"我去一下""去一去"之类的委婉语，此外，女性对"圣洁"或"不祥"的事物也常常善用委婉语。女性不论在什么场合都要比男性更多地使用委婉语，如果女性偶尔使用禁忌语，则被认为是没教养。

第三节   交谈差异

1. 女性说话比男性含蓄

在交谈中，女性的言语更为含蓄，对于双方都愿意的事情，男性通常直接表示出愿意的态度，而女性会装出不愿意，在言语上故意表现出漠不关心。比如，有一男一女与你关系都很密切，当你邀请男方看电影时，男方一般是直接表示可否，而女方往往会先客套一番，然后用委婉含蓄的方式来表达她的意思。诸如："这部影片很不错，可惜今晚可能有事，如我能去一定尽量去，但能不能去还说不定。"这类话语常出于女性之口。

2. 女性与男性相比不喜欢左右话题

在交谈中女性一般不善于左右话题，表现出交谈的被动性，但也不尽然，在男女交谈中，谁想使交谈维持下去，谁就会主动地左右话题。如果谈话气氛较好，女性在交谈中有时也会左右话题，情绪活跃，呈现主动性。当双方处于初恋关系时，常常是男性活跃，主动左右话题，女性较为被动。如果女性左右话题，说东道西，问这问那，则被认为是不稳重的表现，或者是在着意追求男方。总的说来，女性不喜欢左右话题，表现出顺从心态。

3. 女性的言辞比男性更温文尔雅

言辞是否文雅与异性交谈的独特心理有关，异性交谈时会产生不同程度的掩饰心理和羞涩心理。有的男性与同性交谈时口齿伶俐，思路清晰，而在和异性交谈时神态紧张，语无伦次。有的男性在与同性交谈时平淡无奇，情绪不佳，而在与异性交谈时情绪活跃，言巧意乖。女性也有类似的情况，有的女性与同性谈话时言辞泼辣，而与男性交谈时温文尔雅。男性在与异性交谈时，往往会自觉地避免说粗话脏话，显得彬彬有礼，而在与同性交谈时则相对比较随便，俚俗成分较多。

4. 男女交谈的兴奋点不同

男性更多地将注意力集中在谈话内容上，而女性将注意力集中在交谈过程本身。男性比女性更喜欢打断对方的话语，他们通常只能认真听对方讲话 10—15 秒钟，然后就开始自己的思考，女性往往是热诚而富有同情心的听话者，她们认真听讲，不轻易打断。男性喜欢在听话时抓对方的错误，而女性往往持掩饰和原谅的态度。男性听对方讲话时重视捕捉交际信息，而女性听话时注重"听"对方的感情。

第四节　影响性差交际的因素

男女心理发展的特点对语言的使用会产生一定的影响。在青春发育期以前，女性在理解人际关系、形成义务感和责任感等方面比男性成熟得早，女性的心理年龄比男性要大一岁到一岁半。青春发育期以后，男性敢于冒险，喜欢逞强，好称英雄，坚定果断，喜欢直截了当，对异性反应较强烈，但比较粗心，不太注重细节。而女性文静怯弱，温柔纤细，有柔弱感，情绪体验深刻，感情丰富细腻，礼貌友好，但强烈向往异性的支持、爱护和保护，优柔寡断，迟疑心重，气量不大，胆小怕事，缺乏自信。

女性和男性不同的心理特点决定了在言语上会出现一些差异，尽管这些差异不是绝对的。由此看来，女性喜欢使用情感词，与她们情感丰富、体验深刻有关；善用委婉语，言语温文尔雅与她们文静怯弱有关，不喜欢左右话题与她们依赖性强有关。

男女的言语差异在很大程度上是受社会心理因素制约的。一种由来已久的社会刻板印象认为，女性必须注意自己的言行举止，必须使用文雅规范的语言，否则将是无教养的表现。因此，女性的言语常常是柔声轻语、精雕细琢、彬彬有礼、情意绵绵。一旦女性的言语像男性那样傲慢自负、盛气凌人、声大气粗、直言不讳，则会受人轻视。

在言语交际活动中，男女双方是带着各自的性别差异参与交际的。这种差异对异性交际会产生影响。具体来说，影响语言性差交际的主要因素有：

（1）男女双方对言语交际活动的态度影响言语交际。例如，双方都愿意，男方愿意女方不愿意，女方表面上不愿意而内心愿意，男方不愿意而女方愿意，这些情况都影响到言语交际是否协调，影响交谈的情绪和谈话的气氛。

（2）男女的心理差异影响言语活动。男性的迎合心理、强者心理以及女性的害羞心理、回避心理、厌恶心理，或这两类心理的角色互换也会影响性差交际。

（3）男女的特殊心理影响性差交际。公共事务式的异性交际，语调平直，色彩平淡，表情举止适度。情感式的异性交际，主要不是传递信息，而是为了交流感情，如恋人之间的情话，就是典型的情感式异性言语交际。

（4）交谈者的性别数量影响性差交际。在一男多女的交谈中，往往是多女交谈，让一男冷落；在一女多男的交谈中，往往是多男围绕一女交谈。当一男一女交谈时，双方的防范心理加强，所付出的"心力"要多于两人以上的交谈。男性打断女性话语的情况比女性约多一倍。女性大约会用三分之一的时间积极思考如何接上被打断的话语。当两男两女交谈时，打断对方话语的情况为男女各半。

（5）交谈者的年龄影响性差交际。据心理学研究，幼儿、儿童、少年、青年、中年、老年对异性的态度和感受性是不同的。童年时期两小无猜。青春期开始后，少男少女对异性都产生敏感，从初中开始进入有意识的异性疏远期，高中开始进入异性接近期，不同年龄阶段的性别心理特征，对性差交际会产生影响。比如，在对话中，由于少女丰富的感受性，往往关心异性是否注意自己，对自己有什么评价；而少妇和老年妇女在交谈中较多体贴和关心对方。

（6）交谈者的角色关系影响性差交际。角色具有多层次性，夫妻交谈、父母交谈、情人交谈，同事交谈、同学交谈、上下级交谈、师生交谈等都会对性差交际产生影响。

第十七章

人名与审美社会心理

第一节 人名的和谐美

萧伯纳曾说过"风格像鼻子，没有两个是同样的"。从理论上来讲，人名应各有风格、独具风采，不能有两个完全相同的名字。然而事实上由于人名用字少，一般由两到三个字组成，在两到三个字内要表现出独特而多彩的风格并非易事。此外，由于时代风格、民族风格、阶级风格、语言风格以及取名者的个性风格都会影响人名的确定。所以，取名应追求和谐美。

古代有姓、名、字、号，而今人只有姓和名，而字、号不常用。无论是古代还是当代，人名用字在搭配上都有一定的规律可循，其中主要涉及三个方面，即字和名的搭配、名和姓的搭配。

字和名的系联方法主要有：一是同义互训，如诸葛亮字孔明，张辽字文远，"亮"和"明"，"辽"和"远"同义，互相解释；二是反义相对，如韩愈字退之，黄损字益之，"愈"和"退"，"损"和"益"均为反义；三是连义推想，如周瑜字公瑾，由"瑜"而推想到同属美玉的"瑾"，关羽字云长，由"羽"而联想到"云"；四是连义指实，如黄清芬字菊田，由清芬之气而指清芬的实体菊田；五是原名加辞，杜牧字牧之。除此之外，字和名的系联方法还有如下几种。①辨物统类。卢翻字仲翔，翻是飞翔的一种。②干支五行。秦白丙字乙，这是天干相合。又如楚公子午字庚，则天干地支相配。③形体离合。如姚椿字春木，蒋伊字尹人。④形体增省。如李魁字斗山，秦桧字会之。⑤成语贯串。如魏哲字知人，取自"知人则哲"。薛玉壶字冰心，取自"一片冰心在玉壶"。李宗仁字德邻，取自"德不孤，必有邻"。⑥表白思慕。袁尊尼字鲁望，钱应娄字慕黔。

将姓和名组成一个更大的语义单位，有的姓名给人一气呵成、天然成趣之感。如"凌云"，"凌"为姓，取名"云"。通过名姓的系联，表达了"凌云壮志"之意，增强了姓名的表意性。又如"耿介然"，"耿"为姓，名"介然"。从意义上看，"耿介"是光明磊落的意思，"然"是"样子"的意思。现代著名诗人、散文家何其芳，原名何永芳，国文老师对他很器重，为他改名为何其芳，有"多么芬芳"之意。我国著名气象学家雷雨顺，名字既使人联想到他的职业，又巧妙地把姓与名结合在一起。此外，如彭湃、田园、尚武、何为都是借姓连名一同表义的。还有些是利用同音关系来表义，如贾珍、韩叙，可谐音为假真、含蓄。名和姓的系联还可以展现出一幅幅图画或实景：杨柳、江帆、马鸣、白露、叶连松。名和姓的系联，除了上述表义、连音、表形的方法外，还可以借助字形上的离合。或从姓中分离出名，如宋人陈东、清儒阮元、作家盛成、音乐家聂耳、电影导演何可、翁羽等；或在名上增加文字部件，如林森、王珏、金鑫等；或名为姓的分解，如作家老舍原名舒舍予，许泪痕笔名许午言，漫画家雷雨田，作家张长弓，另如何人可、李子木、林双木、周匡吉、章立早等。将姓分解开来不仅可以做名，也可以作字和号。宋末诗人谢翱，字皋羽；明初大文豪章溢，字三益；画家徐渭，号水田月道人；清人胡珏号古月老人。

第二节　人名的声韵美

语音和意义是语言这张纸的两面，语言具有声音要素，同时又具有意义要素。取名要注意人名的声音美和意义美。又因人名是用汉字来表记的，又有视觉形象，因此取名要声韵美、意义美、形象美三者合一，才能达到艺术美的境界。老舍在《民间文艺的语言》一文中说："除了注意文字的意义而外，还要注意文字声音和音节等。这就发挥了语言的音韵之美。我们不要叫文字爬在纸上，必须叫文字的声响传到空中。"取名也是如此。人的名字最初是用来呼喊的，书写是后来的事。"名"从口从夕，晚上看不见你，你也看不见我，只能口头呼出自己或对方的名字。这就要求名字的音节响亮明白。

人名声韵美的境界应和谐清亮。达到这一境界的方法或手段有三：音节的调配、声调的抑场、响字的运用。

1. 音节的调配

音节整齐而匀称就上口顺耳。为使人名音节匀称，应在不影响表意的前提下，灵活调配单双音节。现代人名常常由两个音节或三个音节组成，复姓者可另用一个或两个音节组成。我们在呼唤人名时，总是自然而然地将姓与名断开，如田/间、欧阳/山、落/花生、马/识途，而不管人名内部的语义关系。但是在非庄重的场合常常是省姓而称名的，这时名字的单音节还是双音节在表意上是有差别的。主要表现在：①用单音节称名时亲昵意味最浓，如情人、伴侣之间常用；②双音节的称呼次之，比既称姓又称名亲切得多，但又不及单称一个音节那样亲昵；③双音节的名字独称时，有时会割裂整体意义。如耿介然，单称其名"介然"，原来人名的整体意义就被断开了。因此，在音节的调配上，一方面要注意姓名的整体音节是否搭配和谐，又要注意非全称的人名是否音节匀整，是否割裂意义。

2. 声调的抑扬

汉语是有声调的语言之一，声调的高低起伏极易造就人名音乐般的旋律。声调的变化是以音节为单位的。音节的相对音高及升降变化的实际情况就是调值。如司马成絮，称谓时乐感强，抑扬顿挫明显。在取名时应尽量避免姓名的同一声调，否则不便于称呼。如刘维华全是阳平，武祖虎全是上声，顾路慧全是去声。这些同一声调的人名读来费力拗口，平板单调。理想的人名应该是音节的四声相间，人名音节四声错综，读起来才会产生高低开合之妙。

3. 响字的运用

据吕平中的《童蒙诗训》来理解，所谓"响字"有两层意思，一是响亮，二是意活。我们这里所说的"响字"就是指上口中听、声韵动人的词语。人名用字，要求尽量用带响之音或响亮之音的韵母。这些字读起来声音清亮，传播效果好。为求得声音的响亮，还可以运用双声叠韵字作人名。古人取名早有这方面的讲究。如秦二世胡亥，为双声字。秦太子扶苏，为叠韵字。今人"寥落""零丁"都分别是以双声字和叠韵字命名的。另外，还可以采用叠字的方法，如扬扬、飞飞、佳佳，这种以叠字求响的做法唐代已开其端，如张红红、薛琼琼，等等。

总之，人名的音韵美正是通过音节的调配、声调的交错、响字的选用来实现的，使人名"情意宛转，音调铿锵，虽不是曲，却要美听"。（明代王骥德《曲律》）

第三节　人名的形象美

"形象"有视觉形象听觉形象，人名也是如此。人名的形象美不美，一方面要看字形、字意的构成，所提供的想象余地，更要看你在感觉、捕捉、联想形象时的深浅、远近、宽窄。"想象为从来没有人知道的东西构成形体，他笔下又描绘出它们的状貌，使虚无缥缈的东西有了确切的寄寓和名目。"（莎士比亚《仲夏夜之梦》）那么，人名怎样才能趋于形象美呢？

利用字意之间的互通点勾画形象。如，叶紫，一派深秋季节遍野红叶或庭院之中独立秋枝的景象；云帆，深蓝色的海波蔚蓝色的天空，轻流的白云隐现的帆，一幅既开阔又深沉的图景；雨虹，给人以雨过天晴后的种种联想。这正如刘熙载在《艺概》中所说的"山之精神写不出，以烟霞写之；春之精神写不出，以草树写之"。这种以意写实的方法能使人名产生鲜明的形象美。

利用文字的造型，能增强人名的视觉形象美。如林森、江淼、丛众等。另外，在选字搭配时，要注意每个字笔画多少的特点。有些名字，如丁一之，每个字笔画都很少，就显得孤弱单调，缺乏层次的变化；有的名字，如鲍翼麟，每个字笔画都多，给人以臃肿堆砌、拘谨造作之感。因此在字与字之间的形体构造上，要繁简搭配、虚实相间，才能错落有致、前后呼应。

利用词语的感情色彩来增强人名的形象美。人名的感情色彩有褒有贬，含褒义色彩的人名常用一些好字眼作出褒义评价，或用色彩绚丽的字给人以美的感受。少数人名有贬义评价，贬义评价的有两种情况。一是诨名。诨名是对该人形貌、品格、气质等方面特征的形象勾画。如给游手好闲的人取诨名为"二流子"，这就很形象。二是贱名。欧阳修曾说过："人家小儿，要易长育，往往以贱物为名，如狗羊马牛之类是也。"因此古今人名中有名"阿蝇、粪翁、死成"的。这种"必欲去之，及生取之"的取名方法，正如刘熙载所说"始由不工求工，继由工求不工。不工者，工之极也"。

第四节　人名的意义美

人名不仅具有区别性，同时也具有表义性。人名的意义不像我们所想象的那样简单，如"吴为"这个名字，Wú Wéi 是声音要素，意义要素由两个部分组成，"无所作为"是理性意义，"自谦"是负载于理性意义之上的言外义。又如"赵尚"这一笔名，Zhào Shàng 是声音要素，理性意义难以理解，但联系这一笔名所产生的时代背景来看，"文革"中"四人帮"搞舆论一律，小报抄大报，大报抄"梁效"（北大、清华两校大批判组的笔名）。"赵尚"即是"抄上"的谐音，这位理论工作者之所以取"赵尚"，就是为讥讽这种文风。所以我们在取名时应考虑名字的理性意义的畅达和言外义的表达效果。

人名要达到意义美的境界，首先必须注意人名性理意义的畅达。如有人取"荷春"之名，荷花在夏天盛开，如没有别的什么特殊意义的话，那么该人名有悖事理，不能算畅达。"马千里"是个佳名，倘若有人仿之取名"牛千里""羊千里",则就要贻笑大方了。因此,合乎事理是人名中理性意义畅达的基本要求。理性意义畅达的人名均可以从字面上作出令人满意的解释。如当代电影艺术家赵丹,原名赵凤翱,意为像凤凰那样出人头地,翱翔千里。改名丹,这正如导演张骏祥说的:"丹,象征着他对进步事业、对革命、对社会主义、共产主义的强烈向往与追求。"年轻的小提琴演奏家盛中国名字的理性意义,即"胸中装着祖国"。又如:翼翔,喻自由自在地在天空中振翅飞翔;马驰原,似骏马奔驰在辽阔的草原;贺一帆,祝贺你在漫长的人生旅途上一帆风顺;流沙河,愿做一粒长河中的流沙,随着时代潮流前进……时代不同,人名的理性意义也不同。当代作家海笑,原名杨忠,在抗日战争的烽火中更名为海啸,奔赴抗日救国的前方。"我为什么叫海啸呢,因为日本是海岛之国,它怕大海中的海啸。"新中国成立后,他将"啸"字改成了哈哈大笑的"笑",就另有一番新意了。当然,人名的有些理性意义是难以捉摸的。有的人在人名中多用"王"作名的偏旁,或用"白"作名的偏旁,往往寄寓了取名人对姓"王"或姓"白"的人的纪念和感情,这种用名作为纪念的表现方式是多种多样的。另外,人名理性意义的表达,显然受到字数的约束。因此,要更丰富、完整地表达人名的理性意义,最好是用双名。用双名有两个好处:一是比用单名意义储存量大,二是可以避免名字的雷同。

　　人名理性意义的畅达,还要求我们在取名时尽量不用或少用冷僻字。人名中用冷僻字,难写难读,如"鑾"字,多达十八画。还有笔画更多的,写在方格里得把它压扁了才能放进去。要读这类生僻字,还非得查找字典不可。这在生活中给交际带来不便。虽说一个人取名用字别人不能过多干涉,但如为自己和别人多考虑些的话,还是不要取怪、冷、生、僻的字作名字为好。而且,作家、艺术家在文艺作品中为人物取名更应该为读者着想,《激流勇进》中的"徐鉴镛",《南海长城》中的"靓仔",人物形象记忆犹新,只是名字越发陌生。电视连续剧《西游记》中扮演"猪八戒"的演员马德华,原名叫马芮,他曾到一家医院求医,医生、药剂师都叫他"马内",为此他主动改名为马德华。

取名应该充分挖掘言外之意。宋时有个遗民叫郑所南，本有原名。宋亡后他愤然改名"思肖"，字"忆翁"，号"所南"。"思肖"意为思念赵宋，"赵"的繁体从走从肖；"忆翁"表示时时不忘自己是宋人；"所南"表示自己所向南方，决不北臣事异族。"华而实"这个人名是"华而不实"的反意；"海粟"，海，博大精深，无边无际；粟，非常渺小，一点一滴。把这两个字用在一起，就形成名字理性意义上的强烈反差，使人从哲学意义上联想到人类社会就像无边无际、博大精深的海洋，个人只不过是沧海一粟。

人名的言外义往往用谐音的手段来表现。陈荒煤原名陈光美，后改为"荒煤"。"荒煤"与"光美"音近相谐。现代著名作家艾芜，原名汤道耕，改名"艾芜"即"爱吾"的谐音。他一生坎坷，几度轻生。"艾芜"这个名字即让自己时刻记住要"自己珍爱自己"。

有的人名常用地名来代替，其言外义就是对家乡的热爱和依恋。如清代画家、"扬州八怪"之一的郑板桥，就是从他家乡的"古板桥"而得名的，并自刻一枚"二十年前旧板桥"的印章，表达他对故乡的思念。画家齐白石原名纯芝，字谓清，白石是他的号，是他27岁时老师根据家乡的一个驿站名"白石铺"为他取的。当时老师胡沁园说："在离你家不到一里的地方有个驿站叫白石铺。白石铺虽无名山大川，可田园风光十分美丽，我看你就叫'白石山人'吧。"

有的人名出自典故，这种言外义就得首先了解这个典故本身的含义。如小说作家张恨水，本名张心远。许多人都胡乱地猜测"恨水"的含义，甚至有人认为是根据《红楼梦》中女人是水做的说法。张恨水在回忆录《我的创作和生活》中谈道："许多人对我的笔名有种种猜测，尤其是根据《红楼梦》中女人是水做的一说，揣测的最多，其实满不是那回事。"原来，他自幼酷爱中国古典诗词。一次，他读到南唐后主李煜的词《乌夜啼》（又名《相见欢》）："林花谢了春红，太匆匆，无奈朝来寒雨晚来风，胭脂泪，留人醉，几时重？自是人生长恨水长东！"觉得光阴之可贵。他尤其喜欢最后一句词。1915年，他到了汉口，为一家小报投稿时，正式署用笔名"恨水"。以后他当了新闻记者，就以"张恨水"作为正式姓名，直到逝世。再如现代著名文艺理论家、作家巴人，原名王任叔，1920 年取笔名"巴人"，他自己说过："巴人者，姓巴名人，下里巴人也。"《下里》《巴人》是公元前 3 世纪楚国的歌曲，在当时被认为是较低级的音乐。《文选·宋玉〈对楚王问〉》："客有歌于郢中者，其始曰《下里》《巴人》，国中属而和者数千人……其为《阳春》《白雪》，国中属而和者数十人。"李周翰注："《下里》《巴人》，下曲名也。《阳春》《白雪》，高曲名也。"现在一般用"下里巴人"比喻通俗的文艺作品。王任叔用"巴人"为笔名，表现了他决心献身文艺大众化事业的高度热情。

第十八章

店名与文化社会心理

第一节　数字店名

1. 数字店名的规定

2005 年 10 月 14 日《宁波晚报》发表《店名猛玩数字游戏》称："348 迪吧、0574 龙虾馆、365 茶馆……各类以数字为主的店名招牌频频出现在甬城街头。然而，记者昨天从工商企业登记部门采访了解到，目前我国法规仍不允许用阿拉伯数字作为企业字号。"店名也是企业名称的一种，1991 年 9 月 1 日起施行的《企业名称登记管理规定》第八条规定："企业名称应当使用符合国家规范的汉字，不得使用汉语拼音字母、阿拉伯数字。"由于这一规定，企业名称中使用数字受到一定的抑制，但还是有些店家忍不住在店名中使用数字。如："五芳斋""百香园""八佰伴""千色美""独一秀"等这些响当当的店名都在顾客的心中留下了深刻的印象。商业的繁荣使得商家迫切需要更多的店名命制方式，有些商号大胆借用数字，猎新求奇，追逐时尚。有鉴于此，2009 年 4 月 1 日起执行的《个体工商户名称登记管理办法》中已经取消了在企业名称中禁止使用阿拉伯数字的规定。国家商务总局在答记者问时作了说明："使用数字可以更好地表达鲜明的个性，数字的字号更具特色，能够更好地进行宣传，符合传统商业习惯，只要不使用'部队番号'等可能对公众造成欺骗或者误解的数字组合即行。"自从新的规定出台以后，数字店名如雨后春笋，遍布大街小巷，网上电子商店的数字店名更是风起云涌。数字在店名中的使用大体有两类：一是汉语数词，一是阿拉伯数字。

2. 汉语数字店名

（1）以数字的寓意命名

数字从它诞生的那一天起就与人们的生活息息相关。在人类历史长河中，每一个数字都被人们演绎出不同的深刻含义。商家在店名中巧借数字有其独特的魅力，也会让顾客产生许多美好的联想。这里仅以1至10的数字为例。

"一"是"元"，是万物之始，是本源。万事以"一"开头象征着开拓，意味久远，给人以希望。商家给商店取名，"一"很受青睐，因为"一"可以表示"第一""唯一"。如："一品缘茶楼""独一秀服装""一得仙小吃店""一往情深网吧"等。

"二"是双，成双成对，好事成双，阴阳调和，象征幸福、祥和。如："双汇"连锁、"双玉瓯"服装、"双星体育用品"等。

"三"是数字中最常用也是意义较为丰富的古老数字之一。从时空的意义上讲，"三"是古老数字中最重要的一个，因为没有了"三"，便没有了古代哲学意义上的人。"天地人之道"，"道生一、一生二，二生三，三生万物"。司马迁《史记·律书》也赋予"三"这样的地位："始于一，终于十，成于三。"店名中的"三间半服饰""三义兴小卖部""三重味饭馆""三味书屋"，这些带"三"的店名，正是取其"众多"之意，

"四"是日本人所讨厌、回避的数字，因为在日语中四和"死（し）"同音，觉得不吉利。因此也尽量避免使用。同样的原因，日本的停车场、医院、饭店、宾馆也很少设有四号。而在汉语中，"四"具有"长久""方正"的含义。东西南北四方、礼义廉耻四维等象征稳帖、完善、至尊。因此就有了"四季青服装""四新食苑""四方达快递""四海通讯"等店名。

"五"既象征道德高尚，又象征力量。父义、母慈、兄友、弟恭、子

孝为五教，温良恭俭让、仁义礼智信等也以五为数，成语中有"五谷丰登""五彩缤纷""五世其昌""五光十色"，等等，都寄托着美好和希望。上海嘉兴"五芳斋"集团举办的"分享幸福的味道"全国幸福家庭征集这一活动就极好的诠释了"五"的文化内涵。店名有"五芳斋食品店""五月花电影城""五丰陶瓷""五凡科技""五金日杂"等。

"六"是"顺"，六六大顺，多吉多利。《易·谦》曰："初六，谦谦石子，用涉大川，吉。"民间与"五谷丰登"相应，有"六畜兴旺"之说。"六六福珠宝""六六艺术品商店""六六顺电池商行""六六顺多利行"等店名正是取其顺之意。

"七"是明亮的象征。谷物丰收，北斗七星，七月流火，七夕情缘皆为七。"七匹狼男装服饰""七彩虹专卖""七彩阳光特百惠"等店名都让人感受到力量和向上。

"八"是丰收的含义，新粮上市，是收获的季节。又与广州的方言"发"谐音。因此，这一类店名都取意于"发财、致富"之意。如："八方电器""八达酒家""八万书店"等。

"九"是"多"。"凡一、二之不能尽者，则约之以三，以见其多，三之所以不能尽者，则约之以九，以见其多。""九天"是天之至高，"九渊"是水之至深。"九"与"久"谐音，意即牢固、持久。"久久发商铺""九发手机专卖""九阳豆浆""三九大酒店"等都取其"长久"之意。

"十"则是完美、十全十美。意为"团圆""圆满"。无论是男女婚姻还是人们所从事的事业，圆满都是人们追求的极境。如："十全大补男专卖""十全十美快餐""十圆家电维修""十全酒家"等。

还有较大数字的如"百佳超市""千家惠商场""万事易网吧"等。除此之外，还有一种极其不合逻辑的数字，但已被人们认可并广泛运用。如"第五季""星期八商店"等。这种超常思维容易吸引顾客的注意，同时也有"与别人不一样""别有洞天"之意。

（2）根据特色巧嵌数字

店铺根据自身的特色，可以恰到好处地镶嵌数字。

一面之缘：本指见过一面。用作牛肉面馆名，意味着有缘才会来吃牛肉面，只要吃一次就能结缘，以后会经常来吃面。

一丝不苟：本指一丝一毫都不马虎。用作美发店名时，这里的"丝"特指头发，形容美发师认真谨慎、追求完美的服务态度，让人耳目一新。

三锅演义：仿拟"三国演义"。用作火锅店名，指锅底主要有三种：红锅（辣味）、白锅（滋补）、鸳鸯锅（一半辣味汤一半滋补汤）。

千里之马：出自韩愈《马说》一文中的名句："千里马常有，而伯乐不常有。"这里用作考研书店，有祝愿考生如千里马一样驰骋考场，扬蹄奔腾之意。

八大碗：民间习俗，请客都要有八大碗才算客气。以这样的习俗命名，既响亮又亲切，容易引起人们的食欲。

食全食美：仿成语"十全十美"，用作饮食店名，昭示了该店食品品种多、味道美，实在是再好不过的广告。

书象万千：该书店名仿拟成语"气象万千"，这样的店名比传统的"新华书店"和近年来泛用的"某某书城"更有气势，也显其品味。

此外还有"食面埋伏面馆""二我成双照相""三王一鬼粥面"等，都能一眼看出其店铺的特色或引发人们产生联想。

3. 阿拉伯数字店名

（1）表达美好愿望

数字"9"与"久"谐音，表示"天长地久"；数字"8"在粤方言中与"发"谐音，表示"发达"，因此被人们看作是吉祥的数字。如"168"（一路发）、"888"（发发发）、"898"（发久发）。再如一家常为年轻女孩子光顾的饰品店取名为"5151"，谐音"我要我要"，迎合了顾客群体追求独立心理和自主消费的意识。而女装店名5213（我爱衣衫）、饮食店名"520"（我爱你）等既有店家希望受到顾客喜欢之意，同时又能让顾客看到这个店名就爱上这个店，真是匠心独运。太原市并州南路原"澳门豆捞"改为"尚鼎219"，"219"是"爱要久"的谐音，希望顾客爱家人、爱朋友、爱同事等都要长长久久。"1+1发廊"的业者表示，他起店名的灵感源于"人"字的一撇一捺，寓意"一人介绍一人，顾客不断增加"。

（2）便于顾客记忆

太原的"0351 酒吧"取其太原的电话区号。"028 阿锐火锅"，因为阿锐火锅老板是成都的，所以带了个成都区号 028。"43"酒吧的老板说："听说过鲍家街 43 号乐队吗？我们就是根据它来命名的。""57 酒吧"的老板说："其实很简单，我们是以铺面所在街道的门牌号来取的。"

有的店名用具有纪念意义的数字命名。如：1997 商行（香港回归）、1226 湘菜馆（毛泽东的生日）。这样的店名，一旦顾客知其含义就难以忘记。

数字店名有特色才好记，简洁明了。即便是记忆力再差的人，也能一次就记住了。所以，标新立异、追求时髦的心理，推崇名称的新颖生动甚至离奇古怪，成为店名命名越来越明显的趋势。

4. 数字店名与修辞

数字店名如此受到商家热捧，还有一个因素即修辞的作用。修辞艺术使店铺名称披上了新奇、鲜亮、灵动的外衣。

谐音在数字店名中运用较普遍。在上文中已有阐述，这里仅分析修辞格在店名中的运用。

借代。如"一席之地"（鞋店）；"一半？另一半"（男装？女装）。借代注重相关性，作者利用与店名有关联的对象进行语言上的艺术换名，引人联想，生动形象。

仿拟。如："三锅演义"（三国演义）、"食全食美"（十全十美）、"书象万千（气象万千）"等。这类店名通过仿拟更换其中的某个语素来表达商店经营的项目，兼含谐音、双关。"锅"指火锅，食指食品，书指图书。同时又通过谐音来表达商店的魅力。

引用。如："千里行鞋店"，"千里行"引自《老子》第六十四章："合抱之木，生于毫末；九层之台，起于垒土；千里之行，始于足下。"再如"五花马科技有限公司"，"五花马"出自李白《将进酒》："五花马，千金裘，呼儿将出换美酒，与尔同销万古愁。""五花马"原是玄宗内苑名

马之一，后来演化为一般良骥的泛称。这个店名寓意该商号的科技产品品
质就像五花马一样。又如"三重门商行"，"三重门"引自少年作家韩寒的
一部曾经在青少年中反响热烈的小说名称。店名引用消费者熟知的带有数
字的人名、地名、影视作品名称、文学作品名称或是古典著作中的名句来
为店铺命名，以此吸引顾客的眼球，从而在顾客脑海中留下深刻的印象，
含蓄凝练，意味深长。

夸张。"千里香烤肉店""百娇园""千姿衣城""万里鞋业"等。用
夸张的方法告诉顾客本店商品的特色和优势。数字在店铺名称中的巧妙运
用，加深了顾客的直觉，虽非科学上的求真求实，但艺术上夸张渲染，使
店铺名称极具感染力，让人信服。

第二节　鼓浪屿店名

店名不仅体现了现代商业文明，还蕴含着丰富的社会文化，具有独特
的艺术审美意蕴。好的店名可以吸引消费者的目光，拉动消费，增加商业
利益。

一种特色文化成就一个岛屿的圣境，鼓浪屿众多店名不仅是自己的招
牌，更是鼓浪屿的名片。作为国家级旅游景点的鼓浪屿，其独特的文化底
蕴赋予岛上店铺别致新颖的店名文化。鼓浪屿 158 家店铺，涉及餐饮、服
饰、工艺、住宿等多个行业。

鼓浪屿 158 家店铺可以分为两类。

一是外语类店铺 36 家。包括纯外语类店铺（如"Judy's Café""DY-
NAMO HOUSE"）12 家，以及汉外双语类店铺（如"DQ 冰雪皇后"
"ZAKKA 杂货店""花时间 Slowly Café""m@m 概念书店"）24 家。

二是汉语类店铺 122 家。包括纯汉语类店铺（如"出其布意""迷途
客栈""叶氏麻糍"）120 家，以及汉语数字与汉语合用的店铺（如"海角
8 号""1980 咖啡店"）2 家。

1. 外语类店铺

外语类店名中英语店名占绝大多数，只有极少数个别店名中会出现诸如日语"の"等这样形体美观、简单大众的字符。在所有英语店名中，又以汉语直译名称最多。如：张三疯欧式奶茶铺"ZHANGSANFENG milktea shop"，小酒馆"LITTLE BAR"。直译名通俗易懂，能准确清楚表达店名的意蕴。36 家外语类店铺中有 6 家采用意译名，这类店名以含蓄婉约、富有浪漫情调取胜。如"花时间 Slowly Café"，店家 AIR 夫妇意在传达一种把时间花在享受生活中的人生态度，品一品咖啡，放下忙碌的脚步。又如"Rendezvous"（约会地点）、"at Here Waiting for You"（在此等候）等婉转诗意化地传达出休闲会所之意。

除此之外，还有部分店名只采用拉丁字母的形式，不考虑英语语法和单词的实际含义，这又分为两种情况。

一是利用谐音手法自创英文店名。如：沙茶面馆"Scha Shop""Chen's Tea Shop"巧妙地将汉语读音与英语形体文法结合起来，让人耳目一新。

二是无任何实意，只借助英语形体标新立异，吸引游客目光。如"迦南 D""晃 Nikoz Café"等。

2. 汉语类店铺

地名一般分为所在地、通名、属名、业名四个部分。

所在地名，即商店所在国家（地区）名称或者县级以上行政区划名，居于店名之首。

通名，指商业单位的通用称谓。常见的通名有店、坊、铺、阁、屋、馆、庄、场、广场、会所、基地、工作室，等等。

业名，是对通名的限定修饰，进一步标明行业特征或者经营特点、范围等。

属名，标明商店所属或区别性特征，它最能体现商店的个性特征。

在鼓浪屿汉语类店铺中，店名的基本结构是："所在地 + 属名 + 业名 + 通名。"如"厦门鼓浪屿海上花园酒店"。所在地为"厦门鼓浪屿"，通名为"酒店","海上花园"是属名。具体类别有以下几种。

（1）所在地＋属名＋业名＋通名

厦门鼓浪屿别墅酒店，厦门琴岛酒店，厦门鼓浪屿海上花园酒店。

（2）所在地＋属名＋业名

台湾盐酥鸡大王，台湾古早味水果冰棒。

（3）属名＋业名＋通名

张三疯欧式奶茶铺，金兰饼店，陈罐西式茶货铺，褚家园咖啡馆。

（4）属名＋通名

赵小姐的店，悠庭小筑，迷失客栈，胡桃夹子吧，隙屋。

（5）属名＋业名

娜雅咖啡，叶氏麻糍，阿荣春卷，汪记馅饼，八婆婆烧仙草。

（6）只有属名

班沙客，懒人与海，怀旧鼓浪屿，闺蜜，海角8号。

上述店铺类型中没有"属名＋通名"的情况。究其原因，一是诸如"烧仙草店""奶茶店""咖啡店"等说法过于笼统，不能很好地体现店铺特色；二是起不到宣传店铺的作用，不能刺激游客消费。

所在地出现频率很低，且多用于大型酒店等比较正式的店铺。通名出现频率居中，且种类繁多，呈现多元化的特点，其中"屋""阁""坊""馆""铺""轩"等带有复古色彩的传统通名备受商家青睐。

表明店铺身份的业名出现频率较高，这与业名可以一目了然地告诉顾客产品类别的作用分不开。如"火柴天堂"直接让需要购买火柴的游客获取需求信息。属名在店名中出现次数最多，属名体现一个店的特色，好的属名不仅能招徕四方客，还让人记忆深刻。因此店家一般会挖空心思着力于属名的考量，而不会在有限的招牌上在所在地、通名上下苦功夫。

3. 汉语类店名的语音分析

（1）从音节数量看，店名音节数长短不一，长度有限，店名音节黄金格为"3、4、5"。鼓浪屿汉语类店名，音节长短不一，最短1个音节，最长11个音节。如：岛，糖猫，黄则和，迷途客栈，黄胜记肉脯，壹柒玖土笋屋，欧派巴洛克印象，康师傅私房牛肉面，厦门鼓浪屿别墅酒店，听涛小筑自助家庭旅馆，厦门鼓浪屿海上花园酒店。"统计表明，店名存在一个最优音节段，即"3、4、5"音节。由于这三个数目的音节往往对起店名有很大吸引力，表现出一定的内心心理规律性，我们不妨称其为店名音节的黄金格。"① 统计表明：店名以四音节居多，三音节、五音节紧随其后；三音节以下和八音节以上最少。② 这主要是因为以下几点。

四字格是"早在两千多年前，汉语四字格组合形式作为主要句式沿用了千百年之久，四字格读来好听、好记，为人们喜闻乐见"。"汉语往往两个字一音步，由于音顿律能增强语言的音乐美，所以人们还爱用'2＋2＋1'或'2＋3'构成三拍、二拍的五言句，另外还有'2＋2＋2'或'3＋3'的六拍句和'2＋2＋2＋2＋1'或'3＋2＋2'的七言句。"③

三、四、五音节不仅涵盖的信息量适中，方便记忆，而且还符合汉语的音律美，读来朗朗上口，符合人们的视听感受。三音节词在语用效果上的修辞特点是鲜明的色彩形象、丰富的感情色彩、通俗的口语色彩、浓郁的民俗色彩以及流畅的韵律色彩。④

一、二音节的店名虽然便于记忆，但包含的信息量太少，而且一般不包含业名、通名，很难让消费者把它与商品联系起来。

八音节以上店名承载的信息量又过于厚重，不但不利于称说，更不利于记忆，一般消费者很难在见过一次之后完整记住店名。

（2）从汉语音律的角度看，在音节组合上，讲究平仄相间，以达抑扬顿挫、清晰响亮之效。同时采用双声、叠韵、叠音等形式，来增强店名的音韵美和形式美。

---

① 赵爱英《店名的语言特征及历史文化分析》，华中师范大学2006届汉语言文字学专业硕士学位论文，导师徐杰。
② 郑欢《鼓浪屿店名的文化语言学解读》，华侨大学华文学院2012届对外汉语专业学士论文，导师孙汝建。
③ 吴洁敏、朱宏达《汉语节律学》，语文出版社2000年版，第92—94页。
④ 赵爱娇《近代汉语三音词研究》，武汉大学出版社2005年版，第185页。

由声调的异同对立统一组合出平仄，是汉语节奏的一大特色。① 如："米糖"（仄平）、"洁艺堂"（平仄平）、"班沙客"（平平仄）、"迷途客栈"（平平仄仄）、"百年鼓浪屿"（仄平仄仄仄）、"林记木担鱼丸"（平仄仄仄平平）、"百成大同鸭肉粥"（仄平仄平平仄平）等。

音节的音乐美少不了双声叠韵，店名音节也不例外。如"园中缘家庭旅馆""李家庄休闲旅馆""吸引·茶饮""娜雅咖啡""马拉桑鲜榨果汁"等。

此外，为增强表达效果，叠音也常出现在店铺名称中。如"滋滋情书巅""天天鲜小厨房""王小花的茶茶铺""粒粒香肉燕皮扁食""饭饭之焙台湾饭团"等，这店铺的名称大都给人一种亲切感和俏皮感。

4. 汉语类店名的词汇分析

通名犹如人的姓，不可妄改；业名就像人的字，不可乱叫；而属名恰似人的名，只要能有别于人，即可随意而命。店名的主要特色集中表现在属名上，店名的各式各样多由于属名的千姿百态，所以商家在属名上为了独具匠心，"八仙过海，各显神通"。下面我们主要分析店名属名表现出的词汇特征。

（1）词源丰富，开放度大

属名语汇在形式上千奇百态，按其来源有以下分类。

"老字号式"命名。指店铺具有一定历史，往往在店名中含有创始人的姓氏。如："黄胜记肉脯""汪记馅饼""叶氏麻糍"等。

姓名称谓命名。这类店名一般含有店主或创始人的姓名、昵称等称谓。如"赵小姐的店"中"赵小姐"是店主为缅怀外婆而以外婆的称谓给店铺命的店名。又如"吴伯冰棒""娜雅咖啡""张三疯欧式奶茶""潘小莲芒果酸奶"等。

地点命名。"地点"一般指商品的最初来源地或者商品所在的行政区划。如"台湾盐酥鸡大王""李家庄咖啡店""鼓浪屿海坛路碗仔糕"等。

---

① 吴洁敏、朱宏达《汉语节律学》，语文出版社2000年版，第96页。

品牌命名。是指以品牌连锁命名。如"汉堡王""黄则和""中华大药房"等。

数字命名。即数字加文字的组合。如"1930咖啡馆"。

环境格局命名。突出店铺的环境或店内装饰。如"悠庭小筑"。

店铺主题命名。是指经营店铺的特色主题。如"漂流慢递"以"漂流""慢"为经营主题，这家店与众不同之处是我们可以把自己的明信片寄给一年两年，甚至十年后的自己或者别人。又如"无糖的生活"主张的"无糖"足以吸引一大批减肥消费群体。此外还有"茶语时光""花时间 Slowly Cafe"等。

文化经典命名。即以影视文学经典命名，如"海角8号"是由热门电影"海角7号"改编而来，试图借助电影的知名度让顾客为"海角8号"买单，又如"写给朱丽叶的信"等。

（2）大量借鉴外来词，表现形式灵活

随着中外交流日益频繁，国外商品文化逐渐入驻中国市场，加之鼓浪屿特殊的历史文化背景，店名的词源取材于国外已经不足为奇，故而鼓浪屿店铺名称中出现了大量的外来词，可以分为纯音译、纯意译和音意兼译三类。

音译词：诺拉和皮埃诺，班沙客。

意译词：造梦空间 Dream Maker，海岸线 Coastline Frame。

音意兼译词：娜雅咖啡 NAYA Café，星巴克咖啡 Starbucks Coffee。

调查显示，外来词多受咖啡馆、西餐厅、服装店等时尚前卫店铺店主的青睐。外来词中意译词居多，音意兼译词其次。这些店名不自觉地遵循了文化传播的规律：文化传播具有选择性特征，是一个有选择性的过程而不是自动化的过程，只有那些适应当地社会需要而且与当地文化传统相容的事物才能被接受。

此外，在借鉴外来词命名的店铺中，有少数几个店名是用汉字、外语混合书写的。如"Babycat 私家御饼屋""晃 Niko2 Café""MUMU 生活馆"等，这样一方面能使店名带上"洋味儿"，另一方面又能突出店铺的经营项目，既时尚又鲜明。

（3）店名用语色彩多样

感情色彩。一般说来属名中如果含有感情色彩的话，则大部分店名会选择褒义色彩的词，即表明说话人对有关事物的赞许、褒扬之感情。但鼓浪屿上的店名却是例外，除大部分的中性色彩店名外，还有一部分店名使用倾向于贬义色彩的词。如"迷途客栈""懒人与海""空巷子"等，这与鼓浪屿静谧、慵散、浪漫的人文环境有密切的关系。正因为如此，鼓浪屿成了大多数文艺青年放空心情、寻找自由灵魂的桃花源。

雅俗色彩。雅俗色彩义表现的是场合庄谐，态度的恭随，为人的敬畏，身份的尊卑，主次的谦让，内外的亲属等方面的词义差异。① 在鼓浪屿的店铺名称中大部分使用雅词。如"方莹轩""晓风书屋""邂逅南里""隙屋""品茶＆茶品"等，一般多为茶馆、工艺饰品店所采用；部分小吃店则会选择较为亲民、浅显大方的俗词，如"三老肉脯""阿荣春卷""阿强大排档"，等等。

5. 汉语类店名的语法分析

从语法角度来看，店名一般是词或短语。

（1）偏正短语独占鳌头

在 122 个汉语类店名中，除了 23 个店名是词之外，其余的均为短语。

23 个以词命名的店名大多使用音译过来的外来词，它们都不带通名或业名。如"班沙客""阿拉丁""香堤儿"等。

在短语店名中频率由高到低的短语顺序是：偏正结构（黄金香肉松）；动宾结构（邮寄幸福）；并列结构（诺拉和皮埃诺）；主谓结构（王海听涛）。

偏正短语居多的原因：一方面店名具有标题性质，采用"修饰语＋中心语"结构利于表达；另一方面汉语类店名中出现了大量的"所在地＋属名＋业名＋通名""所在地＋属名＋业名""属名＋业名""属名＋业名＋

---

① 邵敬敏《现代汉语通论》，上海教育出版社 2007 年版，第 148 页。

通名""属名＋通名"等结构，无论采用其中哪一种结构形式，其结果都是修饰语加上中心语。

在鼓浪屿店名中虚词运用很少，大多是名词或形容词与名词直接组合。只有极个别助词进入店名。如"鼓浪屿丽之岛酒店""赵小姐的店""无糖的生活"等。

（2）体词性店名占大多数。

偏正式短语店名是以业名或通名为中心，附加一些修饰或限制成分而构成的各种不同层次的偏正结构的短语。由于中心词多是名词，在语法属性上归为体词类。加之并列式短语也多为名词和名词的组合，所以也是体词性的。值得注意的是，鼓浪屿店名中还出现了 7 例谓词性店名，如"邮寄幸福""花时间""失踪周末"等。

6. 汉语类店名的修辞分析

修辞美的形式丰富多彩，有音韵美、节律美，规范美、自然美、联系美、反复回环美等①。除了上面已经谈到的音韵节律之外，鼓浪屿店名还大胆运用谐音的修辞手法。如"饭饭之焙台湾饭团""陈罐西式茶货铺""潘小莲芒果酸奶""张三疯欧式奶茶铺""出其布意"等，让人不禁想起"泛泛之辈""陈冠希""潘金莲""武当张三丰"等，风趣含蓄，给游客留下深刻印象。

7. 汉语类店名的文化社会心理分析

鼓浪屿清静幽雅、闲适自由、高贵优雅、极富情调，透过鼓浪屿各式各样的店名，不难看到鼓浪屿的这一独特风情。

（1）求闲适优雅的猫文化。鼓浪屿上一句涂鸦写得好"做鼓浪屿上的猫最幸福"。鼓浪屿店名中单是含有"猫"字的就有"黑猫""糖猫"等 6个，更别说随处可见的小猫饰品。谁会想到"张三疯欧式奶茶铺"中的"张三疯"会是一只猫的名字，"Babycat 私家御饼屋"的镇店之宝会是一只大白猫，"诺拉和皮埃诺"也是两只猫的名字。难怪鼓浪屿又名猫岛，

---

①　史灿方《修辞理论与语言应用研究》，安徽人民出版社 2006 年版。

自古以来猫就是优雅闲适的象征，难怪模特也走猫步。与其说鼓浪屿上的居民喜欢猫，还不如说他们崇尚一种慵懒、享受时光的闲适优雅文化。

（2）求时尚的西洋文化。且不说百年的殖民史孕育了鼓浪屿一种潜在的洋文化，如今的店名追求洋味与历史有关，也促成了当今的时尚。很多店名是先有汉语名称，后添加英文名字。如先有"赵小姐的店"后添加"Miss Zhao's Cake"。即使是纯汉语类的店名，很多也用汉语语素来创造听觉上酷似外语的店名。如"欧派巴洛克印象"等。更有甚者，有的臆造洋文，如"MUMU 生活馆""CAFé de MARRON"等。

（3）求典雅的复古文化。店主往往追求经典雅致的审美情趣，在命名时选取较典雅、温馨、恬静的词语来命名。如"晓风书屋""百年鼓浪屿""怀旧鼓浪屿""汪记馅饼"等。这一特点表现最为明显之处是通名的选用，鼓浪屿通名大多使用带复古色彩的"铺、阁、屋、轩、馆、堂"等。

（4）求浪漫的小资情调。店主在命名时会注意使用比较诗意的词语，用比较艺术的店名。如"迷途客栈""邮寄幸福""漂流快递"，等等。

（5）求中西合璧的写意文化。部分店名是穿着西方文化的外衣，包裹着东方文化的灵魂。汉语类店名占绝大多数，外语店名却为数不多。汉语类店名中又经常体现复古文化。之所以取古色古香的汉语类名称，这可能是由于越受过殖民统治的地区越会努力争取在夹缝中保存传统文化的缘故吧。

（6）求原汁原味的本土文化。此种特色主要体现在当地小吃店的店名中。如"沃头蚝干粥金包银""闽南特色香肠""八婆婆烧仙草"等。

以上各种店名或借助诗意雅致之词来营造适合鼓浪屿气质的商业文化氛围，或以尊重顾客心理招徕顾客，或以时尚、流行的洋味来吸引顾客，无一不体现出了店主在命名时的匠心独运，同时也反映出了一定的社会文化心理。

8. 店名用语规范问题

店名犹如一面多棱镜，它既可以折射出一个地区的文化品位与地域特色，也可透视出这个城市的不足或有待规范的地方。而"语言文字的应用是否合乎规范、标准，往往反映一个国家、一个民族或一座城市、一个单位的文明程度和形象。语言文字应用的不规范现象特别是用词、用语的混乱与城市的'脏、乱、差'一样，既影响城市环境，也在一定程度上制约着当地经济、社会的发展和社会主义精神文明建设"。① 通观鼓浪屿上的店铺名称，在店名用语规范化方面主要存在着以下两个方面的不足。

第一，店名不符合关联原则。店名过于求新求异，以至于不知道店名与商品之间有何关系。如单看店名"隙屋"，人们易被它耳目一新的名字所吸引，却很少有人会想到这是一家专卖手工发夹、戒指、耳坠、项链、胸针等女孩用品的饰品店。诚然，对新奇的东西容易产生兴趣，这是人类普遍的心理现象。然而商店名称是一种具有识别作用的语言符号和传递商业信息的载体，展示颇具匠心的语言艺术。艺术具有两方面的作用，首先是认识，其次才是审美。亚里士多德认为艺术对现实"模仿"的重要作用首先就在于它能给人认识的愉快，只尊"唯美主义"是错误的。② 所以诸如"黑猫""懒人与海""闺蜜"等店名应适当做些改动，至少让游客获取认识商品的基本信息量。

第二，店名不符合外语翻译的规范化原则。中英夹杂不符合文法，语言结构混乱。如"板栗咖啡厅"的英文译名"CAFé de MARRON"中间掺杂着汉语拼音"de"，不符合英语语法规则。为求新奇，臆造单词。如"吸引·茶饮 Citi Tea"为了刻意追求谐音自创单词 Citi。为求美观，滥用修饰符，给店名表达造成困难。如"m@ mI 概念书店"。

---

① 王铁昆《试论"国家通用语言文字法"颁行的意义和特点》，《语文研究》2001 年第 4 期，第 38 页。
② 刘纲纪《艺术与哲学》，武汉大学出版社，2006 年版。

附录：作者修辞与语用研究索引

孙汝建《数词在成语中的运用》，华中师院《语文教学与研究》1979年第6期。

孙汝建《人称代词的活用》，延边大学《汉语学习》1981年第3期。该文获得《汉语学习》1980—1988年青年作者优秀论文提名，见《汉语学习》1989年第1期。全文收入韩国《中国语学习研究》第三辑（文法篇），2002年7月30日出版。

孙汝建《同义词说略》，内蒙古师范大学《语言文学》1982年第2期。

孙汝建《姓名语言学？》（上），云南昆明《语言美》1983年9月10日第二版。

孙汝建《姓名语言学？》（下），云南昆明《语言美》1983年9月25日第二版。

孙汝建《标点与停顿》，延边大学《汉语学习》1984年第2期。全文收入韩国《中国语学习研究》第五辑（文法篇），2002年7月30日出版。

孙汝建《客套话的语体类型》，《演讲与口才》1985年第12期。

孙汝建《"讲义"释义及其它》，《语文摘翠》，南京大学出版社1987年6月版。

孙汝建、陈从耘《言语技巧趣话》，东南大学出版社1988年9月版。

孙汝建、李树平《取名的学问》，江苏人民出版社1989年8月版。

孙汝建《社会心理语言学构想》，《北京师院学报》（社会科学版）

1990 年第 2 期。中国人民大学《新兴学科》1990 年第 2 期全文复印。陕西师大等 19 所师院师大联合主办《中国语言文学资料信息》1990 年第 3 期文摘。

孙汝建《中国为何没有语言学流派？——关于建构中国语言学流派的思考》，《云梦学刊》（哲学社会科学版）1991 年第 1 期。中国人民大学报刊复印资料《语言文字学》1991 年第 7 期全文复印。光明日报社《文摘报》1991 年 7 月 14 日"理论园地"版"学术动态"栏目文摘。

孙汝建《试论语病学的建构》，《南通师专学报》（哲学社会科学版）1992 年第 4 期。中国人民大学报刊复印资料《语言文字学》1993 年第 4 期全文复印。《高等学校文科学报文摘》1993 年第 2 期文摘。

王德春、孙汝建《社会心理语言学的学科性质和研究对象》，《外国语》（《上海外国语学院学报》）1992 年第 3 期。收入《中国语言学年鉴（1993）》，语文出版社 1994 年 11 月版。

王德春、孙汝建《社会心理语言学的理论和方法论基础》，《外国语》（《上海外国语学院学报》）1992 年第 4 期。

陈广德、孙汝建《深层修辞理论研究》，《云南师范大学学报》（哲学社会科学版）1992 年第 3 期。中国人民大学报刊复印资料《语言文字学》1992 年第 12 期全文复印。

孙汝建《构件理论及其影响》，《北京师院学报》（哲学社会科学版）1992 年第 4 期。中国人民大学报刊复印资料《语言文字学》1992 年第 10 期全文复印。

孙汝建《语言学：微观和宏观的探索——张寿康教授的当代语言学思想研究》，《云梦学刊》（哲学社会科学版）1992 年第 1 期。

孙汝建、陈从耘《年代之交的修辞学审视——读〈修辞学的理论与方法〉》，《黄淮学刊》1992 年第 2 期。

孙汝建《度范畴：修辞学研究的新视角》，中国修辞学会编《修辞学论文集》第六集，河南大学出版社 1992 年 12 月版。该文系作者参加中国修辞学会十周年暨第五届学术年会（1991；郑州）会议论文。

孙汝建《试论接受修辞学》，中国修辞学会第六届年会暨国际学术讨论会（1992 年 12 月；广州）会议论文。

孙汝建独立承担江苏省教委社科项目"社会心理语言学"（1992—1993 年）。

孙汝建《跨出系统：艺术语言的创建——评骆小所新著〈艺术语言学〉》，《云南师范大学学报》（哲学社会科学版）1993 年第 6 期。中国人民大学报刊复印资料《出版工作、图书评价》1994 年第 1 期全文复印。

陈从耘、孙汝建《注重人、机两用的汉语研究实践与理论——林杏光教授的语言研究特色》，《自贡师专学报》（哲学社会科学版）1993 年第 2 期。

孙汝建《从符号本位走向人本位——高校现代汉语教学的困境与出路》，《师专教育》1993 年第 1—2 合期。

孙汝建、陈广德《论黎运汉教授的语言学思想》，《鞍山师专学报》（哲学社会科学版）1993 年第 1 期。

孙汝建《接受修辞学的理论架构》，陕西省社会科学院《人文杂志》1993 年第 6 期。

孙汝建《接受修辞学——接受修辞学的理论架构》，《外国语》（《上海外国语大学学报》）1994 年第 1 期。

孙汝建《言语的冗余和语言的冗余》，《南通师专学报》（哲学社会科学版）1994 年第 3 期。《咸阳师专学报》（哲学社会科学版）1994 年第 3 期。

孙汝建《社会心理修辞学的研究对象》，中国修辞学会第七届年会暨海南国际学术研讨会（1994 年 11 月 15 日至 22 日；海口—三亚）会议论文。

王德春、孙汝建、姚远《社会心理语言学》，上海外语教育出版社 1995 年 12 月版。2000 年 10 月第 5 次印刷。孙汝建在王德春教授的指导下撰写一至十章初稿。姚远撰写第十一章，全书由王德春教授统稿。

孙汝建《汉语性别变异的社会心理探索》，《高等学校文科学报文摘》

1995 年第 2 期"首次文摘"栏目发表。

孙汝建独立承担江苏省教委社科项目"语言病理学"（1995—1996年）。

孙汝建参著《中国民俗语言学》（曲彦斌著），上海文艺出版社 1996年 4 月版。孙汝建撰写第六章副语言习俗、第七章方言与民间文化、第十三章民俗语言的社会差异及其流变、第十四章民俗语言与社会交际。

孙汝建参编《俚语隐语行话词典》（曲彦斌主编），上海辞书出版社1996 年 3 月版。

孙汝建《关于量词"个化"论的思考》，《云南师范大学学报》（哲学社会科学版）1996 年第 1 期。中国人民大学报刊复印资料《语言文字学》1996 年第 6 期全文复印。《高等学校文科学报文摘》1996 年第 3 期文摘。

孙汝建《委婉的社会心理分析》，复旦大学《修辞学习》1996 年第5 期。

孙汝建《性别语言研究的回顾与展望》，《云梦学刊》（哲学社会科学版）1996 年第 2 期。

孙汝建《与语音有关的几种性别差异》，《南通教育学院学报》（哲学社会科学版）1996 年第 1 期。

孙汝建《茅以升〈中国石拱桥〉的一个悬案》，首都师大《中学语文教学》1996 年第 4 期。

孙汝建《中国古代人名的性别差异》，《江海纵横》1996 年第 3 期。

孙汝建主持江苏省教委社科项目"影响句子语气的因素"（1996—1997 年）。

孙汝建《性别与语言》，江苏教育出版社 1997 年 10 月第 1 版，1997年 10 月第 1 次印刷，1998 年 4 月第 2 次印刷。

孙汝建《言语的句子与人称代词的相互影响》，《南通师专学报》（哲学社会科学版）1997 年第 1 期。

孙汝建《语气与句子的表述性》，《师专教育》1997 年第 3 期。

孙汝建《社会心理修辞学的研究对象》，中国修辞学会编《汉语修辞学研究和应用》，河南人民出版社 1997 年 7 月版。

孙汝建《语气与语气词研究》（上海师范大学博士学位论文；1998，导师张斌），中国知网中国学术期刊（光盘版）电子杂志社《中国优秀博硕士学位论文全文数据库》。

孙汝建《现代语言学研究》，香港大名出版公司 1998 年 7 月版。

孙汝建《论"目的""用途""语气"的关系》，《南通师专学报》（哲学社会科学版）1998 年第 1 期。

孙汝建独立承担江苏省教委人文社科项目"现代汉语语气词研究"（1998 年 9 月—1999 年 12 月）。

孙汝建《语气和口气研究》，中国文联出版社 1999 年 10 月版。

孙汝建《与象声词有关的几个问题》，香港中国语文学会《语文建设通讯》总 61 期（1999 年 10 月）。

孙汝建《句类划分的依据和标准》，江苏省语言学会《语言研究集刊》（六），江苏教育出版社 1999 年 12 月版。

孙汝建《句中语气词的选择限制》，《南通师范学院学报》（哲学社会科学版）1999 年第 2 期。

孙汝建《三个平面理论在语法教学中的运用》，《深圳教育学院学报》1999 年第 2 期。《师院教育》1999 年第 4 期。

孙汝建《"之所以"起句的规范》，《语文建设》2000 年第 6 期。

孙汝建《汉语语调的语气和口气功能》，《南通师院学报》（哲学社会科学版）2000 年第 3 期。《高等学校文科学报文摘》2001 年第 1 期文摘。

孙汝建《现代汉语教学的困境与出路》，《师院教育》2000 年第 1 期。

孙汝建、陈广德《论黎运汉教授的语言学思想》，曾毅平、刘凤玲主编《修辞 语体 风格——黎运汉教授 70 华诞纪念论文集》，香港文化教育出版社有限公司 2000 年 7 月版。

孙汝建参编高等学校小学教育专业教材《汉语》（上编；下编；马景仑主编），南京大学出版社 2000 年 3 月版。撰写第五章语法。

孙汝建《异性交往中的语言表达差异》，上海电台 2000 年 10 月 30 日

《推普乐园》节目中播出。2000 年 10 月 27 日上海《每周广播电视报》第二版。

孙汝建独立承担江苏省高校"青蓝工程"跨世纪学术带头人项目"句子的语用分析"（2000—2004 年）。

孙汝建独立承担江苏省教育厅第二批高校科研（指导性计划）项目"汉语与使用者关系的社会心理探索"（2000 年 12 月—2002 年 1 月）。

孙汝建《社会心理修辞学》，中国修辞学会 2000 年国际学术研讨会（2000 年 7 月 25 日至 30 日；广州）会议论文。

孙汝建《汉语修辞中的暗示》，《修辞学习》2001 年第 5 期。

孙汝建《从女旁汉字看中国古代妇女的形象》，北京国际汉字研究会《汉字文化》2001 年第 3 期。

孙汝建《言语交际的社会心理基础》，香港现代教育研究会《香港现代教学论坛杂志》2001 年第 3 期。

孙汝建《语言的人际认知功能》，香港现代教育研究会《香港现代教学论坛杂志》2001 年第 5 期。

孙汝建《句子的表述性特征》，《南京邮电学院学报》（社会科学版）2001 年第 2 期。

孙汝建《社会化进程中的母语习得与外语学习》，《南通师范学院学报》（哲学社会科学版）2001 年第 2 期。《高等学校文科学报文摘》2001 年第 5 期文摘。

孙汝建《精彩演说的秘诀》，哈尔滨师范大学《教书育人》2001 年第 10 期。

孙汝建《委婉的社会心理分析》，中国修辞学会编《迈向 21 世纪的修辞学研究》，广东人民出版社 2001 年 4 月版。中国修辞学会 2000 年国际学术研讨会暨学会成立 20 周年纪念大会（2000 年 7 月；广州）会议论文。

孙汝建《言语禁忌的社会心理观》，《教学研究》2001 年第 1 期。第五届汉语修辞和汉文化国际学术研讨会（2000 年 10 月 7—9 日；江苏省江阴市）会议论文。

孙汝建《婉曲批评的方法与原则》，北京师范大学《思想政治课教学》2001年第12期。

孙汝建《塔布心理对汉语修辞的影响》，《江西社会科学》2001年增刊。

孙汝建主持江苏省哲学社会科学研究"十五"计划基金项目"句子语用结构研究"（2001年6月—2005年12月30日）。

孙汝建《汉语语调的语气和口气功能》，《高等学校文科学报文摘》2001年第1期文摘。原文发表于《南通师范学院学报》（哲学社会科学版）2000年第3期。

孙汝建《句中语气词的选择限制》，江苏省语言学会成立20周年纪念大会暨第十四届学术研讨会（2001年5月；江苏省南通市）会议论文。

孙汝建《句子的句法、语义、语用分析》，"现代汉语教学讨论会暨黄廖本《现代汉语》教材审稿会"（2001年8月9—12日；青岛大学）会议论文。

孙汝建《"X是X"的同语反复格式》，"现代汉语教学讨论会暨黄廖本《现代汉语》教材审稿会"（2001年8月9—12日；青岛大学）会议论文。

孙汝建《修辞理论与修辞方法》，① 新星出版社2002年4月版。

孙汝建《言语交际的四大障碍》，新疆维吾尔自治区语言文字工作委员会、新疆翻译工作者协会主办《语言与翻译》2002年第1期。

孙汝建《句子分析的三个平面》，《南通师范学院学报》2002年第1期。

孙汝建《塔布心理对语言修辞的影响》，中国社会科学院民族研究所《民族语文》2002年第4期。《师院教育》2003年第1期文摘。

孙汝建《言语行为理论研究》，南通师范学院《师院教育》2002年第1期。

---

① 韩国

孙汝建《语气词在复句始发分句句末的选择限制、口气功能和语用特点》，香港现代教育研究会《现代教学研究》2002 年第 6 期。

孙汝建《文の分类基准问题再考》，① 日中言语对照研究会《日中言语对照研究论集》2002 年 5 月（第 4 号），用日文发表。

孙汝建《句子的句法、语义、语用分析》，《黄伯荣、廖序东主编〈现代汉语〉（增订三版）教学说明与自学参考》，高等教育出版社 2002 年 7 月版。

孙汝建《标点符号的语气、口气表达功能》，（香港）中国教育家协会《语言文化教育研究》2002 年第 6 期。

孙汝建主持江苏省教育厅人文社会科学研究项目"句子的语用分析"（2001 年 6 月—2003 年 12 月 30 日）。

孙汝建主编《现代汉语》（全国教育科学"十五"规划课题项目——全国高等师范学院新世纪专业教材），南京大学出版社 2003 年 8 月版。撰写第五章语法。

孙汝建《劝说的理论与技巧》，《南通师范学院学报》（哲学社会科学版）2003 年第 3 期。南通师范学院《师院教育》2003 年第 3 期文摘。

孙汝建《答问策略六种》，《修辞学习》2004 年第 6 期。

孙汝建《肯定与肯定焦点》，《南京师范大学文学院学报》2004 年第 3 期。

孙汝建《句子的否定与句子的局部否定》，《南通师范学院学报》（哲学社会科学版）2004 年第 2 期。

孙汝建参编《大学修辞学》（王德春主编），福建人民出版社 2004 年 10 月版。

孙汝建《社会心理修辞学》，中国修辞学会 12 届年会暨国际学术讨论会（2004 年 10 月；辽宁省锦州市）会议论文。

孙汝建《句末语气词的四种语用功能》"纪念段玉裁诞辰 270 周年暨

---

① 日本

江苏省语言学会第十七届学术年会"（2005 年 5 月 26—29 日；江苏省常熟市）会议论文。《南通大学学报》（哲学社会科学版）2005 年第 2 期。

孙汝建《"X 是 X"的同语反复格式》，《汉语教学与研究文集——纪念黄伯荣教授从教 50 周年》，高等教育出版社 2005 年 1 月版。

孙汝建《汉语语病学的重建》，首届"语言与国家"高层论坛（2005 年 8 月 12 日—8 月 15 日；广州）会议论文。

孙汝建《修辞的 Taboo 心理分析》，"中国修辞学会成立 25 周年国际学术研讨会"（2005 年 11 月；上海外国语大学）会议论文。

孙汝建《〈现代汉语〉黄廖本如何应对"三个平面"?》，"全国高校现代汉语教学研讨会"（2005 年 11 月；广东省阳江市）会议论文，收入《全国高校现代汉语教学研讨会论文集》（2006 年内部印刷本）。

孙汝建《句子定义的三个平面解读》，"全国高校现代汉语教学研讨会"（2005 年 11 月；广东省阳江市）论文，收入《全国高校现代汉语教学研讨会论文集》（2006 年内部印刷本）。

孙汝建《修辞的社会心理分析》，上海外语教育出版社 2006 年 2 月版。

孙汝建《从言谈举止捕捉交际信息》，中央广播电视大学出版社 2006 年 11 月版，2007 年 3 月第 1 次印刷。

孙汝建《句中语气词对句法位置的选择制约》，《南京师范大学文学院学报》2006 年第 3 期。

孙汝建《语气词口气意义的分析方法》，《南通大学学报》（哲学社会科学版）2006 年第 5 期。

孙汝建《修辞的 Taboo 心理分析》，王德春，李月松主编《修辞学论文集（第十集)》，上海外语教育出版社 2006 年 11 月版。

孙汝建《口语交际理论与技巧》，中国轻工业出版社 2007 年 1 月版。

孙汝建《话语的规范与创新》，《时代文学》2007 年第 6 期。

孙汝建《性别因素对人称代词的影响》，江苏省修辞学会"修辞与语用"学术研讨会（2007 年 12 月 28—30 日；江苏省南通市）会议论文。

孙汝建《句子定义的三个平面解读》，《南通大学学报》（哲学社会科学版）2008 年第 5 期。

孙汝建《性别因素对人称代词的影响》，《开封大学学报》2008 年第 3 期。

孙汝建《社会心理修辞学》，江苏省修辞学会"汉语修辞和汉文化研讨会"（2008 年 11 月；江苏省无锡市）会议论文。

孙汝建主编《现代汉语》（新世纪地方高等院校专业系列教材），南京大学出版社 2009 年 1 月第 2 版。

孙汝建《从"人家"说起》，江苏省语言学会第 21 届学术年会暨第 9 次会员代表大会（2009 年 11 月；江苏省常州市）会议论文。

顾奕、孙汝建《言语交际的社会心理分析》，《江苏教育学院学报》2009 年第 5 期。

孙汝建《汉语的性别歧视与性别差异》，华中科技大学出版社 2010 年 4 月版。

朱培培、孙汝建《试探店名谐音现象》，《牡丹江教育学院学报》2010 年第 2 期。

孙汝建《两种人称代词 两种句子》，"庆祝张斌先生 90 华诞从教 60 周年学术研讨会暨《现代汉语描写语法》首发仪式"（2010 年 11 月 27 日—28 日；上海师范大学）会议论文。

孙汝建主编《社交礼仪》，重庆大学出版社 2010 年 8 月版。

孙汝建《汉语的性别歧视与性别差异》，华中科技大学出版社 2010 年 4 月版。

孙汝建参编黄伯荣、廖序东主编《现代汉语》（增订五版），高等教育出版社 2011 年 6 月第 5 版。撰写"修辞与语用学"。

孙汝建《句子的句法、语义、语用分析》，黄伯荣、廖序东主编《〈现代汉语〉教学与自学参考（增订五版）》，高等教育出版社 2011 年 12 月第 5 版。

孙汝建《语用》，黄伯荣、廖序东主编《〈现代汉语〉教学与自学参考（增订五版）》，高等教育出版社2011年12月第5版。

孙汝建著《汉语性别语言学》，科学出版社2012年6月版。

孙汝建主编新世纪地方高等院校专业系列教材《现代汉语》（第3版），南京大学出版社2013年1月第3版。

孙汝建主编《口语交际艺术》，华中科技大学出版社2013年4月版。

孙汝建著《现代汉语语用学》，华中科技大学出版社2014年5月版。

孙汝建主编《职业礼仪》，重庆大学出版社2014年9月版。2014年7月被评为第一批"十二五"职业教育国家规划教材。

孙汝建、陈丛耘著《趣谈汉语修辞格的语用艺术》，中国财政经济出版社2015年3月版。

孙汝建《开拓研究张斌语法思想》，中国社会科学院《中国社会科学报》2015年6月8日学林版。

孙汝建《"汉语教育学"再议》，辽宁社会科学院《文化学刊》2015年第9期；《高等学校文科学术文摘》2015年第6期。

孙汝建《人称代词的语用分析》，收入《语法研究的深化与拓展》，商务印书馆2015年8月第1版。本书为"庆祝张斌先生90华诞从教60周年学术研讨会"（2010年11月26—28日；上海师大）论文集。

孙汝建《社会心理修辞学刍议》，胡范铸、林华东主编《中国修辞2014》，学林出版社2015年11月第1版。本文为"修辞学·中国话语·社会发展：中国修辞学会2014年学术研讨会"（2014年5月30日—6月1日；泉州市）会议论文。

孙汝建《设喻艺术六要义》，浙江越秀外国语学院《语言与文学研究》）创刊号，光明日报出版社2015年12月版。

孙汝建《打开人际对话分析的PAC视窗》，《玉溪师范学院学报》2015年第12期。《高等学校文科学术文摘》"学术前沿"栏目2016年第3期。

孙汝建《饶宗颐"华学"理念下的"汉语教育学"倡言》，饶宗颐学术馆编《饶学与华学——第二届饶宗颐与华学暨香港大学饶宗颐学术馆成立十周年庆典国际学术研讨会论文集》（下），上海辞书出版社 2016 年 9 月版。

孙汝建《有感于柴先生治修辞》，柴春华著《八旬六艺寄情怀》，河南人民出版社出版 2016 年 10 月第 2 版。

孙汝建《从〈毛主席老人家别生气〉说起》，辽宁社会科学院《文化学刊》2016 年第 12 期。

孙汝建《跨世纪的追问：中国为何没有语言学流派？——兼论〈张斌语法思想研究〉的学派价值》，辽宁省社会科学院《文化学刊》2017 年第 2 期。《跨世纪的追问：中国为何没有语言学流派?》，《高等学校文科学术文摘》2017 年第 3 期。

孙汝建《性度对"人家"自称用法的影响》，《玉溪师范学院学报》2017 年第 2 期。

孙汝建参编黄伯荣、廖序东主编《现代汉语》（增订六版），高等教育出版社 2017 年 5 月版。撰写"修辞与语用"。

孙汝建《古文经典如何精读?》，为胡萍《〈四书〉〈史记〉〈汉书〉精读》一书撰写的序言，浙江越秀外国语学院《语言与文化研究》2017 秋季号（第九辑），光明日报出版社 2017 年 9 月版。

孙汝建《我国城市语言文字规范化工作的反思与倡言》，厦门大学海外教育学院《海外华文教育》2017 年第 12 期。上海《高校文科学术文摘》2018 年第 2 期。

孙汝建《比喻的奇葩：文人笔下的美女与丑女》，浙江越秀外国语学院《语言与文化研究》2018 年夏总第 12 辑，光明日报出版社 2018 年 4 月版。

陈丛耘、孙汝建《"X 是 X"的句法、语义、语用分析》，《玉溪师范学院学报》2018 年第 2 期。本文为第三届汉语句式国际学术研讨会（2018 年 11 月 11—12 日；南京审计大学）会议论文。

孙汝建主编《职业礼仪》（修订 2 版），重庆大学出版社 2019 年 9 月版。

孙汝建《句子的句法、语义、语用分析》，黄伯荣、廖序东主编《现代汉语教学与自学参考（增订六版)》，高等教育出版社 2019 年 7 月第 6 版。

孙汝建《语用》，黄伯荣、廖序东主编《现代汉语教学与自学参考（增订六版)》，高等教育出版社 2019 年 7 月第 6 版。

孙汝建主持国家社科基金 2016 年度一般项目"汉语性别成分的语序变化规律研究"（项目编号 16BYY059）；成果形式：专著；完成时间：2016 年 6 月 17 日—2020 年 6 月 30 日。